海南热带海洋学院 2016 年度科研项目
"美国民俗学家阿兰·邓迪斯民俗学研究评析"
（项目编号：RHDXB201605）

阿兰·邓迪斯民俗学研究

FOLKLORE AS ALAN DUNDES
STUDIED

丁晓辉　著

社会科学文献出版社
SOCIAL SCIENCES ACADEMIC PRESS (CHINA)

学术不是为了沽名钓誉，也与个人满足无关。学术追求真理，这一过程可能充满痛苦。

——阿兰·邓迪斯

目录
CONTENTS

图表目录

第一章

绪　言

　　阿兰·邓迪斯（Alan Dundes）1934 年 9 月 8 日生于美国纽约，父亲莫里斯·邓迪斯（Maurice Dundes）是律师，母亲海伦·罗思柴尔德（Helen Rothschild）是钢琴家。综合父母双方的家族世系看，邓迪斯身上有捷克斯洛伐克人、日耳曼人、立陶宛人、波兰人的血统。

　　按邓迪斯自己的说法，他的一生包含程式化的经历和让他走向民俗研究职业道路的一次转折。与其说他的早期人生经历处处都为他后来的民俗研究埋下伏笔，不如说他以民俗研究的眼光来剖析自己的人生，他的民俗研究处处都折射出自己的人生经历。

　　邓迪斯一生中的程式化经历可以用三个矛盾对立来描述。

　　他出生于城市，却在乡村长大。邓迪斯父母都是纽约当地人，邓迪斯也在纽约出生。但他 9 个月大时，父母从曼哈顿移居到纽约以北 65 英里之外的一个农场上，他的童年就在这个农场上度过。父亲每天乘火车到纽约上班，晚饭时给家人讲在火车上听到的故事，启发了邓迪斯对民俗的兴趣。

　　邓迪斯的父母都是犹太人，但他却在非宗教的环境中长大。他认为全家移居农场的原因是父母想躲避宗教信仰。他回忆说，尽管整个家庭的朋友都是犹太人，尽管他为自己的出身骄傲，他却对真正的宗教习俗了解不多，对犹太教的宗教内容也知之甚少。他认同弗洛伊德，不仅因为弗洛伊德的思想力量，还因为弗洛伊德身为一个不信宗教的犹太人，总是去解释犹太人的身份和反犹太主义的问题。这与邓迪斯的人生际遇有关。邓迪斯还深受博厄斯文化相对论的影响，而博厄斯也具有犹太人背景。

邓迪斯对民俗的兴趣得益于父亲的故事家天赋，而父亲却在他18岁时去世。邓迪斯少年时期受到良好的家庭教育，每读100本书可得到父母1美元的奖励。1952年父亲去世，这让正在读大学的邓迪斯陷入精神和经济上的双重困境。父亲的早逝促使他在后来的民俗精神分析中思考和研究父亲形象，也让他在职业生涯中像父亲一样对待学生。

邓迪斯人生中的那次巨大转折发生在1958年。① 邓迪斯因受母亲影响爱好音乐，1951年进入耶鲁大学学习音乐，可两年后又转而学习英语文学。邓迪斯1955年获得英语学士学位之后，先到驻扎在意大利的美国海军服役两年，1957年回耶鲁大学继续攻读英语硕士学位。他阅读了乔伊斯和叶芝的著作之后，在现代小说的课堂上向老师克林斯·布鲁克斯（Cleanth Brooks）询问，是否可以进一步阅读这些作品中令人着迷的凯尔特神话和迷信。布鲁克斯否定了邓迪斯的想法，因为他认为那一类的材料只是伟大文学作品的背景而已。邓迪斯在英语小说的课堂上向另一位老师保罗·皮克雷尔（Paul Pickerel）提出了同样的问题。皮克雷尔说，在伊利诺斯、印第安纳或这一类的大学可以学到这方面的东西。邓迪斯去图书馆查询，发现印第安纳大学竟然有民俗学系！于是，他决定去印第安纳大学学习民俗学。这一巨大转折确立了他的学术方向，也决定了邓迪斯此后一生的命运。

---

① Regina Bendix and Rosemary Levy Zumwalt（eds.），*Folklore Interpreted：Essays in Honor of Alan Dundes*（Garland Publishing，Inc.，1995），pp. 3 – 4.

1958 年还发生了邓迪斯一生中的另一件大事：邓迪斯与卡洛琳·M. 布朗（Carolyn M. Brown）结婚。此后，卡洛琳全心全意照管家庭，陪伴了邓迪斯一生。

1959 年，邓迪斯到印第安纳大学学习民俗学，得到"美国民俗学之父"理查德·M. 多尔逊（Richard M. Dorson）的指导。在这里，邓迪斯学习了费利克斯·奥依纳斯（Felix Oinas）讲授的俄国民俗学，通过奥依纳斯，知道了此后对他产生重大影响的弗拉基米尔·普罗普（Vladimir Propp）；还学习了大卫·比得尼（David Bidney）讲授的神话理论，沃伦·罗伯茨（Warren Roberts）讲授的民间故事，厄米尼·惠勒 – 沃格林（Erminie Wheeler-Voegelin）讲授的南美和北美印第安人民俗。这些都在他一生的民俗研究中留下了印记。

邓迪斯用三年时间取得了民俗学博士学位，到堪萨斯大学工作一年。1963 年，邓迪斯经戴尔·海默斯（Dell Hymes）推荐到伯克利加利福尼亚大学的人类学系任教。1963～1965 年任助理教授，1965～1968 年任副教授，1968 年任教授。与他这段时间在学术上的突飞猛进相应，他的家庭生活也蒸蒸日上，大女儿艾莉森、二女儿劳伦、儿子戴维分别于 1960 年、1962 年和 1963 年出生。

邓迪斯在伯克利加州大学工作 42 年，是伯克利著名的"笑话教授"，吸引崇拜者无数，直至 2005 年 3 月 30 日下午，因突发心脏病，倒在研究生研讨会的课堂上。

邓迪斯的民俗研究可以大致划分为三个时期。

早期：从 20 世纪 60 年代初到 70 年代末的 20 年。这是邓迪斯成果最为丰富、最有价值的时期，邓迪斯的民俗学研究框架以及主要民俗学主张在这一时期基本定型。

中期：从 20 世纪 80 年代初到 90 年代末的 20 年。这一时期邓迪斯集中关注对具体的民俗事项的精神分析。

晚期：21世纪初的5年，即邓迪斯生命的最后5年。这一时期以邓迪斯2004年在美国民俗学年会上演讲的《二十一世纪的民俗学》和2005年编著的《民俗：文学和文化研究中的关键概念》为代表，这些成果既可以说是邓迪斯对自己一生民俗学研究的回顾，也可以说是邓迪斯对美国民俗学、世界民俗学研究的回顾与展望。

邓迪斯的学术研究范围广，时间长①，著述丰厚②。但是，英文资料中对邓迪斯民俗学研究的评论并不丰富。它们主要分为三类：邓迪斯生前人们对邓迪斯文章、著作或编著的评价③；邓迪斯身后人们对邓迪斯一生学术研究的总体评价④；邓迪斯的崇拜者纪念邓迪斯的文集⑤。

邓迪斯的研究贯穿了20世纪中后期和21世纪初期。他思维敏锐，求新求异，批评他人时言辞尖刻，直言不讳，而人们对他的具体研究也毁誉交加。他的民俗精神分析研究不仅难以得到同行的支持，还屡次触怒被分析对象，引起轩然大波。但必须承认的是，尽管有人称他是这个领域没有追随者的领袖——他也深以为然，但他在民俗学理论和民俗学研究方法上给予其他研究者的深刻启迪，有目共睹。多

---

① 邓迪斯学术研究的开端是1960年的论文《法国绕口令》（"French Tongue-Twisters"，*French Review*，Vol. 33，1960，pp. 604 – 605），终点是他去世后发表于2006年的《年轻英雄辛巴打败了老坏蛋刀疤：俄狄浦斯击败了狮子王》（Alan Dundes and Lauren Dundes，"Young Hero Simba Defeats Old Villain Scar：Oedipus Wrecks the Lyin' King"，*The Social Science Journal*，Vol. 43，No. 3，2006，pp. 479 – 485）。时间跨度为40多年。

② 邓迪斯的论文、专著、编著多达250余项。

③ 参看参考文献。

④ 参看参考文献。

⑤ 共有3本：L. Bryce Boyer，Ruth M. Boyer，and Stephen M. Sonnenberg（eds.），*The Psychoanalytic Study of Society*，*Volume 18：Essays in Honor of Alan Dundes*（The Analytic Press，1993）；Wolfgang Mieder（ed.），*Festschrift for Alan Dundes on the Occasion of His Sixtieth Birthday*（*Proverbium：Yearbook of International Proverb Scholarship*，Vol. 11，1994）；Regina Bendix and Rosemary Levy Zumwalt（eds.），*Folklore Interpreted：Essays in Honor of Alan Dundes*（Garland Publishing，Inc.，1995）.

尔逊在 1968 年曾这样盛赞时年 34 岁的邓迪斯：

> 通过《民俗研究》这本书，邓迪斯给予民俗研究极大的激励，也使自己成为同辈人当中首屈一指的民俗学家。[①]

邓迪斯思想活跃，善于学习、反思和创新。他反对把民俗看成静态的、僵化的遗留物，反对按照字面的、历史的方法理解民俗，反对民与俗的割裂，强调在语境中理解民俗。邓迪斯强烈反对在民俗研究者当中普遍存在的重收集描述、轻分析阐释的传统，毕生致力于对民俗的分析和阐释。他辨析民俗研究中识别[②]与阐释[③]这两个步骤的关系，认为识别是阐释的基础，阐释是识别的目的；强调要通过阐释民俗来理解民俗的拥有者，认为这是民俗研究的最终目标。由于深受结构主义理论和精神分析理论的影响，邓迪斯把结构主义分析方法和精神分析方法与比较研究法（历史－地理方法）等一起应用到民俗研究当中，尝试着阐释民俗背后的深层含义，希望通过民俗，按照由内到外的途径去理解"俗"背后之"民"。

邓迪斯不仅是 20 世纪后半期美国民俗学界各种思想交会碰撞、民俗学蓬勃发展的一个代表人物，也是世界民俗学发展的一个代表人物。邓迪斯的民俗学研究为这一发展过程做出了重要贡献，也是这一发展过程的一个缩影。

邓迪斯身为国际知名民俗学家、大学教授，极富感染力，深受学生

[①] Richard M. Dorson, "The Study of Folklore by Alan Dundes", *American Anthropologist*, Vol. 70, No. 1 (Feb., 1968), pp. 178 – 179.

[②] 即 identification，有"确定身份"之意，指在分析某项民俗时，根据历史－地理方法的已有研究成果，首先确定该项民俗所属类型，指出它与曾经被记述过的某些项目如何相似。

[③] 即 interpretation，与 explain（解释）相比，更强调追求表象背后的深刻意义。邓迪斯的民俗阐释，指的是从民俗表面上的非理性中找出理性，把无意识变成有意识，以阐释民俗背后的意义，理解民俗的所有者——民。邓迪斯强调，民俗的阐释不止一种。

欢迎；他经常现身于电视和流行杂志上，有不少崇拜者。在美国有三本专门纪念邓迪斯的文集，其中不乏溢美之词，例如：认为如果民俗学有诺贝尔奖，邓迪斯应该是最佳提名人选；认为邓迪斯对民俗学的影响堪比博厄斯对人类学的影响；等等。所以，也有人认为邓迪斯被过度称颂，甚至有被"神话化"之嫌。

邓迪斯曾多次获奖。1962 年获芝加哥民俗学奖二等奖，1966 ~ 1967 年获古根海姆奖①，1972 ~ 1973 年获全美人文基金奖②，1976 年获芝加哥民俗学奖一等奖，1993 年获皮特雷奖——国际民俗学终身成就奖③，1994 年获"加州大学杰出教师奖"，2005 年获中国民俗学会"民俗学杰出成就奖"，等等。而他最为珍视的，是 1994 年获得的"加州大学杰出教师奖"。

尽管邓迪斯如此光芒四射，我们仍能从他的学术研究中看到黯淡的一面：他在民俗精神分析领域深感寂寞，这既是他的骄傲也是他的无奈；他在设想定义民俗的宏大计划之后半途而废，这与他对民俗研究的巨大热情形成对比；在对民的态度上，他的理论和实践表现出明显的矛盾。

由于国内学者的积极译介，邓迪斯的民俗学研究对中国产生了一定的影响。据在中国民间故事研究领域的统计，与国外其他学者相比，邓迪斯的成果引进较多，对中国影响较大。④

---

① 由美国议员约翰·西蒙·古根海姆（John Simon Guggenheim）设立于 1925 年，纪念其死于 1922 年的儿子。

② 即 NEH（National Endowment for the Humanities），美国最大的人文基金机构，是一个独立的联邦机构，创立于 1965 年。

③ 即 The Pitre Prize，始于 1983 年，纪念两位意大利民俗先驱吉乌瑟佩·皮特雷（Giuseppe Pitre）和萨尔瓦多·萨洛蒙·马里诺（Salvatore Salomone Marino），是民俗学和民族志的最高国际奖。

④ 漆凌云、杨秋丽：《中国民间故事论文的文献计量分析（1978 ~ 2010 年)》，《民俗研究》2012 年第 1 期。

邓迪斯早在 1965 年编著的第一部作品 *The Study of Folklore*① 于 1990 年经陈建宪、彭海斌译为汉语出版，这是中国引进邓迪斯民俗学研究的第一本汉译著作。虽然该书出版时邓迪斯年仅 31 岁，但他在每篇文章前所加的按语已经基本体现了他一生的民俗学研究主张。该书对民俗概念的探讨和对民俗范围的界定不仅在美国引起了巨大反响，在中国也掀起了一场概念革命。

邓迪斯 1984 年出版的 *Sacred Narrative：Readings in the Theory of Myth*② 于 1994 年经朝戈金、金泽等人译为汉语出版③，并于 2006 年修订后再版④。

邓迪斯 1988 年出版的 *The Flood Myth*⑤ 经陈建宪等人翻译，汉译本《洪水神话》⑥ 于 2013 年出版。

户晓辉编译的《民俗解析》⑦ 收录了邓迪斯本人认可的具有代表性的 11 篇文章，较为集中地体现了邓迪斯的民俗学思想。

另外，不时有学者翻译、介绍或评论邓迪斯民俗学研究的内容⑧。

1990 年，*The Study of Folklore* 的汉译本《世界民俗学》出版。邓迪斯欣然应邀来到中国的华中师范大学、北京师范大学、上海师范大学进行学术交流，并赠送了自己的部分著作。此后，邓迪斯多年向 *The Stud-*

---

① 由 Prentice-Hall 出版。汉译本名为《世界民俗学》，陈建宪、彭海斌译，上海文艺出版社，1990。

② Alan Dundes（ed.），*Sacred Narrative：Readings in the Theory of Myth*（University of California Press，1984）.

③ 阿兰·邓迪斯编著《西方神话学论文选》，朝戈金、尹伊、金泽、蒙梓译，上海文艺出版社，1994。

④ 阿兰·邓迪斯编著《西方神话学读本》，朝戈金等译，广西师范大学出版社，2006。

⑤ Alan Dundes（ed.），*The Flood Myth*（University of California Press，1988）.

⑥ 阿兰·邓迪斯编著《洪水神话》，陈建宪等译，陕西师范大学出版总社有限公司，2013。

⑦ 阿兰·邓迪斯：《民俗解析》，户晓辉编译，广西师范大学出版社，2005。

⑧ 参看本书参考文献。

y of Folklore 的译者之一、华中师范大学的陈建宪老师赠送自己的编著和专著。这些著作对华中师范大学的民间文学研究产生了直接影响，如民间故事的结构研究①、洪水神话研究②、灰姑娘故事研究③，等等。同时，邓迪斯在中国的影响不断扩大，国内学者开始了解邓迪斯，不少学者的著作或论文涉及邓迪斯民俗学研究的内容，也有一些学者自觉利用邓迪斯的理论和方法探讨具体的民俗学问题。此外，还出现了有关邓迪斯译著的翻译批评④。

然而，数量的累积并不能证明我国对邓迪斯的民俗学研究已经有了全面和深入的了解。事实上，由于语言障碍和文化隔膜，中国读者对邓迪斯的误读和曲解屡见不鲜。解决这一问题非一朝一夕之功，一方面需要对邓迪斯的重要论著进行全面汉译，另一方面需要对邓迪斯的民俗学研究进行系统分析和整体研究。

① 刘守华：《故事学纲要》，华中师范大学出版社，1988。

② 陈建宪：《论中国洪水故事圈——关于568篇异文的结构分析》，华中师范大学博士学位论文，2005。

③ 刘晓春：《灰姑娘型故事的民族性与世界性及其研究》，《华中师范大学学报》（哲学社会科学版）1994年第2期，第89~92页；刘晓春：《灰姑娘故事的民族性与世界性》，华中师范大学硕士学位论文，1994；刘晓春：《仙履奇缘——"灰姑娘"故事解析》，载于刘守华主编《中国民间故事类型研究》，华中师范大学出版社，2002，第547~557页。

④ 参看本书参考文献。

第二章

民俗资料收集的原则

20 世纪上半期，美国民俗学界对民俗的理解经历了一个重大转变。弗朗西斯·博厄斯（Francis Boas）提出"民俗是文化之镜"的看法，认为民俗既反映了过去，也反映了现在。这打破了以往学者认定民俗是遗留物的陈规。邓迪斯认为，从把民俗当成过去的产物到把民俗当成对现在的反映，这一转变意义重大：

> 把民俗看成当地人认知范畴和世界观范式的来源，这的确与 19 世纪的民俗概念大相径庭——后者认为民俗仅包含了奇怪的古物和破碎的遗留物。这种转变（从把民俗当成僵死的、静止的东西到把民俗当成活着的、动态的东西）是引人注目的。民俗不可能仍旧被定义为无意义的遗留物，而且，民俗是研究认知过程和价值观念的一个丰富和有意义的源头。一旦这一点被接受，那么民俗学就有可能在学术圈中变得越来越重要。通过对民俗的研究，我们能更好地理解他人，当然也能更好地理解我们自己。[1]

---

[1] Alan Dundes, "Preface", in *Analytic Essays in Folklore*（Mouton & Co. N. V., Publishers, 1975）, pp. xi – xii.

这一转变影响到人们对民俗资料收集的理解。如果民俗只是过去的遗留物，那么只需要收集文本即可。如果民俗反映了现在，那么在收集文本之外，还要了解民俗产生和使用的语境，了解民俗的所有者对民俗的解释。这就对民俗资料的收集提出了新要求。邓迪斯在这样的背景下，提出民俗语境收集与民俗意义收集两个目标，同时讨论了到达这两个目标的可行途径。

邓迪斯公开宣称自己是"图书馆学者"而不是田野工作者，这可能引起人们误解，以为他不重视田野调查。其实，热爱理论思考并不等于他不愿意去做或者没有做过田野调查①，更不等于他不重视田野调查。就此，他曾在2001年接受中国学者访谈时明确表达自己对田野调查的态度：

> 我认为，每一个民俗学者都应该做田野，这应该是民俗学者所必须接受的基本训练的一个重要组成，我对我的所有的学生，就都要求他们必须做田野。但是，他们不应该只是停留在田野作业上。如果总是强调实地调查，那么，你又能够亲自去多少个"实地"呢？你们知道，世界上有这么多的文化现象，但有的学者只是专注于一个或两个特定的地区，他们不去考虑更大范围的文化的全貌，他们看不见不同文化之间的关联，也不知道进行文化的比较研究。与之相反，19世纪所有的民俗学者，都是比较研究学者，他们不做田野，只进行比较研究。他们也犯了很多错误，因为他们忽略了民俗与民众之间的关系。但现在，你不必再犯他们当年的错误了，我们有大量十分优秀的民族志著作和田野作业成果，出现了一批由田野研究

---

① 如《笑话与隐秘的语言态度：好奇的大嘴青蛙》中的一个文本就来自学生。参见 Alan Dundes, "Jokes and Covert Language Attitudes: The Curious Case of the Wide-Mouth Frog", *Language in Society*, Vol. 6, No. 2（Aug., 1977），pp. 141-147。这是邓迪斯常用的一种资料收集方法。

者撰写的把田野调查同深入分析出色地结合起来的论著，其中都有很强的理论深度。①

由此可见，邓迪斯对田野调查的兴趣不在于自己的身体力行，而在于他更愿意以自己擅长的理论思考来反思以往田野调查的方法和目的。1964 年发表的《文本表面形式、文本和语境》② 和 1966 年发表的《元民俗与口头文学批评》③ 这两篇文章，集中体现了他对以往田野调查方法的反思，也表明了他的观点：田野调查要重视收集文本的语境和收集民俗的意义。

第一节　民俗使用规则的收集：民族志式的描述

美国民俗研究的"文本－语境"之争从 20 世纪六七十年代开始，持续不断④，邓迪斯身为美国表演理论⑤的推动者之一，力主语境中的文本。邓迪斯对语境的界定较为笼统，但早于鲍曼对语境的详细划分。

一　何为语境

1964 年，邓迪斯发表了《文本表面形式、文本和语境》一文，其

---

① 杨利慧、安德明、高丙中、邹明华：《阿兰·邓迪斯：精神分析学说的执着追随者和民俗学领地的坚定捍卫者——美国民俗学者系列访谈之二》，《民俗研究》2003 年第 3 期。

② Alan Dundes, "Texture, Text, and Context", in *Essays in Folkloristics* (Folklore Institute, 1978), pp. 22 – 37.

③ Alan Dundes, "Metafolklore and Oral Literary Criticism", in *Essays in Folkloristics* (Folklore Institute, 1978), pp. 38 – 49.

④ Lisa Gabbert, "The 'Text/Context' Controversy and the Emergence of Behavioral Approaches in Folklore", *Folklore Forum*, Vol. 30, No. 1/2 (1999).

⑤ 表演理论，即 performance theory，其中 performance 含义较广，包括仪式的实施、舞蹈的表演、歌谣的吟唱、故事的讲述，等等。按国内已有习惯，将 performance 译为"演述"，将 performance theory 译为"表演理论"。

主要目的是为定义民俗作铺垫。不过，文中讨论了文本表面形式①、文本和语境之间的关系，这有助于我们了解邓迪斯对语境的看法。

邓迪斯这样给语境下定义：

> 一项民俗的语境是该项民俗实际上被使用于其中的具体社会情境。②

他以神话为例指出民俗语境与民俗功能的区别：氏族神话有助于培育一个氏族的自我意识，这是神话的功能；神话在某一具体的场合如何讲述、在何时讲述、在何地讲述、向何人讲述、由何人讲述，这是神话的语境。

邓迪斯认为，由于在某一确定的社会情境中可以使用许多不同的体裁，所以语境本身未必能够界定体裁。但是，语境会在界定民俗形式时起辅助作用，有时语境在区分不同体裁时能起到关键作用。邓迪斯以谜语和谚语为例解释这一情况：谜语的所指对象③需要被猜出，出谜语者事先知道答案，而猜谜者不知。而谚语在使用时，所指对象是使用者和听众都知道的。所以索科洛夫（Sokolov）曾说，从谚语到谜语的转换仅仅是语气的变换。④ 邓迪斯不满人们当时对待语境的态度，他说：

---

① 即 texture，原本有"质地"、"纹理"、"结构"等义。该词也常被研究者译为"文本肌理"或"本文"。邓迪斯对此概念这样解释："在大多数体裁（以及具有口头特征的所有体裁）中，texture 是语言，也就是所用的具体音位和词素。这样，在口头形式的民俗中，texture 的特征是语言特征。比如，谚语的 texture 包括尾韵和头韵。其他常见的 texture 的特征包括：重音、音高、语气、拟声。"根据邓迪斯在此处的原意，遵从便于理解的原则，本书中所有涉之处，均把 texture 译为"文本表面形式"。

② Alan Dundes, "Texture, Text, and Context", in *Essays in Folkloristics* (Folklore Institute, 1978), p. 27.

③ 即 reference，在谜语中实际上指的是"谜底"。但由于邓迪斯在分析谚语结构时也用 reference 指代谚语的所指对象，为保持一致，统一译为"所指对象"。

④ Alan Dundes, "Texture, Text, and Context", in *Essays in Folkloristics* (Folklore Institute, 1978), p. 33.

语境的收集对所有民俗体裁都很重要，但对谚语和手势来说尤为不可或缺。然而，大多数谚语集仅仅提供文本。这是没有语境的谚语集。谚语，作为用词固定的民俗体裁[①]的一个典型，必须得用原来的本地语言记录下来，这样，文本表面形式才能得以保存。[②]

可是事实上，民俗学家收集的辅助资料不过是"何地、何时、何人用了某条俗语"而已。在邓迪斯看来，这是最起码的记录，它仅仅是民俗资料收集的起点，而不是结果。

邓迪斯把文本表面形式、文本和语境的记录跟自己的民俗结构研究结合起来。他认为，文本表面形式、文本和语境都需要记录。文本表面形式、文本和语境都应进行结构分析。我们可以在不同层次上区分着位单元和非位单元[③]。一方面，语境中有着位空间，它们可以由具体体裁的非位实例来填充。在某一确定的语境空位上，比如说，涉及社会抗议的空位上，可以使用许多不同的体裁，如笑话、谚语、手势、民歌等。另一方面，某一确定的体裁，如谜语，也可以填充到许多不同的语境空位中去。这与文本的结构分析完全是一致的。至于民间故事的结构，比如说，文本中的着位空间可以填充进不同的非位单元，即不同的母题（母题位变体）可被用于一个确定的母题位上。并且，同样的母题（非位单元）可用于不同的母题位（着位单元）上。至于文本表面形式，

---

① 即 fixed-phrased genre。在这种体裁中，文本的表面形式保持不变或变动很小，如谚语、绕口令等。与用词固定的民俗体裁相对应的是用词自由的民俗体裁（free-phrased genre）。在用词自由的民俗体裁中，文本的表面形式变化较大，如民间故事等。

② Alan Dundes, "Texture, Text, and Context", in *Essays in Folkloristics* (Folklore Institute, 1978), p. 34.

③ 关于着位单元和非位单元的详细解释可参见本书第三章第三节中"民间故事的结构"的内容。

也可以用同样的方式进行分析。①

在《文本表面形式、文本和语境》发表 40 年之后，邓迪斯在 2004 年美国民俗学会的讲演中如此评价表演理论：

> "表演理论"又怎么样？没有民俗学家会否认民俗依赖演述而生存，民俗的演述涉及演述者和观众，演述能力是应该被记录和分析的一个方面，但是，表演理论当中的"理论"在哪里？我认为所谓的女性主义理论和表演理论都不是"宏大理论"。对我而言，它们无非都是在夸夸其谈地说，我们应该研究演述出来的民俗，我们应该更加留意民俗文本和语境中对女性的描述。②

这段评论秉承了邓迪斯一贯的尖刻风格，不足为奇。如果我们回顾一下邓迪斯的学术研究经历，就更能理解他对"表演理论"的藐视。邓迪斯于 1964 年发表《文本表面形式、文本和语境》和《谚语与民族志式的描述》（与 E. 欧乔·阿雷瓦合作）③，1966 年发表《元民俗与口头文学批评》④，1976 年发表《结构主义与民俗学》⑤，他在这些文章中都曾详细讨论过语境问题，因而积极推动了表演理论。

---

① Alan Dundes, "Texture, Text, and Context", in *Essays in Folkloristics* (Folklore Institute, 1978), p. 36.

② Alan Dundes, "Folkloristics in the Twenty-First Century" (AFS Invited Presidential Plenary Address), *Journal of American Folklore*, Vol. 118, No. 470 (Fall, 2005), pp. 385 – 408.

③ E. Ojo Arewa and Alan Dundes, "Proverbs and the Ethnography of Speaking Folklore", in *Essays in Folkloristics* (Folklore Institute, 1978), pp. 50 – 70.

④ Alan Dundes, "Metafolklore and Oral Literary Criticism", in *Essays in Folkloristics* (Folklore Institute, 1978), pp. 38 – 49.

⑤ Alan Dundes, "Structualism and Folklore", in *Essays in Folkloristics* (Folklore Institute, 1978), pp. 178 – 206.

此外，邓迪斯的好友、美国民俗学家理查德·鲍曼（Richard Bauman）是表演理论的主要代表人物之一，深受海默斯的影响。他曾这样回忆自己的学术道路：

> 当时，有一位高年级的研究生阿兰·邓迪斯，我们是非常要好的朋友。……我准备写的博士学位论文，是对 18 世纪宾夕法尼亚的贵格派（Quaker）进行人类学的研究。它与民俗学或者语言学都没有关系，而是运用人类学的方法和历史的材料所做的人类学和美国研究方面的论文。但当我正在进行写作准备的时候，邓迪斯影响了我。他给我打电话说，有一个教授要到宾大，你应该同他认识，你可能会对他的研究感兴趣。他说的就是戴尔·海默斯（Dell Hymes）。……我当时已经修完了所有的课程，正在进行博士学位论文的工作，但由于邓迪斯的介绍，当海默斯到了宾大时，我就去听他的课——这改变了我的一生……①

人们对表演理论的推崇让邓迪斯莫名其妙，这不是因为时已年过七旬的邓迪斯因循守旧，也并非因为他不了解表演理论。也许正是因为过于了解，他才认为表演理论平淡无奇，与笼罩其外的耀眼光环并不相称。

二 如何收集语境

具体到收集语境的方法，邓迪斯的观点主要体现在他跟 E. 欧乔·阿雷瓦（E. Ojo Arewa）1964 年合写的《谚语与民族志式的描述》一文中。该文以谚语为例，提出语境收集的具体方法，并明确提出新概念：

---

① 杨利慧、安德明：《理查德·鲍曼及其表演理论——美国民俗学者系列访谈之一》，《民俗研究》2003 年第 1 期。

"民族志式的描述"（the ethnography of speaking folklore）①。"民族志式的描述"的具体意思是，我们不仅要理解民俗，还要理解民俗的使用规则。该文的目的不是研究谚语本身，而是以谚语为例，着重介绍新概念"民族志式的描述"，以及解释这一新观点的意义。

邓迪斯的合作者 E. 欧乔·阿雷瓦在尼日利亚西部的奥克－阿格布（Oke-agbe）长大，文中引用的约鲁巴谚语皆由他提供。

---

① "民族志式的描述"（the ethnography of speaking folklore）源自语言学家海默斯（Hymes）的"讲述的民族志"（the ethnography of speaking）。

语言学家罗曼·雅各布逊（Roman Jakobson）认为，民俗和语言都是具有明确模式规则的集体社会现象，所以民俗与语言类似；由于民俗存在具体的、异质的、由个体使用的实际文本，所以民俗也与言语类似。海默斯认为，应该把言语行为结构研究添加到语言结构的研究之中，目的不单是描写语言作为孤立的象征系统或代码所具有的结构，而是要尝试着去发现语言在具体情境中的使用方式。语言使用的规则应该得到关注。海默斯把这种在文化中研究语言的方法称作"讲述的民族志"（the ethnography of speaking）。邓迪斯据此提出"the ethnography of speaking folklore"（即"the ethnography of the speaking of folklore"）。

邓迪斯善用语言学术语，又喜用仿词、双关、押韵、对比等修辞手法。他使用的标题、创造的术语等往往极尽修辞之能事。术语"the ethnography of the speaking of folklore"是"the ethnography of speaking"的仿词，因此保留了"speaking"。所以，"the speaking of folklore"不应按字面译为"民俗的讲述方式"（因为并非所有民俗都以讲述的方式存在），而是指"民俗存在和使用的方式"。

"ethnography"中的后缀"-graphy"原有三个意思，可以表示"写（或画、描绘、记录）的方式"，"写（或画、描绘、记录）的东西"，或"描述性学科"。"ethnography"译为"民族志"，既指详尽描述的方式，也指详尽描述的内容。所以，"the ethnography of speaking folklore"既指对民俗的存在和使用方式进行民族志式的详尽描述方式，也指民俗的使用规则。

综合以上考虑，"the ethnography of speaking folklore"实际上有两个含义：其一，为"对民俗存在和使用方式的民族志的描述"之意，为简练起见，可译作"民族志式的描述"；其二，指"民俗的使用规则"，意思与"语境"（context）相通（事实上，邓迪斯多处将其与"语境"代换，交替使用），可译为"民俗的使用规则"或"语境"。

"民族志式的描述"既是邓迪斯提倡的民俗收集方法，又指民俗的使用规则，即语境。邓迪斯创造出这一术语，意在强调语境收集属民俗收集的重要内容，民俗语境的记录应该像民族志一样细致详尽。参看丁晓辉《"民族志式的描述"与"立体描写"——邓迪斯与段宝林之必然巧合》，《三峡论坛》2015 年第 2 期。

文章开头指出，谚语跟其他民俗体裁一样，在人际交流中充当非个人工具。父母使用谚语教训孩子，但孩子知道这些谚语并非父母所创，父母不过是说出谚语的工具。著名的非洲司法审判程序也许最能体现谚语的非个人力量：双方用谚语辩论，谚语总是充当过去的判例来解决现在的事情，这与欧洲律师引用先前案例证明自己的辩护是一样的。这种情形下，仅懂得谚语是不够的，还得会把谚语熟练应用于新情况。赢官司的人是最会使用谚语的人。

文章认为，对于民俗学田野工作而言，懂得谚语与应用谚语不同，记录文本与记录文本的使用更不相同。民俗主要用于交流，但因为人们错误地强调俗而不是民，人们一般只记录文本，不把民俗当成交流研究。

文章介绍了罗曼·雅各布逊（Roman Jakobson）和博加特雷夫（P. Bogatyrev）的观点。他们曾于 1929 年说过，民俗和语言类似，二者都是具有明确模式规则的集体社会现象。而且民俗既与语言类似，也与言语类似。

邓迪斯和阿雷瓦还借鉴了海默斯的观点。海默斯在 1962 年提出，应该把言语行为结构研究添加到语言结构的研究之中，目的不仅是描写语言作为孤立的象征系统或代码所具有的结构，而且是尝试着去发现语言在具体情境中的使用方式。海默斯把在文化中研究语言的方法称作"讲述的民族志"。在此类研究中，吸引人的不仅是语言规则，还有语言的使用规则。显然，"讲述的民族志"这一概念与民俗研究密切相关。

阿雷瓦和邓迪斯说，要想研究关于民俗的讲述的民族志（即民族志式的描述），就不能囿于文本，我们需要语境中的文本：

决定谁能使用谚语（或某些特定的谚语）、向谁使用谚语的规则是什么？什么场合？什么地点？其他什么人在场、不在场？通过什么方式（如说话、敲鼓等）？在使用某些谚语或某条谚语时，限制或规定是否与具体的话题有关？是否涉及讲述者和听者之间的具体关系？决定某些谚语或某条谚语能否使用、使用是否恰当的语境要素到底是什么？①

两位作者提醒说，语境研究与对民俗功能的一般研究不同。我们可以说谚语总结一种情境，传递判断，推荐行动路线，或为现在的活动提供世俗的解决先例。但这并未告诉我们，某人在某情景中使用的某条谚语到底具有何种具体功能。

两位作者说，从某种程度上看，要求民俗研究者去记录文本的语境似乎是再简单不过的事情。人类学家认为马林诺夫斯基在1935年对语境的呼吁理所应当，所以他们觉得这一问题已经解决。但是，一方面，民俗资料的语言记录越来越精确；另一方面，语境并未受到重视，即便是最好的田野工作者也只记录文本而已。如果提及语境，也只是泛泛而谈，并未针对具体文本的语境。如果民俗学家要研究对骂②，就不能只把选定的对骂文本收集到一起，笼统讨论对骂的技巧。如果有能力，他应该提交一场对骂的准确记录——当然这并非易事。对骂内容的顺序和强度是民族志式的描述的重要资料。这样报道资料显然不排除通常的文本展示和对材料及其功能作出的概括分析。如果没有对实际事件的忠实记录，后来的分析者就会失去了解民俗如何发

---

① E. Ojo Arewa and Alan Dundes, "Proverbs and the Ethnography of Speaking Folklore", in *Essays in Folkloristics* (Folklore Institute, 1978), p. 52.

② 邓迪斯曾于1970年与另外两位作者合作发表《土耳其男孩对骂韵文的策略》，指出土耳其男孩的对骂韵文的出现顺序至关重要。这是邓迪斯的一篇得意之作，所以他经常提到。参看 Alan Dundes, Jerry W. Leach, and Bora Ozkok, "The Strategy of Turkish Boys' Verbal Dueling Rhymes", in *Essays in Folkloristics* (Folklore Institute, 1978), pp. 71–104。

挥作用的良机。

他们认为：

> 具体到谚语，只有记录下个人把谚语用于生活场景的实际例
> 子，使用谚语的技巧和"规则"才能得到研究。理想的语境应该
> 包括具有代表性的多个例子，还要有报告人对这些例子的判断。但
> 如果缺少这种理想的语境，至少应该让报告人描述他们所认为的某
> 一谚语的典型的、恰当的语境，并且请他们尽力回忆诸如此类的
> 例子。[①]

如果一个人知道如何使用谚语，他多半就可以描述谚语曾经被恰当
使用的情境，或者预想谚语应该在什么情境下才能恰当使用。赫斯科维
茨（Herskovits）使用这种方法研究克鲁人谚语，因为他觉得这样做效
果很好。他后来提出由报告人虚构出情境，这成为适用于民族志田野调
查的普遍方法。

两位作者认为，从理论上讲，一则谚语的不同语境记录得越多，这
条谚语在其文化中的意义就越容易理解。因此，应该将报告人对民俗资
料的联想和评论记录下来。他们进一步阐述说：

> 如果有口头文学，就应该有口头文学批评，即本地人的（而
> 不是外来的）文学批评。民俗学家的书架上摆满了对民俗意义、
> 民俗价值的解释，但这些解释和评价很少出自民。本地人的文学批
> 评应当被视作"民族文学"（与民族植物学和民族动物学等并列）
> 的一个方面。有了它，照样需要分析性的文学批评，但它确实应该
> 作为民俗的民族志语境的一部分记录下来。这不仅对本地人的文学

---

① E. Ojo Arewa and Alan Dundes, "Proverbs and the Ethnography of Speaking Folklore", in *Essays in Folkloristics* (Folklore Institute, 1978), p. 53.

批评自身有好处，而且本地人对谚语的阐释和评价无疑会影响研究者去判断在哪个场合下使用哪条谚语。记录谚语文本及其使用场合，可以提供充分的资料，以便将文本和场合联系起来。但如果研究目的在于描述在某一文化中使用民俗的规则，那么收集文化中的成员对一则谚语的一种或多种阐释就同等重要。①

两位作者说，与谜语和笑话等其他短小的民俗形式一样，谚语特别容易成为民族志式的描述的研究内容，并且特别容易出产成果。比如，谚语常用于人际关系亲密的情形，用来缓解紧张气氛。但是：

> 大多数谚语集里只有文本。有时甚至连原来语言的文本也没有。谚语常常不仅意思不明，而且由于收集者屈从于最糟糕的种族中心主义，引用自己文化中所谓对应的谚语去解释另一文化中的谚语，这导致歪曲谚语原意。收集者常把当地文化的民俗翻译成收集者自己文化的民俗，这种过于常见的趋势令大多数谚语集对严肃学者而言价值极其有限。②

邓迪斯和阿雷瓦列举了约鲁巴谚语的 12 个例子，说明语境对于理解和应用谚语的重要性。然后他们讨论说，显然，约鲁巴人使用谚语的最重要的规则与在场者的身份有关。说话者的身份决定其使用何种体裁，听者的身份决定其使用哪条谚语：

> 一般来说，有些谚语的讲者比听者年长，有些谚语的讲者与听者同龄。有的谚语可能适用于两种情形。年轻人并非完全不能说谚

---

① E. Ojo Arewa and Alan Dundes, "Proverbs and the Ethnography of Speaking Folklore", in *Essays in Folkloristics* (Folklore Institute, 1978), p. 54.

② E. Ojo Arewa and Alan Dundes, "Proverbs and the Ethnography of Speaking Folklore", in *Essays in Folkloristics* (Folklore Institute, 1978), p. 54.

语，但约鲁巴人的礼仪规定，若年幼者在年长者面前说谚语，须先道歉。[①]

两位作者说，尽管大多数谚语通过语言传播，但有的谚语有时却是通过敲鼓来传递的。尽管用鼓传递的谚语可能用来侮辱某人（尤其是在竞争官职或头衔时），但一般来说，敲鼓是一种交流渠道，用于仪式，比如葬礼、婚礼、命名礼或酋长就职仪式。只要鼓手或雇用鼓手的人觉得使用的谚语适合当时的场合和对象，就可以用敲鼓传递谚语。有的家庭以敲鼓为业，敲鼓技术代代相传。敲鼓训练不仅包括掌握大量谚语，还包括掌握使用这些谚语的适当场合的知识。并非所有人都会这种技术，但不会技术的可以付费请鼓手。

两位作者说，有的谚语既可以口头表达，也可以用敲鼓传递。某种程度上，是场景决定谚语的表达方式。表达方式对谚语形式的影响是二者之间关系最有趣的地方。比如敲鼓传递的谚语的常见结构是 ABA，这种结构在约鲁巴人通过鼓来交流的传统材料以及民歌中都很常见，但在口头表达的谚语中却并不常见。所以，表达方式与谚语形式之间的关系可能会帮助民俗学家从大量已经报道的干巴巴的文本中挑选出零星的有用信息。比如，也许仅从谚语的形式上就能判断出某一约鲁巴谚语曾经是通过敲鼓传递的。[②]

阿雷瓦和邓迪斯接着说，如果谚语的表达方式是敲鼓而不是语言，某一个具体的人在场或不在场就不重要。敲鼓是公开的，而谈话是私人的。口头谚语一般讲给某一个人或少数人听。相反，敲鼓传递的谚语是

---

① E. Ojo Arewa and Alan Dundes, "Proverbs and the Ethnography of Speaking Folklore", in *Essays in Folkloristics* (Folklore Institute, 1978), p. 62.

② E. Ojo Arewa and Alan Dundes, "Proverbs and the Ethnography of Speaking Folklore", in *Essays in Folkloristics* (Folklore Institute, 1978), p. 66.

要把信息传递给很多人，或者是要让信息在公开的情境下针对某一个人传递。所以，在敲鼓传递谚语时，情境比谚语的针对对象更为关键。

此文的结论是：

> 如果民俗是交流，那么它用作交流的方式就应受到重视。民俗研究不仅应包括对俗的研究，也应该包括对民的研究。如果研究俗的时候不考虑使用俗的民，那么，这种研究是不完整的，甚至会误导他人。……我们应该让民回归到民俗中去。①

这篇文章的重要意义在于，它以约鲁巴谚语为例，指出谚语的表达工具与谚语结构有直接联系，提醒人们注意研究民俗体裁时应考虑表达工具这一因素。常见的民俗以口头形式为主，而约鲁巴谚语的一种重要传递方式却是敲鼓。这意味着，民俗存在的方式多种多样，具体文化中的语境研究尤为重要。

此文也表达了阿雷瓦和邓迪斯的谚语翻译原则——不该把当地文化中的谚语翻译成收集者自己文化中的谚语。从文学翻译的角度看，把他国谚语翻译成本国语言时采用归化式翻译也未尝不可。但是，从民俗研究的角度看，这种做法显然是不可取的。邓迪斯在 1964 年发表的《文本表面形式、文本和语境》中具体提到谚语的收集原则，认为谚语是民俗中用词固定的体裁，应该用原有的本地语言记录下来，这样，文本表面形式才能得以保存。② 这些原则不仅在民俗学的民俗资料收集中具有指导作用，在文学研究中也有一定意义。

除了跟 E. 欧乔·阿雷瓦 1964 年合写的《谚语与民族志式的描述》

---

① E. Ojo Arewa and Alan Dundes, "Proverbs and the Ethnography of Speaking Folklore", in *Essays in Folkloristics* (Folklore Institute, 1978), p. 67.

② Alan Dundes, "Texture, Text, and Context", in *Essays in Folkloristics* (Folklore Institute, 1978), p. 34.

之外，邓迪斯在 1970 年与杰里·利奇（Jerry W. Leach）和博拉·厄兹科克（Bora Ozkok）合写的《土耳其男孩对骂韵文的策略》[①] 一文中也探讨了"民族志式的描述"。

土耳其 8～14 岁的男孩中有传统的仪式性对骂，这需要参与者具有记忆和选择回骂内容的技巧。对骂最重要的目的是要让对手成为被动的女性角色，所以内容是自己的生殖器官进入对手的肛门中。回骂必须与前面的辱骂押韵，要根据对手文本中的弱点还击，还要聪明机智，最好一招制敌。还有，因为对骂频率飞快，所以回骂要应声而出，不露破绽。有的辱骂有很多标准的还击方式，这时，对骂不再是一种策略，而成为记忆力测试。

以往的收集者把丧失了语境的文本胡乱排列在一起，所以，不管是人类学家还是民俗学家都根本发现不了这些对骂策略。只有文本的排列顺序得到详细记录之后，这些对骂策略才显现出来。

约鲁巴谚语的记录和土耳其男孩对骂韵文的收集都反映了民族志式的描述的重要性。邓迪斯一贯认为，民俗传播或交流的动因需要研究，所以民俗资料使用过程中的详情应该备受民俗学家和人类学家的关注。如果民俗是密码，民俗学家就必须通过研究其具体语境来思考其使用规则。

第二节　民俗意义的收集：口头文学批评

邓迪斯除了重视民俗使用的规则之外，也强调民俗意义的收集。邓迪斯认为，民俗并非只有唯一的意义，而是多种意义并存。收集者对民

---

① Alan Dundes, Jerry W. Leach, and Bora Ozkok, "The Strategy of Turkish Boys' Verbal Dueling Rhymes", in *Essays in Folkloristics* (Folklore Institute, 1978), pp. 71–104.

俗意义的解释应该与当地人的解释区分开来，收集者绝不能把自己的解释说成当地人的解释。人们对于民俗的解释可能大不相同，有时甚至截然相反，但它们同样都有价值，不能简单判定其对错。邓迪斯有关民俗意义收集的讨论主要体现于《元民俗与口头文学批评》一文中。

《元民俗与口头文学批评》发表于1966年，当时的美国民俗学界正进行着如火如荼的文本与语境的讨论，重视语境中的文本正是对以往将民俗当成历史遗留物观点的反叛。邓迪斯在该文的注释中指出：

近期，许多民俗学家都在说必须研究民俗对民的意义。①

格尔雄·莱格曼（Gershon Legman）、戈德斯坦（Goldstein）、琳达·戴格（Linda Degh）等人是这些民俗学家的代表。琳达·戴格明确表示民俗收集者未来的任务就是让故事讲述者和听众去解释民俗。这是当时美国民俗研究的背景。

邓迪斯时年32岁，业已发表代表作《民间故事结构研究：从非位单元到着位单元》（1962）② 和《北美印第安人民间故事结构类型学》（1963）③，学术研究正处于蒸蒸日上的阶段。由于他"生性爱质疑"，"甚至偏执"④，所以，无论从年轻人赶时髦来看，还是从邓迪斯爱质疑来看，《元民俗与口头文学批评》一文的问世都很自然。

---

① Alan Dundes, "Metafolklore and Oral Literary Criticism", in *Essays in Folkloristics* （Folklore Institute, 1978）, p. 48.

② Alan Dundes, "From Etic to Emic Units in the Structural Study of Folktales", in *Analytic Essays in Folklore* （Mouton & Co. N. V. , Publishers, 1975）, pp. 61 – 72.

③ Alan Dundes, "Structural Typology in North American Indian Folktales", in *Analytic Essays in Folklore* （Mouton & Co. N. V. , Publishers, 1975）, pp. 73 – 79.

④ Simon J. Bronner, "Preface and Acknowledgments", in Simon J. Bronner （ed. ）, *The Meaning of Folklore*：*The Analytical Essays of Alan Dundes* （Utah State University Press, 2007）, p. x.

邓迪斯在该文的开头指出，"民俗限于遗留物、是对过去的反映"这一理论假设严重妨碍了人们在语境中研究民俗。如果民俗仅仅是对极其远古的反映，那么显然，费心劳神地去收集民俗的现代语境就毫无必要了。所以，19 世纪的民俗学家只关注民俗的最初形式以及民俗的各种类型间和各种亚型间的源流关系。要回答此类理论和方法上的问题，只记录下采集的地点和日期就足够了。

而到了 20 世纪，越来越多的民族志田野资料出现，人们也越来越清醒地认识到：民俗不仅反映过去，也反映现在，民俗被使用的语境的确存在。然而，学者们依然按老习惯行事，民俗学杂志上发表的长长的谚语表中既没有对使用的解释，也没有对意义的解释。邓迪斯说：

> 没有语境的民俗文本从根本上看类似于来自异国他乡的大量乐器——这些乐器用来装饰人类学博物馆和民间博物馆的墙壁，美化私人住所。乐器跟民俗文本一样真实，但是，乐器的音域、调子、功能以及用乐器表演时的复杂情形，人们几乎毫不知晓。①

为语境大声疾呼者首推马林诺夫斯基。他认为，文本固然极其重要，但如果没有语境，文本就没有生命。邓迪斯在与阿雷瓦合写的《谚语与民族志式的描述》中已经指出，使用民俗的方式方法与民俗自身的资料一样高度模式化；对民俗使用规则的识别意味着在奥尔立克的形式法则、阿尔奈的变化法则之外还要加上使用法则，而对使用法则的发现开辟了民俗研究的新领域。

然而，如同人们重文本收集而忽略语境收集一样，人们把兴趣转向语境收集时，又忽略了民俗意义的收集。邓迪斯说，实际上，收集民俗

---

① Alan Dundes, "Metafolklore and Oral Literary Criticism", in *Essays in Folkloristics* (Folklore Institute, 1978), pp. 38 – 39.

的意义跟收集民俗的语境同等必要、同等重要。我们必须要认识到使用和意义的区别。语境的收集不等于意义的收集：

> 我们不可能总是从语境中猜测意义，所以，民俗学家必须积极地从民众中获取民俗的意义。①

那么，如何从民众当中获取民俗的意义呢？邓迪斯提出"口头文学批评"（Oral Literary Criticism）这一术语。邓迪斯曾在1964年发表的《文本表面形式、文本和语境》和《谚语与民族志式的描述》这两篇文章中都提到"口头文学批评"。在前文中，他说：

> 有口头文学，也就有口头文学批评或当地人的文学批评。民俗学家只记录下来光秃秃的文本，并且以为自己能够完成需要的所有分析（或文学批评），这些都是错误的。民俗学家极少征集报告人对自己资料的评论，而这些评论实际上应当被征集。研究者应该询问报告人，他们认为自己的资料有什么意义。收集本地人的文学批评绝不妨碍民俗学家作出符合标准的分析。②

在后文中，他和另一作者阿雷瓦认为：

> 有口头文学，就应该有口头文学批评，即本地人的（而不是外来的）文学批评。③

---

① Alan Dundes, "Metafolklore and Oral Literary Criticism", in *Essays in Folkloristics* (Folklore Institute, 1978), p. 40.

② Alan Dundes, "Texture, Text, and Context", in *Essays in Folkloristics* (Folklore Institute, 1978), p. 35.

③ E. Ojo Arewa and Alan Dundes, "Proverbs and the Ethnography of Speaking Folklore", in *Essays in Folkloristics* (Folklore Institute, 1978), p. 54.

1966 年，他在《元民俗与口头文学批评》一文中解释了何为"口头文学批评"：

> 这个术语显然源于"文学批评"①。"文学批评"指的是分析和阐释书面文学作品的许多方法。就连文学批评的新手也会很快发现，即便是同一艺术作品也存在可供选择的、对立的解释。至于民俗，也有同样的现象；为了讨论方便，我们可把民俗称作"口头文学"（尽管这样会遗憾地把非口头民俗排除在外）。任何一项口头文学作品都有大量的口头文学批评。②

也许邓迪斯刻意要采用仿词手法（这是他喜欢的风格），将自己的新创造与"文学批评"这个术语产生联系，所以才不惜遗漏非口头民俗，采用了这样一个并不全面的概念。简而言之，"口头文学批评"也就是对民俗的批评。

邓迪斯认为，民俗学家虽然明白民俗文本会有变异，但常常误认为一项民俗只有唯一正确的意义或解释。其实，正如某个游戏、某一首民歌没有唯一正确的文本一样，对于一项民俗而言，并不存在唯一一种正确的解释。民俗的意义和解释是多样的，我们都应该收集。邓迪斯举例说，如果向十个报告人询问一则笑话的意思，可能会得到十个答案。

邓迪斯强调要分清收集者的解释和当地人的解释，但二者并不互相排斥。民俗资料收集者的解释也许会与当地人的解释相反，这并不意味着孰对孰错。我们既需要当地人的解释，也需要资料收集者的解释。不幸的是，有时收集者越俎代庖，声称自己的解释就是当地人的解释，这

---

① 指 literary criticism。

② Alan Dundes, "Metafolklore and Oral Literary Criticism", in *Essays in Folkloristics* (Folklore Institute, 1978), pp. 40 – 41.

样就不对了。

邓迪斯意识到收集口头文学批评之不易，但也指出其可行性。他说：

> 收集口头文学批评并非易事。大多数的口头文学批评可能从未有意识地表达出来，然而民俗学资料的含义和传统解释如同民俗本身一样口口相传、代代相传。[①]

邓迪斯说，虽然口头文学批评不易收集，但是某些类型的口头文学批评跟其他类型相比更易于收集一些：其一是元民俗，其二是讲述者的旁白。[②]

第一种口头文学批评，即元民俗，来自民俗自身，而非来自民。这种口头文学批评数量有限。语言学中有"元语言"（metalanguage）这一术语，指有关语言的语言学陈述。所以邓迪斯仿造了"元民俗"（metafolklore）来指代有关民俗的民俗学陈述。他说，元民俗或关于民

---

① Alan Dundes，"Metafolklore and Oral Literary Criticism"，in *Essays in Folkloristics*（Folklore Institute，1978），p. 42.

② 邓迪斯喜欢运用仿词手法创造新概念，如民族志式的描述（the ethnography of speaking folklore）、元民俗（metafolklore）、口头文学批评（oral literary criticism）、母题位（motifeme），等等。在《元民俗与口头文学批评》这篇文章中，邓迪斯在文章标题中把二者并置，其目的可能只是希望读者关注这两个新概念，并不是说二者等同或并列。也许正因为如此，导致了读者对这两个概念之间关系的误读。如《邓迪斯"元民俗"理论的田野意义》一文认为："他将民众对意义诠释这一过程称之为'口头文学批评'，即在民众讲述完故事或听完别人讲故事后，由民众自己来对故事做出非学者式文艺学的意义阐释，我们也可将其看成是'元民俗'在民间文学田野调查中的体现。作者称其为'讲唱者作出的旁白和解释性说明'。"（参见师卓琳《邓迪斯"元民俗"理论的田野意义》，《濮阳职业技术学院学报》2016年第5期）

    显然，邓迪斯的原意并非如此。因为邓迪斯认为，常见的口头文学批评有两种：其一是元民俗，即有关民俗的民俗；其二是讲述者的旁白。也就是说，口头文学批评虽然包含了元民俗，二者并不等同，也不是并列的关系。

俗的民俗可能是有关谚语的谚语，有关系列笑话的笑话，有关民歌的民歌，等等。不过，元民俗未必都与民俗体裁一致，比如，存在有关神话的谚语。

第二种口头文学批评，即讲述者在讲故事或唱歌时插入的旁白或解释性评论。这些旁白有时会被过分谨慎的编辑不明智地删掉，而事实上它们不该被删除。

邓迪斯分析说，这两种口头文学批评的问题是，它们顶多只提供了民评价自己民俗的一个不完全的画面。因为有的民俗根本没有记录下来的元民俗，而有的体裁几乎没有公开表达的旁白。

鉴于元民俗与讲述者旁白的局限性，邓迪斯提出，资料收集者需要严密地和系统地诱导出口头文学批评。身为民俗学家的收集者处理故事或民歌时应该学习现代心理医生处理梦的方式。心理医生会让病人自由联想，评论梦中的多个要素。收集者同样应当让报告人自由联想，去解释或评论故事中的任一要素。邓迪斯甚至这样建议：

> 也许收集者应该把收集到的民俗当成投射测试（或者我们应该称之为"投射文本"），如果是那样，他应让报告人编造一个故事去评论其故事。[1]

邓迪斯认为，除了引出讲述者的口头文学批评之外，如果能引出听众的口头文学批评就更好了。故事讲述者理解的故事含义跟听众理解的未必一致，甚至在听众内部每个人对故事的含义都会有不同理解。民间故事在不同的民那里会有不同的含义，所以一则故事往往不可能只有一种含义。

---

[1] Alan Dundes, "Metafolklore and Oral Literary Criticism", in *Essays in Folkloristics* (Folklore Institute, 1978), p. 45.

邓迪斯举了两个例子来说明民间文学的多义性。其一是习语"有把斧子要磨"（to have an axe to grind）有不同的含义：既可以指一个人要求他人停下正忙的事，来给自己帮忙，也可以指某人对他人的所作所为生气了。其二是谚语"滚石不生苔"（A rolling stone gathers no moss），虽然含义没有歧义，但是对相同含义的评价却有所不同：这种情形可以是坏事，人们用这条谚语劝阻别人不要东游西荡；这种情形也可以是好事，苔藓指不好的东西，滚石指理想的、不受妨碍的生活。

邓迪斯深知，获得口头文学批评并非易事。他说：

> 民知道民俗，使用民俗，但他们不愿费力去表达出自己的审美评判。对于某些口头文学批评，如象征，可以用一种间接的方法获得。关于象征的难题是，民可能并没有完全意识到民俗要素中的一个或更多的象征意义。这一点是可以理解的，因为以象征方式找到发泄出口的常常是禁忌行为或禁忌思想。如果民清醒地意识到笑话或民歌中的某一要素的象征意义，那么这一要素就可能不会继续充当一种安全的、社会许可的发泄渠道。……很幸运，民俗中的许多象征被坦率地陈述出来，对相关文化中的某些成员来说，这些象征应该是清楚的。但是，如果能从民那里（而不是从弗洛伊德式的精神分析学家那里）得到对民俗的象征解释，象征研究肯定就会有很大进步。[①]

他认为，应该让田野资料证明扶手椅民俗学家的猜测结果到底是对还是错。比如，鞋子可能是女性生殖器的象征，但民俗学家从儿歌当中得到的证据也未必清楚明白，所以我们应该寻找最初的源头，向民询

---

① Alan Dundes, "Metafolklore and Oral Literary Criticism", in *Essays in Folkloristics* (Folklore Institute, 1978), p. 47.

问：报告人认为鞋意味着什么？报告人可否画一幅老女人和她的鞋子的画？也许可以设计和进行一种以儿歌（或其他民俗）为基础的改良的主题理解测验（TAT）①。或许并非所有的报告人都能够说出口头文学批评，但部分人是可以的。即便是被动的传承人（与那些爱讲故事、爱唱歌的主动传承人相反），也能够提供解释。民俗学家收集一首民歌的多种解释时，应该像收集民歌的多个文本时那么急切。

身为民俗学家，邓迪斯关注民对民俗（folklore）这一词的解释。在俗语中有"那只是民俗而已"（That's just folklore），这里"民俗"的意思是"假话"、"错误"等。邓迪斯怀疑，正是这种贬损的含义让民俗学家有意避免使用"民俗"，而使用"口头艺术"、"口头或民间文学"等。更严重的是，大众对民俗的这种解释让民俗学这一学科以及民俗从业者难以获得学术地位。如果民俗是错误的，那么民俗学博士就是愚蠢的顶点；在追求真理的学术环境中却存在一个致力于错误的学科，这实在不可思议。使用民俗一词，而没有意识到民对该词的解释，这是不明智的。

邓迪斯最后提出，有必要持续、反复地寻找口头文学批评。每一代人都会重新解释自己的民俗，有时文本因为适应新需要被改动，但很有可能变化得更大的是对文本的阐释。不过邓迪斯清醒地认识到：

> 与从民中收集民俗一样，从民中收集口头文学批评是永远不可能彻底完成的任务。……我们收集民俗的未来目标应该是少些文本，多些语境，多些与文本和语境相伴的详细的口头文学批评。②

---

① 即 Thematic Apperception Test。

② Alan Dundes，"Metafolklore and Oral Literary Criticism"，in *Essays in Folkloristics*（Folklore Institute，1978），p. 49.

与邓迪斯提倡"民族志式的描述"相似，邓迪斯提出收集"口头文学批评"的目的在于反思以往的田野调查方法。"民族志式的描述"重在民俗的使用方式，"口头文学批评"重在民俗本身的意义。就"口头文学批评"包含的两个类别来看，元民俗是从民俗中直接反映出的民俗意义，带有普遍色彩。讲述者的旁白来自讲述者本人，对民俗意义的解释带有讲述者的个性色彩。它们作为口头文学批评的两种常见类型为民俗的主位研究（Emic Approach）提供了一定的理论依据。主位研究重在从当地人的视角去理解文化，站在当地人的立场去收集材料、分析问题，尽量避免研究者与当地人间的文化误解。从理论上看，口头文学批评理应促进民俗学家与研究对象之间的尊重与理解。

发表《元民俗与口头文学批评》19年之后，邓迪斯在1985年表达过这样的观点：

> 人类学家越来越经常地在报告人能够见到研究结果的社会中工作，所以记录和分析报告人对已经发表的研究的反应将会越来越重要。①

但是，遗憾的是，我们在邓迪斯的民俗研究实践中没有看到邓迪斯对元民俗的充分利用。

以邓迪斯颇受争议的几项研究为例。《土耳其男孩对骂韵文的策略》一文原本已经《南方民俗季刊》编辑同意发表，但因该编辑工作调动，临时编辑因怕得罪佛罗里达大学的校务委员而不愿再发表此稿；《生活像鸡舍梯子：用民俗描绘德国文化》② 是邓迪斯1980年在美国民

---

① Alan Dundes, "The American Game of 'Smear the Queer' and the Homosexual Component of Male Competitive Sport and Warfare", in *Parsing through Customs：Essays by a Freudian Folklorist* (The University of Wisconsin Press, 1987), p. 182.

② Alan Dundes, *Life is Like a Chicken Coop Ladder：A Portrait of German Culture through Folklore* (Columbia University Press, 1984).

俗学会年会上的主席发言，原本应按照惯例在《美国民俗学杂志》上发表，但因触怒了美国民俗学会里的德裔美国人而耽搁了四年才出版；此外，他研究犹太人和波兰裔美国人笑话的文章遭到拒绝是因为编辑怕触犯波兰人，研究东欧政治笑话的文章遭到拒绝是因为它可能会得罪苏联读者，用口头程式理论研究《古兰经》受到恐吓是因为这样做会触怒阿拉伯世界的同行。①

从旁观者的角度来看，如果邓迪斯能够超越当时的愤怒，如果他将自己的研究给民俗所有者带来的反应详细记录下来并作为自己原来研究的补充，这些被引出的口头文学批评应该可以呈现出特别的价值。

第三节 邓迪斯民俗资料收集理论的当前意义

民俗资料收集在中国从未间断，有时甚至受到重视。但在不同时期，收集者的目的往往不同。古代为了解政治得失而观风俗、知民俗，是维护统治的行为。近代中国始有学术性的民俗收集，并于 20 世纪二三十年代在北京大学、中山大学等地形成了民俗资料收集的中心。但以邓迪斯的收集标准来评价，我国的民俗资料收集显然存在明显缺陷。

20 世纪上半期的中国民俗学界跟美国相似，有"俗"无"民"、重"俗"轻"民"的情形同样存在。从 1918 年的《北京大学征集全国近世歌谣简章》② 到 1958 年中国民间文学工作者第一次代表大会上规

---

① "Folkloristics in the Twenty-First Century"（AFS Invited Presidential Plenary Address），*Journal of American Folklore*，Vol. 118，No. 470（Fall，2005），pp. 385 – 408.

② 1918 年 2 月 1 日发布的《北京大学征集全国近世歌谣简章》对入选歌谣背景资料的要求是："歌谣通行于某社会、某时代，当注明之"，"歌谣中有关历史地理或地方风物之辞句，当注明其所以"，仅涉及笼统的历史、地理因素，对具体细节，如歌谣的演述者、演述环境、演述方式、演述对象等均未提及。见刘锡诚《二十世纪中国民间文学学术史》，河南大学出版社，2006，第 93 页。

定的民间文学工作方针——"全面搜集、重点整理、大力推广、加强研究",其间的歌谣收集、民间文学收集都仅限于民俗的文本收集。其实,即便是第一步"全面搜集",在实践中也并未真正实施。与邓迪斯对美国厕所涂鸦和土耳其男孩对骂情形的研究相比,我们的"全面搜集"还有很大的拓展空间。

不过,中国学者对民俗资料收集的思考并不落后。就民俗资料的收集方式而言,中国学者也有自己的建树。与邓迪斯同年出生的中国学者段宝林就在民俗资料收集方式的问题上与邓迪斯有着诸多一致。[①]

与邓迪斯极力宣扬"民族志式的描述"相似,段宝林大张旗鼓地提倡"立体描写"[②]。段宝林对立体描写的思考始于他1964年发表的《重视歌谣的注释说明》:

> 要深入认识它的内容和意义,必须了解它产生的时代背景和流传情况,这就要求在搜集整理时对歌谣作一些注释和说明。……我切望能在记录、整理各种歌谣时,作些具体而生动的注释和说明,把这个好传统坚持下去。[③]

此后,他多次对"立体描写"进行论述。如果我们仔细比较,就会发现,"立体描写"与"民族志式的描述"有着极其相似之处。

首先,二者的理论依据一致,都认为民间文学不是僵死的、静止的遗留物("死鱼"),而是活着的、动态的东西("活鱼"、"水中之

---

① 详见丁晓辉《"民族志的描述"与"立体描写"——邓迪斯与段宝林之必然巧合》,《三峡论坛》2015年第2期。

② "立体描写"最初由贵州苗族民间文学家燕宝(王惟林)提出,段宝林将其作为民间文学的收集方法大力提倡。

③ 段宝林:《重视歌谣的注释说明》,《民间文学》1964年第3期。

鱼")。其次，二者都提倡收集语境中的文本（水中活鱼），除文本（鱼）之外，要尽可能详尽记录下文本的语境（水）。再次，二者列举出的具体收集细则存在一致。例如，对于谚语，应收集使用一条谚语的时间、地点以及讲述者和听者之间的关系，等等；而对于故事，要收集讲述时讲述者的风度、表情、手势，等等。

这些契合并非出自偶然，而是由民间文学自身的特性、民间文学的学科发展规律、研究者求新求异的心理等原因决定的。

其实，扩大视野来看，中国的其他学者虽然没有像段宝林那样明确提出"立体描写"，类似的观点也闪烁在他们的学术研究中。如乌丙安参加了1979年的满族民间文学调查之后，有这样的发现：

> 以往我们在普及民间文学基本知识时，常常把民间文学的集体创作和传播这个特点，讲得过分笼统……在多数情况下，大量民间故事却掌握在某些"见识多，说话巧"的"讲手"的个人手里，这些"讲手"就是民间故事讲述家，在学术上又称他们为民间故事传承人。[①]

兰克于1985年发表过这样的观点：

> 流传在民间口头上的作品都具有特定的生活背景，在什么样的场合由什么样的人向什么样的听众讲述哪一类作品，都有着严格的限制。民间文学作品的上下文和作品本身共同构成一个立体的系统，是民间文学理论研究不可缺少的材料。[②]

---

① 乌丙安：《张其卓、董明整理〈满族三老人故事集〉·序》，春风文艺出版社，1984。

② 见兰克1985年在南通市召开的"田野作业与研究方法座谈会"上的发言。引自刘锡诚《二十世纪中国民间文学学术史》，河南大学出版社，2006，第760页。原文发表于《民间文学论坛》1985年第5期。

但正如在美国存在理论与实践的脱节一样，中国也有着相似的情形。

到 20 世纪 70 年代末，民间文学采录者已经开始注意到民间故事传承人，所以故事的讲述者得到关注。几乎与此同时，在全国民间文学普查中，地方的民间文学工作者发现了若干个故事村和故事家，民俗中"民"的因素逐渐得到重视。然而，即便如此，在历时 25 年（1984 ~ 2009）之久搜集编纂的"三套集成"中，文本之外只有对文本流传地域、演述者的年龄和身份、采集者的年龄和身份的最简单记录。只是偶尔出现了立体描写。这种民俗资料的记录方式与美国民俗学家 20 世纪上半期的做法别无二致。①

20 世纪 80 年代以来，美国的表演理论、民族志诗学等理论方法逐渐传入中国。与此同时，国内研究者也从不同角度提出与之契合的理论。钟敬文提出"民间文化"和"三层文化"，刘锡诚提出"整体研究"。高丙中提出用民间生活研究代替民俗文本研究，成为中国民间文学研究、民俗学研究方向发生转变的一个标志。此后，大家不约而同地试图重新阐释民（民间）的内涵，以文本为工具，认识和理解民（民间）的生活世界的整体。

与美国民俗研究 20 世纪 70 年代开始的"文本－语境"之争②相

---

① 邓迪斯在 1964 年发表的《文本表面形式、文本和语境》中已经表达过这样的观点："语境的收集对所有民俗体裁都很重要，但对谚语和手势来说尤为不可或缺。然而，大多数谚语集仅仅提供文本。这是没有语境的谚语集。谚语，作为用词固定的民俗体裁的一个典型，必须得用原来的本地语言记录下来，这样，文本表面形式才能得以保存"。参见 Alan Dundes, "Texture, Text, and Context", in *Essays in Folkloristics* (Folklore Institute, 1978), p. 34. 但是，事实上，即便是现在，即便是在邓迪斯所在的美国，"遗憾的是，此文（指邓迪斯的《文本表面形式、文本和语境》一文）发表 40 多年之后，没有语境的民俗收集册并无多少改观"。参见 Wolfgang Mieder, "'The Proof of Proverb Is in the Probing': Alan Dundes as Pioneering Paremiologist", *Western Folklore*, Vol. 65, No. 3 (Summer, 2006), pp. 217–262。

② Lisa Gabbert, "The 'Text/Context' Controversy and the Emergence of Behavioral Approaches in Folklore", *Folklore Forum*, Vol. 30, No. 1/2 (1999).

似，国内学者在 21 世纪初也就民间文学研究的"文本－田野"关系展开过热烈讨论。① 而随着民俗学者对这一问题的认识逐步深入，当初曾向国内大力引进介绍表演理论的安德明、杨利慧，开始对过分追求语境描写进行了反思：

> 由于过度强调对以文本为中心的视角的矫正，结果导致了重视外部的语境研究而轻视内部的文本或民俗事象内在属性分析的倾向。②

杨利慧等还说：

> 目前中国民俗学界盛行的追求语境描写、忽视文本的分析，甚至流于"为语境而语境"的做法，无疑有跟风之嫌，存在很大的盲目性和片面性。③

其实，如果我们把邓迪斯的民俗资料收集理论中的语境认识与中国的民俗研究现状结合起来，不难发现，中国学者历经多年探索在 21 世纪讨论的内容，其实仍在重复美国民俗学界 20 世纪六七十年代的问题。早在 40 多年前，美国就已存在激烈的文本与语境之争，多尔逊已经提出民间生活的概念，所以，中国民俗研究从文本到语境的范式转变，可以看作是西方民俗理论影响中国的余波，是中国民俗研究对西方民俗理论消化、吸收和借鉴过程当中的一步。

---

① 如 2003 年 7 月 12 日民间文化青年论坛"关于陈建宪论文的讨论"。参见 http：//www. pkucn. com/chenyc/viewthread. php？tid＝960。

② 安德明、杨利慧：《1970 年代末以来的中国民俗学：成就、困境与挑战》，《民俗研究》2012 年第 5 期。

③ 杨利慧、张霞等：《现代口承神话的民族志研究——以四个汉族社区为个案》，转引自杨利慧《语境、过程、表演者与朝向当下的民俗学——表演理论与中国民俗学的当代转型》，《民俗研究》2011 年第 1 期。

邓迪斯一再强调的民俗意义的收集——"口头文学批评"，也在中国产生了影响。我曾于 2006 年发表论文《解释民俗的民俗——理解元民俗的一种新视角》①，希望能够进一步限定元民俗这一概念的范围。师卓琳于 2016 年发表《邓迪斯"元民俗"理论的田野意义》②，指出把民俗事项的解释权在一定程度上交还给民众的重要性。我与谭璐于 2016 年合作发表的《民间故事与谚语的常见结合形态》③ 和我于 2017 年发表的《再论民间谚语故事与谚语的常见结合形态》④，通过民间谚语故事考察故事类型与谚语的稳定结合以及民间故事对谚语的同构与解构，是基于元民俗理论思考之上的产物。

① 丁晓辉：《解释民俗的民俗——理解元民俗的一种新视角》，载于陈友康、尹子能主编《南菁学人论坛》（二），云南人民出版社，2006。
② 师卓琳：《邓迪斯"元民俗"理论的田野意义》，《濮阳职业技术学院学报》2016 年第 5 期。
③ 丁晓辉、谭璐：《民间故事与谚语的常见结合形态》，《三峡论坛》2016 年第 4 期。
④ 丁晓辉：《再论民间故事与谚语的常见结合形态》，《贵州民族大学学报》2017 年第 2 期。

第三章

结构分析法为主的民俗识别

20 世纪 30 年代起，从语言学和人类学研究中发展出来的结构主义逐渐成为西方社会学最负盛名的研究方法之一，影响波及所有研究社会现象的学科，也直接应用于民俗学领域。邓迪斯深受弗拉基米尔·普罗普（Vladimir Propp）、克劳德·列维－斯特劳斯（Claude Levi-Strauss）、肯尼斯·派克（Kenneth L. Pike）等人的影响，把结构分析方法应用于民俗识别当中，在具体民俗体裁的结构分析和定义中取得突破，得到多数民俗学家的认可。

邓迪斯认为，民俗识别（即确定民俗的身份）是民俗研究的一个重要步骤，是在分析某项民俗时，根据历史－地理方法的已有研究成果，确定该项民俗所属类型，指出它与曾经被记述过的某些项目如何相似。邓迪斯的民俗识别研究以结构分析方法为主，通常是先寻找民俗体裁的最小结构单位，再通过辨识内在结构来定义不同的民俗体裁，最终根据各个民俗体裁的定义确立民俗的综合定义。

第一节　何为民俗识别

"识别"① 以及"阐释"② 这两个术语出自阿切尔·泰勒（Archer Tylor）1948 年发表的《民俗和文学研究者》③ 一文。阿切尔·泰勒在这篇文章中说，人们把民俗与文学联系起来，是因为要对文学中的要素进行识别和阐释。邓迪斯扩大了阿切尔·泰勒给"识别"限定的范围，不仅把识别应用于民间文学领域，也扩充到所有民俗事项当中。邓迪斯认为，识别本质上就是寻找相似，它是民俗文本研究的一个基本步骤。这项任务的内容就是指出它与曾经被记述过的民俗事项如何相似。

从邓迪斯的民俗识别实践中可以看出，他的民俗识别主要就是追溯民俗的来源，判定民俗所归属的类别，并且从中概括出民俗的普遍特征。他无论是对《尤利西斯》中出现的谜语的解释，还是对印度民间故事《乌鸦与麻雀》的分析，都以识别为基础。

邓迪斯在 1965 年发表的《文学与文化中的民俗研究：识别与阐释》④ 一文中详细解释了识别及其与阐释的关系。

这篇文章是邓迪斯的早期成果。他通过对两个实例的分析具体展示了民俗研究的基本步骤，并首次提出正确的识别是阐释的基础，阐释是识别的目的；他指出，必须在语境中才能正确识别民俗，识别离开了语

---

① 即 identification。

② 即 interpretation。

③ 即 "Folklore and the Student of Literature"，此文被邓迪斯选入《民俗研究》（*The Study of Folklore*）一书。

④ Alan Dundes，"The Study of Folklore in Literature and Culture：Identification and Interpreta-tion"，in *Analytic Essays in Folklore*（Mouton & Co. N. V.，Publishers，1975），pp. 28 – 34.

境就会出错，最终导致错误的阐释。①

在邓迪斯写作这篇文章的 20 世纪 60 年代，大多数学者把民俗研究归属于文学或人类学两个阵营。这是由研究者的教育背景和机构归属的不同造成的。文学家重文本，人类学家重语境。所以在这篇文章中，邓迪斯提出了文本研究和语境研究的结合。正如西蒙·布朗纳（Simon J. Bronner)② 所言：

> 邓迪斯承认，民俗研究主要依赖从田野中收集来的文本去了解一项民俗的细节和交流情况，但他也把考察历史来源和文学来源当成识别阶段中的必要一环。③

邓迪斯认为，把民俗学家分成文学民俗学家和人类学民俗学家两大类是不恰当的。因为这种二分法意味着两类民俗学家应有两种研究民俗的方法，其一是研究文学中的民俗，其二是研究文化中的民俗。从职业民俗学家的视角看，这不仅是错误的，还会毫无必要地把学者分为两类。但实际上，他们研究的问题就算不同，也有相似性。不管是研究文学中的民俗还是研究文化中的民俗，其基本方法几乎是一样的。也就是说，民俗学有自己的方法，不仅适用于文学问题，也适用于文化问题。

邓迪斯说：

---

① 邓迪斯在《阐释民俗》（*Interpreting Folklore*，Indiana University Press，1980）一书的前言中更强调阐释的重要性，但 1965 年的这篇文章更强调识别的重要性。此文虽然是邓迪斯对民俗研究方法论的早期思考，但实际上贯穿了邓迪斯一生的民俗研究，此后近四十年他一直没有偏离这个轨道。

② 邓迪斯的好友，美国民俗学家。

③ Simon J. Bronner，"Introduction for 'The Study of Folklore in Literature and Culture：Identification and Interpretation'"，in Simon J. Bronner（ed.），*The Meaning of Folklore：The Analytical Essays of Alan Dundes*（Utah State University Press，2007），pp. 67 – 68.

研究文学中的民俗和研究文化中的民俗都只有两个基本步骤。第一个步骤是客观的、经验的；第二个步骤是主观的、思辨的。第一个步骤可以称作识别，第二个步骤可以称作阐释。识别本质上就是寻找相似；阐释依赖于描述差异。研究一项民俗的第一个任务是指出它与曾经被记述过的某些民俗如何相似；第二个任务是指出它与此前被记述过的某些民俗如何不同——并且，最好能够指出造成差异的原因。[①]

邓迪斯对当时民俗研究的状况颇有微词。擅长识别的民俗学家常常指责文学批评家和文化人类学家没有识别民俗就去评论其用途，如，误以为传统民间故事类型的情节出自作家之手，把美洲印第安人讲述过的一则欧洲故事中的欧洲主题当成原本属于美洲印第安人的故事要素。而民俗学家自身则被指责仅做了识别工作而已。他们对识别的过分关注导致为民俗而考察民俗的枯燥研究，正是这种强调文本忽视语境的做法导致他们与众多文学批评家和文化人类学家疏远分离。人类学的民俗研究和文学的民俗研究都出现了"脱离语境的文本"的倾向。民俗学家进入田野，返回时收集到的却是没有文化语境的文本；或者他们一头扎进文学的源泉，带上来的却是干巴巴的脱离文学语境的母题或谚语。对许多民俗学家而言，识别自身就是终点，而不是通向阐释这一终点的方法。

邓迪斯强调，识别不能代替阐释：

识别只是开始，仅仅是第一步。一个把分析仅限于识别的民俗学家还未提出与材料相关的重要问题，就已经止步不前。如果他不准备去解决一些这样的重要问题，他就只能待在一个边缘学科的学

---

① Alan Dundes, "The Study of Folklore in Literature and Culture：Identification and Interpretation", in *Analytic Essays in Folklore*（Mouton & Co. N. V.，Publishers，1975），p. 28.

术边缘。①

邓迪斯列举了两个例子，具体说明了识别和阐释的步骤：必须先在语境中对民俗进行识别，然后才能阐释民俗。

第一个例子是《尤利西斯》中出现的一则谜语。谜语是这样的：

> 公鸡啼叫
>
> 天空发蓝
>
> 天堂里的钟
>
> 敲响了十一下
>
> 这个可怜的灵魂
>
> 该去天堂了

《尤利西斯》一书中的人物斯蒂芬·迪达勒斯在课堂上向学生提出这则谜语，他给出了谜底："狐狸把祖母埋在冬青树下"。《尤利西斯》的作者詹姆斯·乔伊斯在全书中多次提及该谜语，所以它对理解整本书显然非常重要。邓迪斯说，文学批评家们像书中斯蒂芬·迪达勒斯的学生一样茫然不知其意，因为据他所知，当时还没有人真正识别出这则谜语。有人指出，这条谜语与 P. W. 乔伊斯②书里的一则谜语的相似，这个谜语是：

> 猜一猜，猜一猜，
>
> 昨天夜里我看见了什么？
>
> 风在呼啸，
>
> 公鸡啼叫，

---

① Alan Dundes，"The Study of Folklore in Literature and Culture：Identification and Interpretation"，in *Analytic Essays in Folklore*（Mouton & Co. N. V．，Publishers，1975），p. 29.

② P. W. 乔伊斯是研究爱尔兰历史的专家，不是《尤利西斯》的作者詹姆斯·乔伊斯。

天堂的钟声，

已经敲响了十一下。

我那可怜的灵魂要去天堂了。

（谜底：狐狸把他母亲埋在冬青树下。）

但是，P. W. 乔伊斯本人并未识别出这条谜语的来历，他还说谜底跟谜语不一致。然而，经过专业训练的民俗学家们马上就知道这条谜语与世界范围存在的 AT955 "'强盗新郎'故事"的亚型联系密切。这个故事亚型流行于英美口头传统中，内容是：有个通常叫狐先生的求婚者，他想杀了未婚妻；惊恐的姑娘躲在树上，看见狐先生在给她挖坟墓。此后的一次大型聚会中，姑娘讲了这个谜语，当众揭露了狐先生的恶行和不法勾当。这就是邓迪斯对斯蒂芬谜语的识别。

邓迪斯这样阐释：民间故事中，狐先生只是想杀死情人，但并没有真正杀她。人们按狐先生的思想而不是按他的行为来评判他。小说中，斯蒂芬没有杀死母亲，他在心里说："我不能救她。"民间故事的大多数文本中，狐先生的目标是未婚妻，而在小说中，狐狸的目标是一位母亲。如果母亲等于情人，那么这就是斯蒂芬性格当中深层的恋母情结的一部分。因此，斯蒂芬这个"狐狸"杀了母亲，而不是如母亲所愿去娶她。如果《尤利西斯》里的谜语出处就是 P. W. 乔伊斯的谜语，那么，斯蒂芬在给学生的答案中把原来的母亲改成祖母，这正说明斯蒂芬有恋母情结，因为显然，在斯蒂芬的心里，狐狸的目标是一位母亲，而不是一位祖母①。

邓迪斯说，这个民间故事还可以清楚地解释《尤利西斯》里狐狸

---

① 邓迪斯这样说的原因是：从心理分析的角度看，具有恋母情结的人总是处于爱恋母亲的冲动与克制这种冲动的极度矛盾之中，恋母情结总是以隐晦的方式表达出来。因此斯蒂芬没有明确说出想杀死的是母亲，而是故意把谜底中的母亲改成祖母，以掩饰自己的矛盾心理。斯蒂芬的行为欲盖弥彰，反而证明他有恋母情结。

与基督之间的奇怪联系。"基督狐狸"被描述成一个"躲在枯死树杈里面的逃跑者"。这种描述不仅让人想起耶稣被钉死于十字架，也让人想起故事里惊人的场景：受害的姑娘躲在树上，往下看狐先生给她挖墓。身为"基督狐狸"的斯蒂芬既是受害者又是坏人，既是无辜的又是有罪的。詹姆斯·乔伊斯把民间故事里的谜语当成客观的、互为关联的事物熟练使用，如果读者不了解这一点，就根本欣赏不了这种矛盾修辞。《尤利西斯》中的其他民俗要素也可以用同样方式识别和阐释。

邓迪斯由此证明：

> 没有足够民俗知识的文学批评家不能正确识别，因此也不能正确阐释。但是，仅了解自己学科内部基本方法的人类学家也会这样。[①]

邓迪斯的第二个例子是他 1963 年从一个叫威廉·墨兹特诺（William Mzechteno）的 74 岁的老人那里收集来的一则故事。老人住在堪萨斯州的罗伦斯，是草原营居的波塔瓦托米人。

故事的大意是这样的：

> 从前有一个小男孩叫帕提亚（P'teejah），他有一张小桌布。不管在什么地方，只要他把桌布摊到地上，他要什么好吃的，就有什么好吃的。想清理时，他只要抖一抖桌布，东西就都消失得无影无踪。有一次他正沿着大路走，碰见一个士兵戴着帽子，是军人戴的那种制服帽子。士兵饿了。男孩问他有没有吃的，士兵说只有硬面包。男孩看了看面包，说面包太硬了，没法吃，就把面包扔了。士兵阻拦他，他就说要给士兵好吃的。他拿出桌布摊在地上，让士兵

---

① Alan Dundes, "The Study of Folklore in Literature and Culture: Identification and Interpretation", in *Analytic Essays in Folklore* (Mouton & Co. N. V., Publishers, 1975), p. 31.

想吃什么就说出来。士兵太饿了，把想吃的都说了出来。男孩对士兵说："你要是想喝那种红水，也会有红水。"这个印第安小男孩把威士忌说成"红水"，因为它是红色的。他不说威士忌是"辣水"。他是印第安男孩。士兵好好吃了一顿，吃饱了，然后说要给男孩看一样东西。士兵把帽子取下来，扔到地上说："我想要四个士兵。"果然有四个士兵全副武装，立正站着。男孩对士兵说："很好。不过就算有这四个士兵，你也会饿的呀。"士兵戴上帽子，四个士兵就消失了，他接着往前走。然后士兵问男孩想不想用桌布跟他换帽子。男孩不想换，说没有桌布会饿死。他开始想了："那些士兵能给我找吃的。"于是他就换了，这是一笔公平的交易。小男孩一直往后看，他戴上了帽子。他一遍遍地想着桌布。没有桌布了，他当然不愿意。他有了一个念头："我得把它要回来。"他取下帽子，扔到地上，四个士兵出现了，站在那里。他说："四个士兵，看走过去的那个人，他把我的桌布拿走了，你们把桌布拿回来。"他们追上那个人，那人拼命打他们，说："你们是我的。"四个人说："不，我们是那边那个人的。"男孩拿回了桌布，桌布是他的了，帽子也是他的了。

邓迪斯分析说，这个故事不是印第安人原有的故事，而是欧洲民间故事 AT569"背包、帽子和喇叭"，它源自法国。印第安男孩叫帕提亚，老人讲述时停顿了很长时间才说出来，是因为他极力想把名字说对。实际上，帕提亚由法国民间故事里的人物佩蒂让（Petit-Jean）的名字演化而来，这一点易于辨识。博厄斯曾评论说，许多美洲印第安人民族已经接受了这个法国角色。另外，虽然讲述者说"红水"是威士忌，但它很可能是葡萄酒。所以，故事的身份已经可以确定了：它借用自 AT569 的法国文本，并非印第安人的原有故事。但还有问题：波塔瓦托米人怎样改动了故事？从这些改变中我们能看到与当今的波塔瓦托米人的文化有关的什么东西？

邓迪斯指出，美洲印第安人中的欧洲故事可用来当成文化传播的标志，这是一条普遍规律。如果欧洲故事几乎没有变动，很可能作为借入方的印第安文化即便没有消亡，也正在衰落。如果欧洲故事被改编得符合美洲印第安人的价值观，则美洲印第安文化极有可能正在繁荣兴盛。那么，这个波塔瓦托米故事的情况怎么样呢？

邓迪斯认为，首先，故事的主人公从法国人变成了印第安男孩。其次，原本属于白人士兵的有魔力的帽子却按印第安人的象征方式（而不是按照欧洲人的象征方式）施展了魔法。故事把三个士兵改成了四个士兵，因为就像在大多数美洲印第安民族中一样，在波塔瓦托米人中"四"是惯用数字。这样，会变出士兵的魔帽就以印第安人的方式施展了魔法。从某种意义上说，整个故事都是如此。士兵提出交换东西，这在美洲的殖民历史上是常见的。这场交换让人感觉不公平，因为那个成年欧洲士兵欺诈印第安男孩，让他放弃唯一的食物来源。但男孩从白人提出的"公平交换"中得到了好处。尽管男孩并未提前设想好自己的行为，讲述者讲完故事后评论说男孩"用了脑子"，他智胜了白人。这个故事满足了人们的愿望——印第安男孩有足够的力量战胜对手欧洲士兵，重新保持了自己原有的食物充足状态。

在人类学家所称的本土文化保护运动中，文化借入方（受统治文化）希望借用统治方文化中的文化产物却不让统治方文化里的人物出现，这是常见的现象。有时候，统治方文化里的文化产物会被用来当成攻击它自身的武器。在这个例子中，波塔瓦托米人借用欧洲故事攻击了欧洲人。

通过这个故事可以看到，波塔瓦托米人精通欧洲文化。是印第安人给了士兵"红水"，而不是士兵给印第安人酒。印第安男孩用白人的东西击败了白人。这个被人机敏改动过的故事深受大多数波塔瓦托米人的欢迎。从讲述者犯的一个错误可以看出，他把自己等同于故事里的印第安男孩：士兵吃完饭后，对男孩说他要让男孩看样东西。故事讲述者墨兹特诺这个时候说："'哦，我有一样东西给你看'，他对我说。"他用了"我"而不是"他"。这说明，从某种意义上看，这个故事是关于墨兹特诺的故事，并且还可能是关于其他波塔瓦托米人的故事。这个细节以及讲述者不时出现的笑声说明，他不仅乐在其中，而且让自己置身其中。

邓迪斯说，乔伊斯对谜语的使用和波塔瓦托米人对一则欧洲故事的改编看起来毫不相同，但研究这两种情况时使用的一整套方法是相同的。我们需要识别，跟我们需要阐释一样。如果不能识别《尤利西斯》中狐先生的谜语，就不能充分欣赏乔伊斯对民俗要素的使用，就会导致理解小说时视野受限。如果不能辨识出这则波塔瓦托米人故事是标准的欧洲故事，就难以确定波塔瓦托米人做了哪些改动。例如，我们可能会以为是波塔瓦托米人把士兵当成受骗者，但实际上，在这个故事的欧洲文本中，士兵通常原本就是受骗者。但是，识别尽管必要，却只是第一步，是阐释的先决条件。民俗学家不该只是识别民俗而不往下阐释，而文学批评家和人类学家不该还没有识别民俗就去阐释民俗。

第二节　如何识别民俗

邓迪斯主要运用结构主义方法和比较方法来进行民俗识别。这集中体现在他 1976 年发表的《结构主义与民俗学》① 和 1986 年发表的《人类学家与民俗学的比较方法》② 这两篇文章中。

---

① Alan Dundes, "Structualism and Folklore", in *Essays in Folkloristics* (Folklore Institute, 1978), pp. 178 – 206.

② Alan Dundes, "The Anthropologist and the Comparative Method in Folklore", in *Folklore Matters* (The University of Tennessee Press, 1989), pp. 57 – 82.

一 结构分析方法

邓迪斯在印第安纳大学攻读博士学位期间受到欧洲民俗学家费利克斯·奥依纳斯（Felix Oinas）和符号学者托马斯·赛比奥克（Thomas Sebeok）二人的指点，他们把普罗普和俄国的形式主义介绍给了邓迪斯；邓迪斯同时也深深迷恋于列维－斯特劳斯的结构主义研究，列维－斯特劳斯 1984 年秋在伯克利加州大学人类学系曾跟邓迪斯同事过一段时间，二人有颇多交流。①

邓迪斯的长文《结构主义与民俗学》发表于 1976 年，主要讨论结构主义应用于民俗学的一些理论问题。

邓迪斯说，过去的几十年来，没有哪种理论思潮像结构主义这样对人文科学和社会科学产生如此重大的影响。结构主义在民俗学界发展迅速，甚至在实施结构分析时产生了互不相容的派别和方法，即民俗结构研究的两个主要派别：列维－斯特劳斯方法和普罗普方法。

邓迪斯认为，虽然结构主义研究民俗的构成部分的关系或结构，但结构主义并不限于叙事分析。由于列维－斯特劳斯关注神话，普罗普关注童话，这让人误以为结构分析仅限于民间叙事的资料。其实，结构分析适用于民俗的任一体裁，并且已经有了对谚语、谜语、迷信等体裁的大量研究。人们可能会说，把结构分析方法应用于所谓的较小体裁有明显优势。但是，如果结构分析有效，它就应该既适用于大体裁，也适用于小体裁。的确，由于那些小体裁的文本相对简单，显然更容易分析。这样看起来，对诅咒、祝福语或祝酒词等的结构分析就应该比对一首成千上万行的史诗的结构分析更容易。

---

① Simon J. Bronner, "Introduction for 'Structuralism and Folklore'", in Simon J. Bronner (ed.), *The Meaning of Folklore*: *The Analytical Essays of Alan Dundes* (Utah State University Press, 2007), p. 123.

但是，无论何种体裁，结构分析的难点大致是相同的。这些难点包括发现或确定最小的结构单元，以及去理解这些最小的单元如何结合成传统的模式。也许最大的难点就是去发现最小的结构单元。虽然结构分析更强调各单元之间的关系和结构模式，而非各个单元自身，但是，如果不考虑我们认为应该有关联的这些单元本身，我们又如何能够去讨论它们之间的关系呢？

邓迪斯以自己的谚语结构研究为例来说明，民俗结构分析的一个重要的目的是定义体裁。邓迪斯曾给谚语下过一个尝试性的定义：

> 总而言之，谚语看起来是一种传统的命题陈述，它由至少一个描述成分①构成，每个描述成分由一个主题和一个评论构成。②

邓迪斯把谚语的最小单元定为描述成分，它包含两个组成部分：主题和评论③。虽然可以把描述成分当成谚语的最小基本单位，但这并不意味着它一定是最终的或绝对的单位。它是邓迪斯在探索过程中暂定的一个单位。在英语谚语中存在仅有两个单词的谚语，如"时光如飞"（Time flies）、"金钱说话"（Money talks）、"两极相吸"（Opposites attract）等。它们是最简短的谚语，都仅包含了一个描述成分。俚语和民间俗语中有大量的单个传统词汇，但如果把描述成分作为定义谚语的标准，那么这些单个的传统词汇就不能被视作谚语。这样，对于民俗研究而言，结构分析就有了一个重要用途：定义体裁。

由于结构分析从根本上说是一种严密的描述性民族志，所以很可能对关心体裁理论的民俗学家有巨大吸引力。起源、功能、语境等是民俗

---

① 即 descriptive element。

② Alan Dundes, "Structualism and Folklore", in *Essays in Folkloristics* (Folklore Institute, 1978), p. 180.

③ 主题即 topic，评论即 comment。

的外部条件，不能用来定义民俗；而结构分析只关心民俗自身，所以更有助于确定民俗的形态特征，这些特征可以用来当作定义体裁的标准。

一旦确定了谚语的最小结构单元是描述成分，我们就可以用新的眼光来分析包含两个或两个以上描述成分的谚语。在包含两个描述成分的谚语中，这两个描述成分可能对立（当然也可能不对立）。在对立描述性谚语中，要么主题可能对立，要么评论可能对立，要么主题和评论都可能对立，如："今天在，明天走"（Here today，gone tomorrow），"后招聘，先解雇"（Last hired，first fired），"心有余，力不足"（The spirit is willing but the flesh is weak）。[①]

如果结构分析的某一实例有效，就应当可以重复这种分析。如果邓迪斯自己对英语谚语结构的分析是可靠的，那么其他研究者就应该能够重复他的发现。邓迪斯的分析是否适用于非英语的谚语也应该是可以验证的。先前的许多民俗研究——不管是不是所谓的历时或进化（或退化）的序列问题，也不管是不是太阳神话学派、历史学派或心理分析学派"读进"[②] 文本的阐释问题——完全是不可验证的。由于民俗的阐释一直难以验证，人们常常毫不怀疑地接受某种阐释而拒绝另一种阐释。而结构分析至少从理论上让客观研究成为可能。的确，在最初选择最小单位时会带有主观性，但不管这些单位主观推想的程度有多大，它们是可以验证的。我们可以使用普罗普的功能（母题位）作为结构分析的最小单位，并根据大量的民间故事来检验它。

至于分析的最小单位，邓迪斯提到这样一个问题：

> 这些最小单位真的代表了被研究民俗的结构的本质了吗？还是

---

① Alan Dundes，"Structuralism and Folklore"，in *Essays in Folkloristics*（Folklore Institute，1978），p. 181.

② 指研究者不顾客观事实，把自己的主观看法强加给文本，胡乱解释。

说，这些单位虽然是富于想象的研究者创造出来的启发性的构想，但其实只不过是假想？这个理论问题已经被描述成绝对真理派①与玄虚言辞派②之争。绝对真理派当然认为这些单元和这些单元的组成模式固有地存在于资料当中；而更习惯于怀疑的玄虚言辞派认为，这些单元和单元模式只不过是出于分析者丰富想象的虚构。换言之，绝对真理派民俗学家主张民间故事有结构；玄虚言辞派民俗学家坚信布雷蒙德（Bremond）、格雷马斯（Greimas）、普洛普（Propp）、列维－斯特劳斯（Lévi-Strauss）等人提出的各种各样的结构系统是强加给民间叙事的。那么，关键问题是，是民俗学家发现/描述了各种体裁原本存在的结构，还是他发明/创造了结构系统？大多数的结构分析者认为自己发现了而不是发明了他们讨论的模式。③

邓迪斯大致同意绝对真理派的立场，认为民俗的资料确实高度模式化，但他还认为，分析者提出的各种结构系统只不过是绝对真理的"人造"近似值。虽然结构系统总被说成是绝对真理本身，我们还是应该承认，结构分析目前主要由玄虚言辞构成。

结构是否可知这一疑问引出结构主义中的另一重要问题：结构分析者声称自己已经识别出神话、童话或其他体裁的结构模式，但报告人知道自己所讲故事的隐藏结构模式吗？列维－斯特劳斯认为这些报告人通常不知道；普罗普也隐含有这个意思，认为故事讲述者不知道限制他们创造性的超有机体结构模式。

---

① 即 the God's truth position。
② 即 the hocus-pocus view。
③ Alan Dundes, "Structualism and Folklore", in *Essays in Folkloristics* (Folklore Institute, 1978), p. 182.

邓迪斯不赞成二人的观点。他认为儿童能推测出民俗模式，所以儿童能够判断出某个故事或某则谜语讲得对不对。即便个体不能说出模式，也未必意味着他没有意识到潜在的模式。他说：

> 报告者的敏感程度不同，对自己民俗本质的了解程度也不同，但要认为民俗以一种完全机械的、不加思考的方式被习得和传承，那显然是错误的。同样，公允地说，大多数故事讲述者不曾劳神讲出决定叙事作品形成的结构规则和叙事规律。他们未必是讲不出结构法则，而更可能是对此毫无兴趣。因为就算完全不考虑故事的结构（和心理）方法，照样可以讲述和欣赏故事。最后，由于结构分析者自己也是人，是一个群体或多个群体中的成员，所以，讲述者既然也是人，就应该能够有意识地检验自己民俗产品的结构。①

认为民俗是超有机体的这种观点把民俗切割成民和俗，重点显然在俗，而民被忽略。民俗以与民缺少联系或毫无联系的方式被研究。人们猜想民俗学超有机体法则独立运行，不受人的感情和意志的影响。民俗会自我迁徙（故事迁徙，而不是人迁徙）或自我修正（故事更正自己），或民俗演述的过程是破坏性的，会导致民俗最终退化。诸如此类的观念都是民俗学超有机体法则的例子。

邓迪斯进一步分析结构主义方法受到民俗学界青睐的原因。他说：

> 我确信，正是这种对超有机体的、"民无"（folkless）② 理论和方法的偏爱，使得结构主义吸引了欧洲民俗学界的巨大兴趣。有了

---

① Alan Dundes, "Structualism and Folklore", in *Essays in Folkloristics* (Folklore Institute, 1978), pp. 184–185.

② folkless theory（民无理论）是邓迪斯模仿 folklore theory（民俗理论）的创造，用以表达对民俗学研究只重俗、不重民的倾向的不满，具有讽刺意味和幽默效果。

结构主义，民俗学家自由自在地继续只关注文本自身。正如比较方法研究从语境中抽取出的文本一样，结构主义也可以被用于分析同样的文本。尽管老式的比较方法研究者最初可能因为结构主义对共时的偏爱（和对历时因素的明显不屑一顾）并不信任结构主义，但关注文本的民俗学家很快发现，结构主义适用于以往比较研究中使用的同种类型的档案材料。研究者不再确定亚型和绘制故事传播的图表，他们可以开始把文本切分成他们想要的构成部分。正如使用比较方法一样，使用结构主义方法不必考虑故事讲述的过程，不必考虑故事内容与故事讲述者和听众的个性二者之间的关系。①

邓迪斯说，如果故事讲述过程涉及三方面，即故事讲述者、故事文本、听众，那么我们会看到，不管是比较方法还是结构主义都只重视故事文本。这很糟糕，因为显然，民俗学家需要研究故事的讲述情形、故事讲述者的个人审美标准以及不同听众对故事作出的理解。事实上，即便不同听众对同一民俗理解大不相同，民俗学文献中也没有去具体讨论这些不同的理解。就简单的交流模式而言，学术界关注的是信息发送者或发明者的信息编码过程（如，口头程式理论）和信息本身（如，所有以文本为中心的理论和方法），很少有研究涉及信息解码过程，即听众对信息的认知和理解的复杂过程。所以邓迪斯认为，对听众以及听众对民俗交流活动的理解（和误解）的探索，是未来研究大有希望的领域。②

与结构主义和民俗学相关的一个理论问题是普遍性。无论是进行民俗的结构研究还是民俗的精神分析，邓迪斯一直都在寻找普遍性与文化

---

① Alan Dundes, "Structualism and Folklore", in *Essays in Folkloristics* (Folklore Institute, 1978), pp. 185 – 186.

② Alan Dundes, "Structualism and Folklore", in *Essays in Folkloristics* (Folklore Institute, 1978), p. 186.

相对性的结合。他说：

> 普遍的结构是否存在？或者说，结构是否仅限于具体的文化区域或单个文化？或结构仅限于某项民俗？我看到带着结构主义标签的研究实际上只分析了一个文本。另一方面，列维－斯特劳斯提到普遍的神话思维，他声称这种普遍的神话思维"总是始于意识到对立，并朝逐步调和对立的方向发展"。这一所谓神话思维的特征跟神话自身一样广泛传播。普罗普对童话故事的形态学描述以俄国资料为基础，但由于童话集里面大部分（即便不是所有）的故事是世界故事类型，我们完全可以认为普罗普的分析至少对于所有的印欧童话是站得住脚的。这里的难点，部分而言其实是体裁理论的问题。民俗体裁是普遍的吗？或者，民俗体裁至少是跨文化的吗？是否只要存在谜语，就存在一个清楚明白的谜语结构？还是说，不同文化中由于谜语传统的不同而存在不同的谜语结构？①

这引出另一个问题：结构主义在确定地方类型②过程中的作用。邓

---

① Alan Dundes，"Structualism and Folklore"，in *Essays in Folkloristics*（Folklore Institute，1978），pp. 186 – 187.

② 即 oicotype，由瑞典民俗学家冯·赛多提出，指只在一种特定文化的语境中普遍存在的特定文本。邓迪斯对此概念非常重视。邓迪斯在 1965 年编著的《民俗研究》（*The Study of Folklore*）一书中对 C. W. 冯·赛多的"Folktale Studies and Philology：Some Points of View"一文的介绍中这样解释："术语 oicotype 由卡尔·威廉·冯·赛多从植物学中借用而来。在植物学中，该词指的是植物的一种基因变种，它通过自然选择适应某种环境（如海边，山地），并且因此与同一物种的其他植物略微有些差异。在民俗中，这个词指的是一个故事类型、一首民歌或一条谚语的地方形式，而'地方'要么用地理的术语、要么用文化的术语来限定。地方类型可能处于村庄的、州的、区域的、国家的层面。地方类型这个概念与亚型不同，因为按照定义，地方类型与非常具体的场所紧密相连。而一则谜语或一个故事的亚型可能会在文化背景完全不同的很多地区见到。冯·赛多所称的地方类型化由有规律的、几乎可预见到的变动构成，当一则故事的内容为了适应某地文化所偏爱的模式而改变时，这种变动就发生了。"参看该书第 219 ~ 220 页。

迪斯说：

> 可能存在结构的地方类型或内容的地方类型。不管民俗学家使用比较方法还是结构分析方法，都与确定相似、描述差异这两个步骤有关。我想强调的是，比较方法或结构分析方法都可以被用来发现假设的地方类型。①

邓迪斯认为，如果我们对一个故事类型做全面的历史－地理研究，我们会发现专属于某一文化区域的故事亚型。不过，如果仅发现一个故事类型的一个地方文本，就不能说已经有了一个地方类型。我们需要对具有同样或类似地方形式的其他故事类型进行历史－地理研究，然后才能说发现了一个地方类型。难点在于，用全面的历史－地理方法专门研究过的故事类型并不多。这样，一位在民间故事研究中只使用比较方法的谨慎学者会觉得通过对民间故事的"比较研究的比较研究"来获取潜在的地方类型还为时过早。这就是结构分析能提供巨大帮助的地方。如果民俗学家对某个文化中哪怕是一个文本作结构分析，并且明确说出了结构模式，那么他可能事实上已经分离出了一个地方类型。如果作结构分析，我们就不必像历史－地理研究那样，需要一个故事类型的几千个或至少几百个文本。只要一个文本有代表性（当然需要这个故事的其他文本来确定这一点），结构分析就有用。如果识别出来结构模式，我们就应该去看在其他故事类型中是否也有同样的模式。这应当可以在数日内完成，而不是像使用历史－地理方法那样，即便是完成单个的研究也需要数年时间。如果用这种方式确定了一致的结构类型，那么就可能已经发现了地方类型。如果对一个假设的地方类型的描述是精确的，

---

① Alan Dundes, "Structualism and Folklore", in *Essays in Folkloristics* (Folklore Institute, 1978), p. 187.

那么从理论上看就可以预测外来故事将会发生什么变化。

这样一来，比较研究和结构研究几乎不再互相排斥，相反，这两种常常对立的方法高度协调，还可能相互支撑。

邓迪斯认为：

> 诚然，更可能是内容而不是形式更具地方类型的特征。结构看起来是跨文化的（尽管未必是普遍的），而内容看起来常常是与文化相关的。[①]

邓迪斯确信，结构未必限于单一的民俗体裁。如果结构模式是整个文化内的现象（暂不谈这些模式可能具有的普遍性），那么认为结构模式限于民俗的单个体裁就很不明智。从这个意义上说，奥尔立克说"三的法则"是民间文学专有的叙事法则就是一种误导。邓迪斯说，他自己曾证明"三"的模式是美国人（和印欧人）的普遍思维特征。这一点儿也没有贬低对民俗资料进行结构分析的价值。正是由于普遍文化模式在民俗资料中表现得最为明显，所以，对民俗的结构分析尤为重要。如果我们能够分离并描述出在某项民俗或某类民俗中呈现出来的结构模式，就可能便于了解同一文化中人们的认知范畴、信奉的思想体系和采取的具体行为，进而了解整个文化的本质。对民俗或任何其他文化资料（语言、书面文学等）进行结构分析，目的之一是了解世界观。了解其他文化的世界观很难，甚至连了解自己的世界观都很难，但如果民俗中结构模式的识别能用于表达我们自己的世界观和他人的世界观的基本性质，那么要想了解人的本质，民俗研究就是必不可少的。

邓迪斯比较了列维－斯特劳斯和普罗普，发现列维－斯特劳斯非常

---

① Alan Dundes, "Structualism and Folklore", in *Essays in Folkloristics* (Folklore Institute, 1978), p. 188.

注意把结构模式与世界观联系起来。普罗普不同，由于研究的时间更早，而且不是出自人类学的角度而是出自文学的角度，所以倾向于以结构模式自身为研究目的。普罗普主要关注识别俄国童话的序列性的、连续的或横组合的结构。而列维－斯特劳斯想识别神话非连续的或纵聚合的普遍结构。列维－斯特劳斯当然知道神话的序列结构，他只是不觉得它很重要而已。吸引他的是神话潜在的"图表"而不是神话的"序列"。邓迪斯说：

> 正如社会学家寻找潜在功能而非表面功能，精神分析学家寻找潜在内容而非表面内容，列维－斯特劳斯寻找潜在的纵聚合模式，而非那种他认为显然的、表面的序列结构。乔姆斯基寻找深层结构而非外部的表层结构。列维－斯特劳斯与乔姆斯基的目标相似（也许还与荣格寻找普遍原型相似）。①

邓迪斯认为，列维－斯特劳斯不是在分析神话叙事结构（即神话被讲述时的组成结构），而是在分析神话中描述的世界结构。普罗普和列维－斯特劳斯的区别在于前者描述的结构属于作为叙事体裁的神话，后者描述的结构属于在神话世界里被描述的现实的形象。普罗普关心的是一个连续统一体、多个连续统一体的共同结构；列维－斯特劳斯关心的是非连续统一体的结构模式。既然列维－斯特劳斯试图识别神话中所描述的世界的对立范式，他就不愿受历时顺序的限制——虽然在具体叙事文本中，纵聚合结构的成分是按照历时顺序出现的。如果高/低、夜/昼、男/女等对立在叙事文本中到处可见，列维－斯特劳斯就可以在他对纵聚合结构的描述中推知和重新排列它们。并且，由于关心的是神话

---

① Alan Dundes, "Structualism and Folklore", in *Essays in Folkloristics* (Folklore Institute, 1978), p. 189.

中描述的世界而非神话自身，列维－斯特劳斯并未限于单个神话（或者某个文化中多个神话）中包含的资料。任何神话中的任何资料都可用来比较，以阐明对立范式中的不同范例。从结果看，列维－斯特劳斯在神话学中的方法既是结构主义也是比较方法的杰作。不管跟普罗普的横组合结构分析相比，我们是否更喜欢列维－斯特劳斯的纵聚合结构分析，我们都应该完全赞同列维－斯特劳斯把自己看到的结构模式与社会（和世界）联系起来的尝试。

邓迪斯接着分析说，列维－斯特劳斯毕竟不是民俗学家，其兴趣只在于展示二元对立结构广泛存在的本质，所以虽然扩展了神话研究，但并未过多使用民俗体裁。列维－斯特劳斯像很多人类学家和哲学家一样，仅仅研究民俗中的神话，或者说民间叙事，因为他有时研究的是民间故事，不是神话。民俗体裁中以对立为中心的概念早在 20 世纪初已经由丹麦民俗学家奥尔立克清楚地提出，并且作为他的叙事法则之一，被称作"对比的法则"。实际上，对立在其他体裁中同样突出。

邓迪斯说：

> 有时，自然中的真实对立或至少被当成对立的东西会成为民俗学的研究对象。……民俗中绝不缺乏对立的例子。可以说，有时自然中的对立被用来当成文化中的对立的模式。[1]

邓迪斯举例说，母鸡会偶然像公鸡一样打鸣，民这样使用：

> 吹哨的姑娘，打鸣的母鸡
>
> 神灵和男人都说不是好东西

---

[1] Alan Dundes, "Structualism and Folklore", in *Essays in Folkloristics* (Folklore Institute, 1978), p. 191.

这个例子中，大男子主义使用对立来说明女人应该约束自己，要遵守社会规定的女性角色和行为。姑娘像男孩那样吹口哨，就像母鸡学公鸡打鸣一样不自然。邓迪斯附带提及：

> 民俗中的大男子主义并不仅仅在于认为女人无权充当男性角色或做男人常做的事情。大男子主义还包括男人篡夺女人的角色或去做女人常做的事情。这些对比没有人去指责。①

邓迪斯以他喜欢谈论的男性怀孕妒忌为例。他说，有无数的例子说男人不承认女人的生产能力，而把生孩子的功劳揽到自己头上。比如，用亚当的肋骨造出夏娃，诺亚造出方舟在水上漂浮大约九个月，还有现代民俗，等等。父权社会显然需要男性创世的叙事作品来支撑男性优越感。矮胖的男圣诞老人把礼物"送到"② 烟囱里，雄性的鹳鸟把孩子"送到"同一个烟囱里，复活节的雄兔带来蛋——显然与女性有关的蛋。如果女人想学男人（如吹口哨），她们就会受到指责。但是，男人不仅在叙事中也在习俗（如产翁制）中篡夺女人生孩子的角色，这却没有人去有意识地加以批评。

这种包含对比的民俗事项不胜枚举，正如奥尔立克所说，这种对比成为叙事作品的一个主要任务。英雄－坏人、骗子－傻瓜是对立角色的例子，但有时同一个角色身上也出现对比。例如半人/半兽、美人鱼、神－人或神－兽的类似结合体。民俗中以对立或悖论为中心的最好例子是处女生育。

邓迪斯说：

---

① Alan Dundes, "Structualism and Folklore", in *Essays in Folkloristics* (Folklore Institute, 1978), p. 192.

② 英文为 deliver，也有"分娩"的意思。

所有的民俗，不仅仅是神话，都是由制造对立和尝试解决对立组成的。对立会涉及生与死、善与恶、真理与荒谬、爱与恨、无辜与有罪、男与女、人与神、大与小、小孩与大人，等等。如果快乐真的在于消除紧张，那么民俗给人带来乐趣的一个原因就是它通过解决对立消除了紧张。①

邓迪斯接着举例说，在民间故事中，自相矛盾的任务（如用筛子打水）总是被主人公解决；对立谜语中的表面矛盾总是被答案解决；谚语中，对立结构自身可能就是生活中实际问题的答案，如"绕道反而近，捷径常误人"，是说远一些的路可能实际上是最直接、最快的路。

邓迪斯认为，范·盖内普（Van Gennep）在《过渡仪式》中首次进行民俗结构研究。我们并不总是把范·盖内普看成结构主义者，但他所宣称的目的证明他就是一位结构主义者。他说他的兴趣不在于具体的仪式，而在于仪式的根本意义和它们在整个仪典中的相对位置——它们的秩序。范·盖内普说隐藏的排列方式总是一样的，在多种形式的背后，不管是有意表达还是含蓄暗示，都会反复出现一个典型模式：过渡仪式的模式。这毫无疑问是结构主义者的视角。

邓迪斯要补充一点：状态的改变意味着两个对立范围之间的过渡。这样，葬礼意味着从生到死的过渡；婚礼意味着从未婚到已婚的过渡（并且解决了新娘和新郎两个家庭单位之间的对立）；生孩子使人成为父母。邓迪斯强调：

所有的这些人生关键转折点都被民俗打上了标记。民俗不论出

---

① Alan Dundes, "Structuralism and Folklore", in *Essays in Folkloristics* (Folklore Institute, 1978), p. 193.

现在个体的人生周期还是整个群体的历法周期中，它都总是集中在焦虑时刻。（从冬到春的过渡当然包含另一种对立：从死到生。）有鉴于此，我们会进一步认为，某种程度上正是很多民俗的对立本质，使得民俗适用于这些关键时刻。①

邓迪斯分析说，人们在守灵时猜谜语的一个原因是，人们希望在葬礼上解决活人和死人之间的对立，而破解对立谜语就像是在满足这个希望。类似地，求婚仪式上也总是用到谜语，一个原因应该是谜语的对立结构。在族外婚社会里，新娘新郎一定是毫无联系的。婚礼作为仪式，从根本上把两个先前毫无关系的人联系到一起。从结构上说，谜语为这个事件提供了模型。对立的描述成分看起来毫不相关，而谜底却消除了表面对立，让对立的成分融洽结合起来。如果这个解释最终可信，那么结构分析就可以当成一件有用的工具，为任何人所用，去解释为什么某一民俗体裁或某一项民俗能够用得恰到好处。如果某项民俗的结构表明它与该民俗所在的特定语境的结构是一致的，那么我们在认识民俗现象以及这种现象起作用的方式时就会前进一大步。

邓迪斯说：

> 关键是，结构分析本身不是终点。它只是通往终点的一种手段。这个终点是更好地理解全人类（或至少属于某个具体社会中的人们）的本质。民俗中的二元对立可能（就算不是很可能）具有的普遍性会表明，结构分析对于定义体裁或揭示文化差异可能并不十分有用。这是对任何普遍法则的合理批评。……普遍结构法则的存在绝不妨碍与文化关系密切的内容分析。普遍法则是一

---

① Alan Dundes, "Structualism and Folklore", in *Essays in Folkloristics* (Folklore Institute, 1978), p. 194.

回事，它在一个或数个具体文化语境中的确切表现可能是另一回事。①

邓迪斯举例说，在美国婚礼上，新娘把一束花抛给伴娘们。这可以理解成一种交感巫术的表达，说明她乐意或希望失去童贞。与其是说这种解释一定正确，不如说这个事实一定正确：正是对普遍法则（交感巫术）的应用，解释了为何一项民俗（在这里是一种习俗）适用于特定语境。解释得是否正确并不重要，重要的是我们可以使用一种普遍的法则（在这里是交感巫术）来解释具体的民俗行为。

邓迪斯进一步辨析说，并非所有的结构分析都具有普遍性。普罗普的形态学只使用了俄国的材料，没有使用其他文化中的大量例子来验证，因此不能说有普遍性。但即便普罗普的形态学仅用于俄罗斯文化（或印欧文化），普罗普的分析有何意义尚无定论。普罗普令人信服地展示了欧洲童话的横组合结构，但他并未解释这种模式的意义。结构分析是客观的，或至少应该是客观的。而一种结构模式的阐释却是主观的。不过，如果没有阐释，结构分析就会如同母题和故事类型的识别一样琐碎和无益。尽管描述是必须的第一步，但仅有识别或描述是不够的。那么普罗普的形态学的意义是什么？他详细描述的模式与整个俄国或欧洲文化有何关系？

邓迪斯解释说：如果把范·盖内普的结构模式用于普罗普的形态学，就会看到功能 1 ~ 11 构成了一个分离序列；功能 15 ~ 31 构成了一个融合序列；按范·盖内普的分析体系，关键的过渡序列应该是普罗普的功能 12 ~ 14，捐助者序列。正是捐助者，通常跟主人公相遇在主人公家乡和另一地方的中间地带，让主人公按照捐助者的要求取得胜利。

---

① Alan Dundes, "Structualism and Folklore", in *Essays in Folkloristics* (Folklore Institute, 1978), pp. 194 - 195.

如果童话某种程度上是一则求婚故事，那么捐助者的角色就相当于媒人。

邓迪斯这样分析：男女主人公难以离家可能反映了一个人在生活中离家时遇到的类似困难。同样，故事中主人公在另一国家遭遇来自配偶家庭的更大阻碍也可能反映了现实，因为现实生活中一个人一旦跟配偶家庭一起生活，就有难题要解决。因此，

> 主人公从童年过渡到成年，并以结婚完成过渡，这可能就是童话的一项主要内容。儿童应该从故事中知道一个人必须离开最初的安全家庭去寻找合适的伴侣。一个人是带着配偶回家还是留在配偶国家居住只不过反映了婚后居住的不同可能性：从夫居还是从妻居。①

邓迪斯不是要说童话只不过反映了一般的日常生活。他想说的是，童话是幻想的，与梦极其相似：

> 如果睡与醒是对立，那么梦就是中间阶段。一个人睡着了，但还以为自己醒着。与之类似，童话在从前产生，在正常的时空之外；但童话被讲述时好像它是现实，在真正的时空之内。②

邓迪斯补充说，梦总是不可避免地被讲述，它们常常以民间故事的样子出现。有些学者曾提出梦是民间故事的源头，邓迪斯不以为然，因为他认为不该假定文化中的某一要素一定先于其他要素存在③。所以，

---

① Alan Dundes, "Structualism and Folklore", in *Essays in Folkloristics* (Folklore Institute, 1978), pp. 196 – 197.

② Alan Dundes, "Structualism and Folklore", in *Essays in Folkloristics* (Folklore Institute, 1978), p. 197.

③ 邓迪斯曾多次表达过这个观点，这与他的反对进化论的观点一致。

同样也有可能梦的叙述模式其实来自民间故事。如果用普罗普的形态学去分析印欧文化中个体所做的梦，去看梦的结构与童话的结构相似到什么程度（如果有相似的话），那会是一件很有趣的事情。

邓迪斯这样看待童话：

> （童话）表达了代际冲突和同胞竞争。不仅要战胜坏兄弟或坏姐妹，男孩还要战胜巨大的男性对手（巨人，恶龙），女孩还要智胜巨大的女性对手（继母，女巫）。而捐助者和坏人会同性，这说明了对待父母的矛盾态度。灰姑娘故事中，帮助女主人公的会是母牛或神仙教母，而跟她作对的是坏心眼的继母。同样，在以男性为中心的童话中，捐助者和坏人都会是男性，意味着儿子对父亲的矛盾态度。①

邓迪斯说，普罗普的形态学让我们有可能以新的方式去思索童话的意义。而且，这种以新方式思考童话的可能让结构分析具有价值。邓迪斯以自己的研究为例。在比较北美印第安人故事和欧洲故事的形态时，邓迪斯注意到了母题位对②（如缺乏和消除缺乏）之间插入的母题位③的数量。与欧洲故事相比，美洲印第安人民间故事的母题位深度④要浅。普罗普的形态学里，很多功能会出现在 8a 和 19（缺乏和消除缺乏）之间。累积故事⑤也反映了类似的母题位深度，这是因为一系列后

---

① Alan Dundes，"Structualism and Folklore"，in *Essays in Folkloristics*（Folklore Institute，1978），p. 197.

② 即 motifeme pair，指成对的母题位，也就是普罗普所称的成对的功能。详细解释参见本书第三章第三节邓迪斯对民间故事的结构分析。

③ 即 motifeme，本书第三章第三节中有详细讨论。

④ 即 motifemic depth，指一对母题位对之间插入的母题位的数量。详细解释参见本书第三章第三节邓迪斯对民间故事的结构分析。

⑤ 即 cummulative tale。

来插入的缺乏以及消除缺乏会把最初的缺乏和消除缺乏分开。邓迪斯当时没有说出来这个观点：欧洲民间故事更大的母题位深度可能反映了欧洲文化的一个重要信条，即推迟满足或回报的整个观念。不过后来，邓迪斯按照这些方法分析了美国世界观中的未来定向原则，认为粗毛狗故事①的流行从根本上是对这种世界观信条的元文化戏仿，因为在粗毛狗故事中，冗长的内容一直过分累积，最后的妙语却令人失望。不管是为眼前的未来还是为来生而活，都在粗毛狗故事中被嘲笑。寓意是说，回报从来配不上长久的等待。粗毛狗故事制造期待只是为了否定这些期待，这与童话和累积故事中期待总是会得到满足形成对比。在目前的这个语境中，重要的是叙事结构与世界观的信条或要素密切相关。

邓迪斯说，结构分析会很快得到回报。对民俗体裁和民俗作品的结构分析越多，我们也就越能够洞察民俗、洞察民。光收集民俗和给民俗分类是不够的，只作结构分析而不作阐释也是不够的。与比较研究一样，结构研究应该是阐释的开端。民俗学家应感兴趣的是：确定存在地方类型，确定地方类型与国民性格、意识形态和世界观之间存在联系。邓迪斯以中国象棋为例说明这一点。他说，中国象棋中没有王后，这特别有趣。中国社会组织中的男尊女卑在中国象棋中表现得清清楚楚。欧洲象棋中，出现了强权的王后，而国王相对权弱。按照心理分析，比赛的目的是把对方的国王（父亲）置于危险之中，即将军，让他无法动弹，手段常常是有效地使用自己的王后（母亲）。这一点对于欧洲家庭结构的研究者来说应该非常有趣。不管"将死"（checkmate）这个词是否源自波斯语"shah"或"mat"（国王死了），有趣的是，checkmate一词一望而知有击败（check）配偶（mate）的意思。这个"配偶"也许就是对方王后的配偶。按照俄狄浦斯情结，一个人希望除掉父亲得到

---

① 即 shaggy dog story，指（结局常出人预料的）冗长无聊的滑稽故事。

自己的母亲，那么击败王后的配偶与俄狄浦斯情结之间的联系就很清楚了。王后出现在欧洲象棋中的时间与历史上南欧出现圣母玛利亚情结的时间（11世纪或12世纪）大体一致，这很可能不是一个偶然。[①]

邓迪斯说，精神分析只不过是他个人的偏爱，实际上对结构特征的解释不必一定使用精神分析方法。结构分析有助于建立各种解释模式。对于民间故事研究而言，我们必须超越不同文化区域中的母题和特征的比较列举。我们绝不能止步于对俄国童话作结构描述。我们一定要尝试解释民俗的多种意义。说民俗是文化之镜是不够的，我们必须去看民俗反映了什么。

邓迪斯相信，通过结构分析，我们能最好地观察民俗反映的内容。我们首先需要保罗·布依萨克（Paul Bouissac）[②] 提供的马戏团驯狮人的行为之类严格的结构描述，但我们还需要阐释性的研究来表明结构模式如何为文化提供了隐喻，比如格尔茨对爪哇人的皮影戏和巴厘岛斗鸡的出色分析之类的研究。比如，我们可能用与布依萨克描述马戏团的类似方式来描述西班牙或墨西哥斗牛的结构，但如果分析没有把人与牛的斗争跟西班牙和墨西哥的阳刚标准联系起来，那就是不够的。斗牛中，有一场是看到底谁刺穿了谁。斗牛士想用剑刺入公牛身体，而公牛想顶斗牛士。失败者，也就是被刺中的人，被阉割或被雌性化。如果斗牛士特别优秀，他就会得到公牛的耳朵、蹄子、尾巴等作为奖赏。不管公牛象征父亲还是仅仅代表另一个男性，斗牛见证斗牛士以牺牲另一雄性为代价来当众展示自己的阳刚气概。在地中海地区的男孩对骂中也存在这种模式。

邓迪斯在文末总结说：

[①] Alan Dundes, "Structualism and Folklore", in *Essays in Folkloristics* (Folklore Institute, 1978), p. 199.

[②] 加拿大学者，著有《马戏团中的符号》、《符号学百科全书》等著作。

结构分析不过是民俗学家可用的多种方法之一。结构分析与比较方法结合，可用来定义体裁和识别地方类型。严密的结构描述之后，民俗学家可以更好地去理解民俗如何包含和传达一个社会的中心隐喻。对这些隐喻模式的分析和阐释能让我们真正洞察世界各地人们的世界观和行为。①

二 比较方法

邓迪斯在对民俗学的结构主义方法进行了充分的探讨之后，着手讨论比较方法。《人类学家与民俗学的比较方法》一文主要包括以下内容：20 世纪中叶以前人类学家对比较方法的使用及讨论；芬兰方法的产生及内容；人类学家使用的比较方法与民俗学家使用的比较方法之异同；地方类型的价值，即芬兰方法的最终价值。

比较方法毫无疑问是民俗学家最为看重的方法。但比较方法并不仅限于民俗学内部使用。许多学科从本质和范围上看都是比较研究，如比较法律、比较文学、比较宗教，等等，不胜枚举。邓迪斯说：

对多种比较方法的研究几乎都会表明，许多同样的问题在每个比较学科讨论：用于比较的单位的本质是什么？比较是有限制的还是普遍的？是否存在某一特定学科独有的比较方法？②

邓迪斯说，人类学和民俗学都毫无例外地采用了比较方法，尤其是在 19 世纪。然而，两个学科对比较方法的使用和改进却走向了不同的

---

① Alan Dundes, "Structuralism and Folklore", in *Essays in Folkloristics* (Folklore Institute, 1978), p. 200.

② Alan Dundes, "The Anthropologist and the Comparative Method in Folklore", in *Folklore Matters* (The University of Tennessee Press, 1989), p. 57.

道路。人类学倾向于放弃比较方法，而民俗学相反，坚定不移地把它当成自己多种方法中必须的方法。有人指责说，19世纪末20世纪初的资料汇编者（如弗雷泽等人）引用例子去论证通过演绎法得到的论点，其方式是毫无条理的。但是，如果把泰勒、弗雷泽等人以及19世纪末其他人的比较方法放到当时的学术环境中去观察，就会发现其基本原理并非那么毫无条理。邓迪斯说：

> 关键的根本前提是单线进化论。单线进化论认为，所有民族都经历过或正经历从最初的原始阶段经野蛮阶段到最终的文明阶段这一过程。由于它（错误地）推断说原始人的所有形态都完全一样——并且"文明的"英国人和法国人的祖先跟现在的原始人是一样的，因此，人们理所当然地采用了比较方法。欧洲农民当中零星的残余物不仅可以，而且人们认为应该被拿来与还能在当代原始人群中观察到的此类习俗的"原有的"更完备的形态作比较。①

安德鲁·兰曾说，民俗学收集和比较古老种族当中相似的却无形的遗存，遗留下来的迷信和故事，以及存在于我们这个时代却又不属于我们这个时代的观念；民俗研究者研究原始人的习俗、神话和观念，这些还被欧洲农民以古朴的形态保持下来。邓迪斯评论说，民俗的表面非理性可以通过在原始思维中理解民俗的方式得到解释，因为在原始思维中，这种非理性是可以理解的。兰还说，在谚语和谜语、童话和迷信中，我们发现某一思维阶段的残留，它在欧洲正逐渐消失，而在世界上许多地方依然存在。邓迪斯认为，按照这种略带种族主义色彩的民族中心理论，原始人不能按照因果逻辑思维。荣格在20世纪又重复了这个

---

① Alan Dundes，"The Anthropologist and the Comparative Method in Folklore"，in *Folklore Matters*（The University of Tennessee Press，1989），p. 58.

观点，他认为，原始人的智力与文明人不同，原始人不是有意识地去思考，而是想法自己出现。

邓迪斯说，19 世纪的那些扶手椅理论家很少或从未与所谓的原始人有过任何接触，却系统阐述了各种各样的比较方法。严密的田野调查方法给了比较方法致命一击，博厄斯曾谴责泰勒、兰等人信奉的荒谬的单线进化论，他认为同一现象可能由多种方式发展而来，如果要进行比较，就要先证明材料之间存在可比性；在比较研究之前要先对具体文化进行深入的历史研究。邓迪斯指出，尽管博厄斯强烈反对单线进化论者的比较方法，但他在自己的研究中从未摈弃比较方法，尤其是民俗学的比较方法。他从未接受芬兰方法的技巧，但是，他在研究西北海岸的美洲印第安人神话和故事时却使用了比较方法。他采用独立起源说和传播论（而不是多元独立发明说）来解释叙事文本的相似性。邓迪斯说，应该注意的是，博厄斯的比较方法有严格的限制，比如，仅限于两个部落或民族的某些方面。这种有限的比较在人类学界流行起来，人们开始反复呼吁小范围的或有限的比较研究。然而，有限的比较研究并没有真正解决这个问题：全面的跨文化比较从方法上看是否可行？比较人类学中存在的最严重障碍是，在比较单位的性质方面缺乏连贯性。比较单位的基本模型看起来源于自然科学，但问题是，人类学里的单位，如"彩礼"或"父系继嗣"，并非如自然科学里的原子和基因那么严密。这如同赫斯科维茨所言，我们首先要问的是：我们在比较什么？

邓迪斯说，E. B. 泰勒最早、最具创造性地在两个或多个文化要素当中寻找跨文化关联。泰勒 1889 年使用统计方法来证明，产翁习俗应该与假定的从母系社会到父系社会的进化联系起来，回避行为应该与婚后的居住模式联系起来。有些学者将泰勒的这篇有新意的文章当成人类学使用比较方法的开端。时任人类学学会主席的弗朗西斯·高尔顿（Francis Galton）则提出了一个关键的方法论问题：被拿来比较的部落和种族的习俗在多大程度上是独立的？就此，要给出充分的信息。因为不同部落的习俗有可能由同一源头发展而来，所以它们只不过是同一原件的复制品。这是一个考证起源的问题：泰勒实际上引用了多少虽有相似却完全独立的例子？表面上看起来是属于不同文化的一系列的相似习俗，实际上可能仅仅是同一习俗的一个例子。高尔顿的评论对人类学的统计比较研究起到了极大的抑制作用，甚至被贴上了"高尔顿问题"的标签。

邓迪斯认为，伴随着越来越多的民族志写作，人们越来越清楚地意识到不可能把所有的已知民族或文化包含进内容详尽的跨文化比较研究中。相反，人们开始转向另一个目标，即使用多种文化的随机样本。该项目在20世纪30年代末为人类关系区域档案（HRAF）① 的产生所推动。但是，人类关系区域档案所激发的研究从未成为人类学研究的主流。相反，由于文化相对主义的影响和吸引，社会和文化人类学者选择进行具体文化的深入研究。这种从比较文献的扶手椅研究到田野调查的转变是20世纪社会人类学最为重要的行动之一。

邓迪斯遗憾地说，到了20世纪中叶，尤其是在50年代，比较方法被大多数人类学家彻底抛弃了。尽管博厄斯一直在引用他研究的神话的相似文本，而他的追随者几乎或完全对比较方法毫不在意。格尔茨写巴厘岛的斗鸡，根本不去参考其他文化中的斗鸡研究。贝德曼分析东非的卡古鲁人民间故事，以为它是一个独一无二的故事文本，却不知道他研究的这个故事属于母题K231.1.1"饥荒中同意用家人献祭"，粗略看一下母题索引就会找到十几个其他文本。不幸的是，贝德曼正是人类学家对民俗学家的标准比较工具一无所知的典型。

邓迪斯说：

---

① 即 Human Relations Area Files，简称 HRAF。

　　把显然并不为某个文化语境所独有的一则民间故事（或任一其他民俗事项）当成该文化语境独有的东西来分析，这永远都是错误。①

　　邓迪斯认为，贝德曼对一个标准故事类型的卡古鲁文本的评论未必错误，但是，如果父系社会中也有同样的故事，贝德曼的这一观点——这个故事之所以存在，是因为对卡古鲁人母系制造成的人际关系压力作出了特殊反应——就会不那么全面。人类学家如果以为从某一地理或文化区域的报告人那里收集来的故事是独一无二的，那么他们就会因为缺少见识作出极其天真和错误的分析。

　　随之，邓迪斯详细介绍了民俗学家发明的、人类学家知之甚少的这种比较方法。

　　显然，从最初的民俗研究开始，如果不用比较方法就不可能成为真正的民俗学家。19 世纪的最初 10 年，格林兄弟很快发现他们收集的故事与其他国家的故事极其类似。我们可以证明历史上有联系的语言可能具有同源的词汇和相似的句法结构，与之相似，我们也可以证明民间故事和其他的民俗形式会表现出起源上的或历史上的共同特征。

　　邓迪斯说，在 19 世纪，占统治地位的学术范式是对过去的历史重构。重构所有印欧语言的所谓源头给了民俗学家启发。既然可能存在假想的原始印欧语言，那么对在印欧民族当中发现的任一具体神话来说，就应该存在一个假想的原型。这种方法从本质上看无疑是比较方法。研究者比较多个文化中的多个神话（或任何其他体裁）文本，文本越多越好。人们认为一则神话（或神话中包含的一个特征）分布越广，它的年代就越久远，这在人类学中被称作年代 – 地域假设。这样，地理分

---

① Alan Dundes, "The Anthropologist and the Comparative Method in Folklore", in *Folklore Matters* (The University of Tennessee Press, 1989), p. 63.

布被认为是年代的一个重要标准（尽管这很可能只是一个未经证实的假设，而并非经验证明的事实）。另外，历史记录常常很有用处。实际记录下来的、有明确日期的文本为假定的最初原型提供了历史基础。为了确定某一神话的假想的原有形态或起源地，人们把历史标准和地理标准结合起来，因此，这种综合方法被称为历史 - 地理方法。

邓迪斯解释了芬兰人与历史 - 地理方法之间的联系。他说，回顾一下卡尔·科隆（Kaarle Krohn）三篇论文的题目，可以看出所谓的芬兰方法在民俗学研究中的中心地位。卡尔·科隆在改进大多数民俗学家采用的比较方法方面功不可没，他在 1888 年出版的博士学位论文的前言中专门指出，他的研究方法与他父亲尤利乌斯·科隆（Julius Krohn）教授在卡勒瓦拉研究中使用的方法相同，是地理 - 历史方法。1889 年，他参加会议时提交的论文题目是《尤利乌斯·科隆的方法》；1909 年，他在一次演讲中重新为这种方法命名为"芬兰民俗学方法"；1926 年，他出版了一本介绍比较方法原理的入门书，书名里说的不是"民俗学的一种方法"，而是"民俗学方法"。演变就此完成。从 1889 年提出他父亲的方法，到 1909 年的芬兰方法，再到现在，我们终于有了自己的民俗学方法！从某种意义上说，科隆和他的学生（尤其是阿尔奈）发展起来的比较方法一直是民俗学最引人注目的部分。

劳里·杭柯（Lauri Honko）[①] 曾声称，19 世纪后半期，由于科隆父子的著作，这种方法"产生自芬兰"，自此被称作历史 - 地理方法或芬兰方法。邓迪斯说，这也许是过分的民族主义热情的例子，比较方法自身并非源自芬兰，它属于多个学科。

阿切尔·泰勒说，芬兰方法包含的原则在科隆父子之前已经被使用，早在 1853 年就出现在丹麦人斯文德·格伦德维格（Svend Grundt-

---

① 芬兰民俗学家。邓迪斯此处意指身为芬兰人的杭柯拥护把历史 - 地理方法称作芬兰方法。

vig）的著作里。泰勒总结说，芬兰方法是一种已经在其他地方正在被使用的方法，即便它当初未被芬兰学者阐明，也迟早会在法国和德国得到系统阐述。然而，这种整理本身是极其重要的进步，所以我们应该不吝将这种方法的名称归于芬兰人。

邓迪斯说，强烈的民族感情使得早期的芬兰学者对本族民俗感兴趣，也许就是这种同样的感情让芬兰学者坚称他们改进了的这种普通比较方法应该被叫作"芬兰"方法。在此背景下，俄国和瑞典的学者忍不住批判芬兰方法。这到底是一种巧合，还是对芬兰民族主义的一种可以理解的反应？瑞典民俗学家冯·赛多尤其犀利地指责芬兰学者，认为他们通常满足于研究干巴巴的文本，因此他们不仅忘掉了民俗的生命，而且提出了很多脱离实际的虚幻假说。

芬兰方法在美国的拥护者是阿切尔·泰勒和斯蒂斯·汤普森。泰勒主要把这种方法应用于欧洲的民俗资料，而汤普森和自己的学生把这种方法应用于美洲印第安人民间故事。汤普森在 1914 年写作博士学位论文《北美印第安人中的欧洲故事》时根本就没有参考阿尔奈的故事类型索引，因为他直到 1920 年夏天才知道阿尔奈在 1910 年出版的这本书。

在汤普森 1953 年对星星丈夫故事的研究中，他特别强调了研究一则纯粹口头故事的好处。在欧洲故事研究中，文学和书面文本对口头故事的影响是个不可避免的问题，而使用从口头传统中收集的美洲印第安人的一个故事类型文本，如星星丈夫故事，则完全避免了这个难题。虽然美国人类学家在偶尔研究美洲印第安人民间故事时根本没有注意到芬兰方法，但汤普森及其学生把这个欧洲方法用到了美洲印第安人资料上面。

汤普森提醒人们注意，对民俗感兴趣的人类学家不愿使用芬兰方法已有的技术。1921 年，博厄斯的学生格拉迪斯·赖卡德（Gladys Reichard）用比较方法研究了星星丈夫故事的 51 个文本，其成果与汤普森

1953 年对该故事 86 个文本的分析极其相似。邓迪斯认为，赖卡德或多或少地重新发明了芬兰方法来进行比较研究。这证明了两点：对比较方法感兴趣的人类学家原本应该了解芬兰人和其他人对这种方法进行的改进，并从中获益；人类学家不仅以前对比较民俗学家使用的普通方法一无所知，而且现在还是这样。

邓迪斯认为，民俗学的类型概念对比较方法而言极其重要。"比较"一词指把"同等的"和"相似的"要素放置在一起。我们应该比较"可比较的"对象。我们寻找或假定的是共同点，而不是差异。"对比"一词意味着差异，所以我们会让学生"比较和对比"二者的异同。但是，如果比较方法原本就是要研究"相似的"东西，这个问题就无可避免地出现了：相似之处是如何相似的？被拿来比较相似之处的民俗事项是笼统地在结构或在内容方面大致类似，还是在历史上和起源上相关？

一般说来，人类学里的类型概念并不总是假定同源。人类学家会说起某一社会组织类型或家庭结构类型。我们可以比较母系社会组织的某些例子，但不必假定处在这种社会类型中的民族在历史上有关联。而民俗学家理解的类型概念通常与此不同。匈牙利民俗学家汉斯·航蒂（Hans Honti）在 1939 年说，把故事类型当成一个单位看待，有三种可能的方法：第一，故事类型把大量的母题连接在一起；第二，故事类型因为与其他故事类型的不同而作为一个单独的实体存在；第三，故事类型表现为多种形态，这些形态被称为异文。邓迪斯因此总结说，故事类型包括以一个独有的、可识别的情节主线为基础的多个文本。人类学家马马虎虎地用"灰姑娘"泛指前途暗淡的女主人公得到丈夫的美洲印第安人故事，而民俗学家的"灰姑娘"只指故事类型 510A 的各种文本。

对于民俗学家而言，比较方法一般假定被研究的资料是同源的。卡尔·科隆曾清楚地表示，被比较的文本都应当追溯到同一源头。芬兰方法的同源假设与对独立起源说的偏爱密切相关。科隆就此毫不含糊地说，多元发生说是不可思议的，与之相反，每个单独形式都有其特定的起源地。

邓迪斯总结说，人类学家与民俗学家使用的比较方法的关键区别就是同源类型和非同源类型的区别。芬兰方法研究的是同源的相似物，即一个特定故事类型（或歌谣类型、谚语类型等）的变体，人类学家更关心普遍的类型学的比较，这也许是他们避开芬兰方法的一个原因。如果人类学家要去研究同源现象，他们当然也可以从芬兰方法中受益。

邓迪斯批评了人类学家和民俗学家双方，认为他们

> 同样都没有采用比较方法的更宽泛、更全面的形式。结果是，人类学家和民俗学家都没有发现文化的普遍规律或法则。人类学家在 19 世纪遗弃了比较方法后还没有恢复常态。他们一直坚持文化相对主义——从根本上认为每个独立的和独特的文化都是一个不可比较的个体，所以数不胜数的优秀民族志出现了，但这对构想一套可验证的跨文化假设（即比较假设）来说，并不能提供帮助。对普遍法则和大范围理论假设的追求在一堆又一堆的民族志的重压下停滞不前。①

邓迪斯接着分析说：

> 与之相反，民俗学家一直没有摆脱对比较方法的痴迷，因此也未能恢复常态。他们认为俗独立于产生和传播俗的民。他们假设存

---

① Alan Dundes, "The Anthropologist and the Comparative Method in Folklore", in *Folklore Matters* (The University of Tennessee Press, 1989), p. 71.

在超有机体的形式法则和传播法则，而几乎或完全不顾活生生的人（或心理）。①

邓迪斯进一步分析说，对一个故事类型做深入的历史－地理研究需要耗费非同寻常的时间和精力，这妨碍了对民间故事一般规律的归纳。因此，我们只有获得对所有民间故事进行比较研究的结果之后，才能去思考民间故事作为一个体裁的意义。但民俗学家不可能发现一则具体民间故事的所有相关知识，所以我们永远不可能给心理学家、社会学家和人类学家提供自由研究民间故事的条件。

邓迪斯显得有些刻薄地说：

> 悲哀的是，所有的历史－地理研究的影响累加起来也是微乎其微的。……芬兰方法的研究的确把涉及一项民俗的、数量惊人的同源文本汇集起来，这样人们就经常有可能了解这项民俗按照地理和文化路线分布的模式。但这样做的目的是什么？……正如人类学家的民族志再多也没有增添任何理论性的内容一样，民俗学家的比较研究再多也没有增添任何理论性的内容。②

欧洲民俗学家依然盛行制图。他们不遗余力地在地图上用圆点标明来自调查问卷的数据。邓迪斯忍不住发问，关于人类学和民俗学的比较方法，如果有什么可以去做，我们到底该做什么？

邓迪斯回答说，一个答案就是地方类型的概念。要研究民俗与文化的关系，或民俗与该文化中某一个体的关系，比较方法极为重

---

① Alan Dundes, "The Anthropologist and the Comparative Method in Folklore", in *Folklore Matters* (The University of Tennessee Press, 1989), pp. 71 – 72.

② Alan Dundes, "The Anthropologist and the Comparative Method in Folklore", in *Folklore Matters* (The University of Tennessee Press, 1989), p. 72.

要。除非已经在毗邻的文化或历史上有联系的文化中搜寻过可能具有的同源现象，我们不可能先验地知道某一现象是否为某一文化所独有。要在与文化有关的语境中研究巴厘人的斗鸡或一则卡古鲁人的民间故事，我们就该去考虑这些文化现象在其他地方的同类情况。

邓迪斯区分了地方类型和亚型：

> 对一则故事或民俗的其他形式的比较研究，完全可以产生一种确切的地方类型，即，只在一种特定文化的语境中普遍存在的特定文本。这对研究民俗如何发生改变去适应地方的意识形态或世界观来说，是理想的资料。亚型的概念与地方类型的概念不同。亚型纯粹指的是在很多文化中都可能发现的一丛特征。把亚型与某个具体文化联系起来可能很难。实质上，把地方类型从比较研究中分离出来的时机已经失去了，或已被忽视了。[①]

用比较方法来识别地方类型是一个经验性的、可复制的过程。如果这样做，得出的地方类型可以为寻找被研究文化的关键特征提供重要线索。地方类型不仅给我们提供了认识区域性格或国民性格模式的可能，还帮助我们去理解民俗为了适应地方需要而发生改变的方式。

邓迪斯接着说：

> 寻找地方类型有赖于芬兰方法，即需要同源资料的比较。然而，民俗的比较研究不必仅限于人们一般所称的"芬兰"方法或"比较"方法。芬兰方法只是比较方法的一种。正如在人类学中有

---

① Alan Dundes, "The Anthropologist and the Comparative Method in Folklore", in *Folklore Matters* (The University of Tennessee Press, 1989), p. 73.

许多可能的比较形式——单个文化的各个要素之间、制度之间、亚文化之间、地区之间、民族之间和文明之间，在民俗学中也有许多可能的比较研究。民俗学中一些最为重要的发现来自并非芬兰方法的比较方法。①

他举例说，弗雷泽交感巫术的相似率和触染律，范·盖内普发现的在出生礼、婚礼和葬礼中存在的三叠模式，普罗普的形态学，等等，都使用了比较方法，但不是芬兰方法。

邓迪斯最后总结说：

> 虽然芬兰方法是迄今最为成熟、最为复杂的探索民俗同源物分布模式的技术，但它不该被当成"唯一的"比较方法。它是，或者说，应该被当成是比较方法之一。……田野调查和芬兰方法研究都不该以自身为目的，它们是手段。伴随着明确的、可验证的假设（这些假设最终通向可靠的普遍原则），人类学和民俗学这些社会科学的地位应该借用这些手段得以确立。②

这篇文章的重要意义不仅在于邓迪斯阐明了什么是芬兰方法，更在于邓迪斯指出了芬兰方法的意义——寻找地方类型。

邓迪斯心目中地方类型的价值，也是芬兰方法的最终价值。民俗学家通过芬兰方法得到母题位变体，进而得到地方类型，最终了解俗背后的民，这是邓迪斯民俗研究的一条重要途径，也是邓迪斯所能找到的芬兰方法的终极意义。

---

① Alan Dundes, "The Anthropologist and the Comparative Method in Folklore", in *Folklore Matters* (The University of Tennessee Press, 1989), pp. 73 – 74.

② Alan Dundes, "The Anthropologist and the Comparative Method in Folklore", in *Folklore Matters* (The University of Tennessee Press, 1989), p. 74.

第三节　民俗识别实践

定义民俗是邓迪斯民俗学研究的重要内容，也是邓迪斯民俗识别实践的主体部分。邓迪斯认为，要给民俗下定义，首先需要给出所有民俗体裁的结构性定义。所以，结构分析成为邓迪斯定义民俗的必要手段。

从 1961 年开始，邓迪斯着手通过结构分析给出每一种民俗体裁的定义，这一过程持续到了 1970 年。1961 年，邓迪斯在《布朗县的迷信》[①] 中按照迷信的结构给出迷信的定义和分类系统；1962 年，邓迪斯在《民间故事结构研究：从非位单元到着位单元》[②] 中讨论了民间故事结构的最小单位母题位，以及母题、母题位和母题位变体三者之间的关系；1963 年，邓迪斯在《北美印第安人民间故事结构类型学》[③] 中，讨论了北美印第安人民间故事的基本结构，并提出这种结构分析最令人兴奋的贡献存在于跨体裁比较的未知领域；1963 年，邓迪斯在与罗伯特·A. 乔治斯（Robert A. Georges）合写的《关于谜语的结构性定义》[④] 中通过分析谜语的结构给出了谜语的定义；1964 年，邓迪斯在

---

① Alan Dundes, "Brown County Superstitions", *Midwest Folklore*, No. 11 (Spring, 1961), pp. 25–56.

　　此文被收入《民俗分析文集》一书中后，更名为《迷信的结构》［Alan Dundes, "The Struture of Superstiton", in *Analytic Essays in Folklore* (Mouton & Co. N. V., Publishers, 1975), pp. 88–94］，保留了文章的第一部分，略去了文章的第二部分"印第安纳州布朗县的迷信"。

② Alan Dundes, "From Etic to Emic Units in the Structural Study of Folktales", in *Analytic Essays in Folklore* (Mouton & Co. N. V., Publishers, 1975), pp. 61–72.

③ Alan Dundes, "Structural Typology in North American Indian Folktales", in *Analytic Essays in Folklore* (Mouton & Co. N. V., Publishers, 1975), pp. 73–79.

④ Alan Dundes and Robert A. Georges, "Toward a Structural Definition of the Riddle", in *Analytic Essays in Folklore* (Mouton & Co. N. V., Publishers, 1975), pp. 95–102.

《游戏形态学：非语言民俗结构研究》① 中分析了民间故事与游戏的结构相似，并发现了其他民俗形式之间语言与非语言的对应关系，如神话与仪式、谚语与手势、谜语与非语言谜语，等等；1970 年，邓迪斯在《谚语的结构》② 中详细分析了谚语的结构。

一 迷信的结构与定义

邓迪斯发表于 1961 年的《布朗县的迷信》一文没有明确说明对迷信进行定义和分类的依据（邓迪斯在此后进行民间故事、谜语、谚语分析时，第一步都是确定最小的结构单元），但是，可以看出，邓迪斯的分析步骤是先确定迷信③的条件和结果，再根据条件和结果的关系来对迷信进行分类。

邓迪斯认为，定义迷信是个难题，以往的研究者对迷信的定义各自存在不足。定义应当是描述的，应采用形式的标准，而不是看迷信源自何处或者人们对它的相信程度如何。不过，邓迪斯还是从前人的研究中得到启发，部分参考了纽贝尔·N. 帕克特（Newbell N. Puckett）按照形式来定义迷信的方法。帕克特区分了"控制符号"与"预示符号"。控制符号既可以是积极的，也可以是消极的，指那些可以人为控制的符号，其模式为"如果你（或某人）如此如此做，就会发生如此如此的事情"；而预示符号是不受人控制的偶然联系，个人不起任何作用，其模式为"如果某事（在你控制之外）如此如此，就会有如此如此的结

---

① Alan Dundes, "On Game Morphology: A Study of the Structure of Non-Verbal Folklore", in *Analytic Essays in Folklore* (Mouton & Co. N. V., Publishers, 1975), pp. 80 – 87.

② Alan Dundes, "On the Structure of the Proverb", in *Analytic Essays in Folklore* (Mouton & Co. N. V., Publishers, 1975), pp. 103 – 118.

③ Superstition 有两种含义，其一指迷信观念，其二指迷信观念的表达方式。邓迪斯分析的迷信，指的是迷信的表达方式。本书中涉及的迷信，主要指的也是迷信的表达方式。

果"。邓迪斯认为，帕克特用形式来定义迷信是值得称赞的，但他的定义和分类并不完全可取。

邓迪斯先给出了自己尝试性的定义：

> 迷信是对一个或多个条件以及一个或多个结果的传统表达，有的条件是预兆，有的条件是原因。[①]

邓迪斯这样分析：

> 有的迷信只有一个条件，一个结果，如："如果狗长嚎，就是要死人"；有的迷信有多个条件，一个结果，如："你春天里第一次在早上听到鸽子咕咕叫时，脱掉一只袜子，把袜子里翻出来，袜子后跟里会有一根头发，这根头发的颜色就是将会跟你结婚的那个人的头发的颜色"；大多数情况下，结果只有一个，但偶尔也有多个结果的情况，如"酷暑里，狗会发疯，蛇会变瞎"。

就分类而言，迷信可以按条件分类，也可以按结果分类，但都不尽如人意；如果二者都用，又会使资料重复。由于人们常常只收集了条件，我们可以按条件分类，另外附上结果的索引。但是，又有新的困难：对于那些有多个条件的迷信，我们该如何确定最重要的条件呢？例如，"你在 5 月 1 日出门，找到一只蜗牛，把它放在鞋盒盖子上，放到你床下，第二天早晨，它就会拼写出要跟你结婚的那个人的名字"，这条迷信中最重要的条件是什么？时间？蜗牛？鞋盒？还是把鞋盒和蜗牛放到床下？

所以，邓迪斯认为，应该按照条件和结果的关系分类。据此，迷信

---

① Alan Dundes, "The Struture of Superstiton", in *Analytic Essays in Folklore* (Mouton & Co. N. V., Publishers, 1975), p. 90.

可分为预兆迷信、魔力迷信、转换迷信三种。

预兆迷信通常由一个条件和一个结果组成。许多预兆迷信来自人的行为，但必须注意，此处所说的所有人类行为都是偶然的、巧合的。而更多的预兆迷信来自天体、动物、植物的征兆。预兆迷信的一个特点是尽管有时后果可以避免，但预兆本身不可避免。比如，人不可能避免月亮出现月晕，也不可能避免狗哀嚎、避免自己看见黑猫。帕克特、列维－布留尔都认为条件和结果之间是因果关系，所以列维－布留尔为征兆和结果同时出现感到迷惑。邓迪斯说，其实，预兆迷信的条件和结果之间并非因果关系。月晕并非下雨的原因，只是预示着要下雨而已。下雨（以及出现月晕）的最终原因并没有说出来。正如 W. R. 韩礼德（W. R. Halliday）指出的那样，仅仅是先后出现并不就是因果关系。预兆并不是充分必要条件，比如，有关下雨的迷信有很多，可以是月晕，也可以是猫头鹰在白天大叫，但这些都不是下雨的必要条件，因为即便没有月晕也会下雨。不过，预兆常常是固定的标志，如果月亮有月晕，天就会下雨。

魔力迷信通常包含多个条件，这些条件不是预兆，而是产生结果的方法或补救后果的方法。与预兆迷信相反，魔力迷信中人的行为是有意的，不是偶然的。事实上，绝大部分的魔力迷信中人的行为都是有意的。由于人的行为是有意的，所以也是可以避免的。如，人不从梯子下面走过，就可以避免不幸。预兆迷信的条件和结果之间是非因果关系，而魔力迷信的条件和结果之间是因果关系。如果人们不作出某个作为条件的行为，那么某个确定的结果或后果就不会出现。条件的完成就是产生结果的原因。按照韩礼德的观点，预兆迷信与魔力迷信的区别在于前者是预测将来，后者是制造将来。这样，人们不必看到月晕预测下雨，而是可以把一条死蛇翻转成肚子朝上引来下雨。预兆迷信中，人的行为是被动消极的，而在魔力迷信中，人的行为是主动积极的。另外，预兆迷信仅需要信仰，不需要实践，而魔力迷信既需要信仰，也需要实践。魔力迷信通常会利用仪式，比如治疗和占卜。当然，正如我们已经注意到的那样，许多魔力迷信已经不再使用，而且很多情形下人们也不再相信。然而，至少从理论上我们可以知道，预兆迷信的后果发生时人们什么都不用做。

转换迷信在三类迷信当中最有趣。它是预兆迷信和魔力迷信的混合。转换迷信中，预兆迷信通常被转变成魔力迷信。有的转换迷信简直就是魔力迷信，只不过它们的一个或多个初始条件是预兆而已。一些转换迷信的目的在于中和或消除魔力迷信。比如，遇到黑猫正横穿自己的路会倒霉，但如果黑猫穿过了这条路，或者等着黑猫穿过这条路，人就可以避免倒霉。转换迷信需要人的行为。

人们使用转换迷信来对抗不想要的预兆迷信或魔力迷信。比如，对于预兆迷信"把盐弄撒了会倒霉"，就有"捡起一些盐从左肩上扔过"等无数补救办法。对于魔力迷信"把锄头拿进家里会倒霉"，对应的补救措施就是"从进来的那个门倒着走出去"。这两种补救方法都是消除后果的转换迷信，用正确的行为消除不想要的后果。

有的补救措施不仅要消除后果，还要转坏为好。这种转换往往通过许愿完成。比如，"按原路返回去找忘掉的物品会倒霉"，这有很多的补救措施，如，坐下来就可以避免倒霉，当然也可以转坏为好："如果你从某处出发又不得不返回，就坐下来许个愿，这个愿望会成真"。

人总是不希望得到坏结果，于是坏结果的迷信就可以演化成消除后果甚至转坏为好的转换迷信，这反映了人们愿意得到、不愿失去的心理。

邓迪斯表示，这些分析都基于相对来说数量不多的迷信，因此，未必适用于所有的迷信。所以他希望其他的民俗学家能为迷信提供更精确的定义和更好的分类系统。

最终，邓迪斯补充了自己的尝试性定义：

迷信是对一个或多个条件以及一个或多个结果的传统表达，有的条件是预兆，有的条件是原因。而且，迷信有三种类型：预兆迷信；魔力迷信；转换迷信。①

为了更清楚地表达邓迪斯对迷信的理解，可以用表 3 - 1 简略表示如下。

表 3 - 1　迷信的定义与分类

迷信的定义	迷信的分类		
	预兆迷信	魔力迷信	转换迷信
迷信是对一个或多个条件以及一个或多个结果的传统表达，有的条件是预兆，有的条件是原因	条件是预兆，条件和结果之间不是因果关系	条件和结果之间是因果关系	是预兆迷信和魔力迷信的混合
			目的：消除后果，或转坏为好
	人的行为是被动消极的	人的行为是主动积极的	需要人的行为

二　民间故事的结构

邓迪斯于 1962 ~ 1964 年进行的民间故事结构分析是其民俗结构分析研究的顶峰，在国际民俗学界影响深远，不仅引发了无数的相关理论探讨，而且引起很多学者的效仿。在中国民俗学界，虽然相关讨论逐渐冷清下来，但采用该方法分析中国民间故事的做法一直延续至今。

（一）结构分析的单位：母题位

邓迪斯 1963 年的博士学位论文《北美印第安人民间故事形态学》

① Alan Dundes, "The Struture of Superstiton", in *Analytic Essays in Folklore* (Mouton & Co. N. V. , Publishers, 1975), p. 94.

于 1964 年作为专论在《民俗学同人通讯》[①] 第 195 期[②]上发表，并于 1980 年再版。《民间故事结构研究：从非位单元到着位单元》（1962）[③] 和《北美印第安人民间故事结构类型学》（1963）[④] 这两篇文章实际上相当于邓迪斯的博士学位论文的要点摘录。邓迪斯在《民间故事结构研究：从非位单元到着位单元》中讨论了民间故事结构最小单位母题位（motifeme），以及母题、母题位和母题位变体（allomotif）[⑤] 三者之间的关系；在《北美印第安人民间故事结构类型学》中着重了讨论了民间故事的四种结构类型，并指出结构分析最令人兴奋的贡献就是民俗内部不同体裁间的比较。这两篇文章是邓迪斯在民间故事、民间叙事结构研究中的经典之作。

邓迪斯在综合借鉴汤普森、普罗普、派克等人成果的基础上，确立了民间故事的最小叙事单位——母题位。

汤普森把母题当作民间文学的最小单元，编纂了民间文学母题索引，于 1946 年在《民间故事》一书中对母题这一概念给出了明确的界定。他认为：

> 母题是故事中具有在传统中持续存在能力的最小要素。要具备这种能力，它自身必须具有某种非同寻常和引人注目的东西。大多

---

① 即 FFC（*Folklore Fellows Communications*）。

② Alan Dundes, "The Morphology of North American Indian Folktales", *FF Communications*, No. 195（1980）.

③ Alan Dundes, "From Etic to Emic Units in the Structural Study of Folktales", in *Analytic Essays in Folklore*（Mouton & Co. N. V. , Publishers, 1975）, pp. 61 – 72.

④ Alan Dundes, "Structural Typology in North American Indian Folktales", in *Analytic Essays in Folklore*（Mouton & Co. N. V. , Publishers, 1975）, pp. 73 – 79.

⑤ 关于 motifeme 和 allmotif 二词的汉译参看丁晓辉在《母题、母题位和母题位变体——民间文学叙事基本单位的形式、本质和变形》（《民族文学研究》2013 年第 1 期）一文中的详细讨论。

数母题属于三类。第一类是故事中的人物——神，或罕见的动物，或女巫、吃人妖怪或仙女等非凡人物，或者甚至是最受宠的幼子或狠毒的后母等传统化人物。第二类是在行动背景中存在的特定事项——魔法物，少见的习俗，奇怪的信仰，等等。第三类是单独的事件——绝大多数母题属于此类。正是最后这一类母题能够独立存在，因之可以成为真正的故事类型。传统故事类型中，由这些单独母题构成的类型数目最多。①

汤普森在《民俗、神话、传说标准辞典》中撰写了"母题"这一词条。这里对母题的范围界定与《民间故事》中的定义略有差异：

> 母题：在民俗中，这个术语用来指代一个民俗事项可被分解成的那些部分中的任何一个部分。在民间美术中有图案的母题，它是在独具特色的形式当中重复的或者与其他样式粘合在一起的样式。在民间音乐和民歌中，有可被认定的类似的反复出现的模式。然而，对母题研究最多、分析最详的领域是民间叙事领域，比如民间故事、传说、歌谣、神话。②

不过他接着强调了叙事母题的构成，这与他在《民间故事》中的陈述基本一致：

> 叙事母题有时由在传统中持续存在的、非常简单的概念构成。这些叙事母题可能是仙女、女巫、恶龙、吃人妖怪、狠毒的后母、

---

① Stith Thompson, *The Folktale* (Holt, Rinehart and Winson, 1946), pp. 415 – 416.

② Maria Leach and Jerome Fried (eds.), *Funk & Wagnalls Standard Dictionary of Folklore, Mythology, and Legend* (Harper & Row, 1984).

会说话的动物之类的罕见生物。它们可能是奇异的世界或者是魔法强大的地方，也可能是各种魔法物和异常自然现象。一个母题可能自身原本就是一个简短的故事——它是一个引人注目或引人发笑的事件，足以吸引一群听众。①

汤普森对母题的定义和分类成为人们深入了解母题的前提。更为重要的是，母题作为 AT 分类法的分类基础，与 AT 分类法一起，成为全世界民间文学研究者划分故事类型、编纂故事类型索引时采用的最普遍的基本单位。它为世界范围内不同语言、不同区域的民间文学研究提供了对话的共同基础。

尽管如此，质疑和批评汤普森者也不乏其人。除邓迪斯、普罗普外，德国的汉斯－约尔格·乌特尔（Hans-Jorg Uther）和美国的丹·本－阿莫斯等人都对汤普森的母题分析表达了异议。

1928 年，汤普森把阿尔奈的《民间故事类型索引》译成英文修订出版；同年，在俄国，普罗普发表了俄语专著《民间故事形态学》②。《民间故事形态学》在国际上沉寂了 30 年，直至其英文版于 1958 年出版，引起轰动。10 年后的 1968 年，邓迪斯为《民间故事形态学》英文版的第 2 版写序，给予普罗普的研究极高评价，认为普罗普的分析是民俗研究的一个里程碑。③

邓迪斯一方面盛赞普罗普的研究，另一方面批评汤普森的观点。他

---

① Maria Leach and Jerome Fried（eds.），*Funk & Wagnalls Standard Dictionary of Folklore*，*Mythology*，*and Legend*（Harper & Row，1984）.

② 该书原名为《神奇故事形态学》，出版商为了吸引读者故意把"神奇故事"更名为"民间故事"。由于能够阅读俄文的民俗学家太少，或者是由于当时人们对民俗结构研究的漠视，该书并未在世界范围内引起重视。该书 1958 年被译为英文，得到世人热烈关注。英文本仍旧把书名译作 *Morphology of the Folktale*，即《民间故事形态学》。

③ V. Propp，*Morphology of the Folktale*（University of Texas Press，1968），p. xvi.

于 1962 年发表《民间故事结构研究：从非位单元到着位单元》，毫不客气地指出，单位应该是量的一种标准，如热量的单位、长度的单位等。而母题并非量的标准。他认为：

> 如果母题可以是人物、事项、事件，那它们就不可能是单位——它们不是同一类量的计量单位。毕竟，不存在既可以是英寸也可以是盎司的类别。除此之外，母题下属的类别之间甚至并未互相排除。如果我们想不出既不包括人物也不包括事项的事件，难道我们就能想出不包括人物的事件吗？或者，难道我们就能想出不包括事项的事件吗？我们反复在讲，如果没有严格定义的单位，真正的比较几乎就是不可能的。难道人物可以和事项做比较吗？①

邓迪斯接着指出，把母题当成最小的单位使用，会致使人们把母题当成独立于语境之外的、完全自由的实体。如果母题可以自由结合，那么故事类型这个更大的单位就会建立在不稳固的基础之上。因为汤普森曾说，一个完整的故事或故事类型由许多母题构成，这些母题具有相对固定的顺序和结合方式。如果母题依照相对固定的顺序排列，它们就不可能到处自由组合。按照汤普森的说法，大多数的传统故事类型由那些可以单独作为故事类型的母题组成。倘真如此，母题和故事类型之间的区分就有些模糊。②

邓迪斯还认为，阿尔奈－汤普森的故事类型以内容为基础划分，而内容是可变的。也就是说，阿尔奈－汤普森的故事类型并未以结构为标

---

① Alan Dundes, "From Etic to Emic Units in the Structural Study of Folktales", in *Analytic Essays in Folklore* (Mouton & Co. N. V. , Publishers, 1975), p. 63.

② Alan Dundes, "From Etic to Emic Units in the Structural Study of Folktales", in *Analytic Essays in Folklore* (Mouton & Co. N. V. , Publishers, 1975), pp. 63 – 64.

准建立在不变的因素上，而是以内容为标准建立在可变的因素之上。如果母题和阿尔奈－汤普森的故事类型没有满足这样的需要，那么就一定要发明新的单位。

由此，邓迪斯借用了普罗普的民间故事形态学理论。

普罗普研究了100个俄国神奇故事（即童话）的结构，发现：

> 故事的人物不管如何不同，总是进行同样的活动。实现功能的具体手段可以变化，因此实现功能的具体手段本身是一个变项。……但功能本身是一个常项。……对于故事研究而言，故事的人物做了什么，这是个重要的问题；但是，谁来做和如何做之类的问题已属辅助研究的范畴。角色的功能是那些组成成分，它们能够代替维谢洛夫斯基（Veselóvskij）的"母题"或贝迪耶（Bédier）的"要素"。[①]

普罗普还发现，功能的数量极少，而人物的数量极多。这可以解释故事的两面性——表面多姿多彩，内部简单重复。所以，人物的功能可以作为故事的基本组成部分。

普罗普把功能理解为角色的行动，这是因为功能强调的是行动在整个故事的活动中所起的作用。行动是可以直接被观察的表象，而功能是抽象出来的本质。他进一步发现：

1. 人物的功能是故事中稳定的、不变的要素，不依赖于如何完成以及由谁完成。它们构成了一个故事的基本成分。

2. 神奇故事中，已知的功能的数量是有限的。

3. 功能的排列顺序总是相同的。

---

① Vladimir Propp, "The Structure of Russian Fairy Tales", in *International Folkloristics* (Rowan & Littlefield Publishers, Inc. , 1999), pp. 126 – 127.

4. 就结构而言，所有神奇故事都属于同一类型。①

普罗普据此提炼出神奇故事的 31 个功能。他把这 31 个功能按一定顺序排列，这个功能序列就是他发现的神奇故事的结构——神奇故事的故事类型。这并非说每一则神奇故事都包含 31 个功能，而是说虽然有可能缺少一些功能，但整个故事中所有功能的排列顺序不会改变。

邓迪斯借用语言学家肯尼斯·L.派克的语言学术语和理论，把汤普森的母题与普罗普的功能联系起来。他首先对二者进行区分：

> 旧的最小单位母题和新的最小单位（功能）之间的区分可以按照肯尼斯·派克对"非位的"（etic）和"着位的"（emic）这两个词的区分来准确理解——这种区分是有价值的。非位方法是非结构的方法，却是分类的方法，因为分析者发明出了关于系统、类别、单元的逻辑范畴，而并不想让它们反映出存在于特定资料中的实际结构。对派克而言，非位单元是分析者创造出来的概念，用于处理跨文化比较的资料。相反，着位方法是单一语境的、结构的方法。"着位方法必须把特定的事件当作较大的整体的组成部分来探讨（这些特定事件与较大的整体有联系，并且从较大的整体获得意义），而非位方法可能为了特定的目的从事件的语境或者地方化的事件系列中抽象出事件，以便在世界范围内对这些抽象出的事件进行分类，而在本质上并不涉及任何一种语言和文化的结构。""……这一理论中的着位单元不是脱离实际的绝对事物，而是一个系统中的要点，这些要点是相对于系统来定义的。一个单元不能被孤立研究，而是要作为整个文化中发挥功能的整个构成体系的一部

---

① Vladimir Propp, "The Structure of Russian Fairy Tales", in *International Folkloristics* (Rowan & Littlefield Publishers, Inc. , 1999), pp. 127 – 129.

分来研究。之所以有必要把着位与非位区别看待，根本原因就在于这个问题。……"派克认为，着位结构是客观现实的模式的一部分，而不仅仅是分析者的概念。不管我们在这一点上是否同意帕克，或者不管我们是否认为着位单元不过是观者眼中的美景，我们都能看出结构单元和非结构单元之间的区别是清晰的。要想知道对非位（etic，是用 phonetic 一词的最后部分创造出来的一个新词）和着位（emic，是用 phonemic 一词的最后部分创造出来的一个新词）之间区分的充分讨论，可参看派克的著作。①

邓迪斯接着说：

派克对着位单元同时存在的三模式结构的描述对于民间故事分析极其重要。派克的三种模式是：特征模式、表现模式和分布模式。如果不惜冒过分简化派克的精巧构思之险，我们可以把这些模式转换为普罗普的分析，从而认为：功能例证了特征模式，能够完成功能的各种要素例证了表现模式，一个特定功能的位置特征（也就是这个特定功能在 31 个可能功能之中出现的那个位置）例证了分布模式。我不顾麻烦地要把普罗普的分析纳入派克的术语之中，一个原因是这纯属文字表达上的巧合。派克的特征模式的最小单元是着位母题（emic motif）或母题位（motifeme），也就是说，普罗普的功能在派克的分析系统中应当称作母题位。由于功能这个术语尚未在民俗学家当中通用，我建议用母题位来替代它。②

---

① Alan Dundes, "From Etic to Emic Units in the Structural Study of Folktales", in *Analytic Essays in Folklore* (Mouton & Co. N. V., Publishers, 1975), pp. 67 – 68.

② Alan Dundes, "From Etic to Emic Units in the Structural Study of Folktales", in *Analytic Essays in Folklore* (Mouton & Co. N. V., Publishers, 1975), p. 68.

邓迪斯用派克的母题位代替普罗普的功能，表示某一母题在整个故事结构中具有的功能，以及它应在整个故事序列中所处的对应此功能的位置。

接着，邓迪斯借用语言学里的词缀 allo-（别，变体），创造出母题位变体（allomotif）一词，用来指代可以放置在同一母题位位置上的所有母题，这些母题表面上各不相同，但在整个故事结构中发挥同样的功能（即充当母题位），所以它们内在本质相同，它们可被称作同一母题位的所有母题位变体。

> 这样，普罗普的功能就变成了母题位。相关概念母题和母题位变体得以成立。于是，民间故事就可以被定义为一组又一组的母题位。母题位的位置上可填充多样的母题，而可放置在任一特定母题位位置上的那些具体的、可代换的母题都可称为母题位变体。①

当邓迪斯要用一个词来指称民间故事内部的基本结构单元时，他借用了派克创造的以母题（motif）为词根的新词 motifeme（母题位），而非直接借用普罗普的功能（function）——虽然邓迪斯多处强调，他自己使用的母题位就是普罗普的功能。这样的好处除了邓迪斯所说的文字表达的巧合之外，还因为它不仅能够表达出母题与功能之间的区别，而且能够表达出二者之间的联系。以母题为词根，借用词形的变化可以直观表现母题与功能（母题位）二者之间的形与质的关系。而母题位变体指代具有同一功能（母题位）的所有母题，这些母题的外在形式不同，但本质（功能）相同。母题位变体一词在使用时应该采用复数，

---

① Alan Dundes, "Structural Typology in North American Indian Folktales", in *Analytic Essays in Folklore* (Mouton & Co. N. V., Publishers, 1975), p. 74.

因为该词指代的是同一母题位的多个变形（变体），它们之间具有互可代换的关系。

这样，母题位一词就代替普罗普的功能，指代民间故事内部结构的基本单元。母题不再是汤普森的"最小叙事单位"，而是母题位的外在表现形式。一方面，同一母题可以出现在不同位置发挥出不同的功能（母题位）；另一方面，不同的母题也会因为能够放置在同一位置而发挥相同的功能（母题位）。由于具有同一功能的母题往往不止一个，那么这些同质异形的所有母题就是同一母题位的母题位变体。因此，母题、母题位和母题位变体分别代表了民间文学内部结构基本单位的形、质与变形（变体）。

邓迪斯虽然一再批评汤普森对母题认识的偏颇之处，但仍以母题为基础，借用新概念母题位，在汤普森的母题和普罗普的功能之间建立了联系。他创造了母题位变体，深化了人们对母题和母题位之间关系的认识。他在汤普森的基础之上超越了汤普森，但未能真正超越普罗普，这应该说是一个遗憾。

邓迪斯赞赏普罗普的结构分析理论，将其应用于自己对谜语、谚语、北美印第安人民间故事等的结构类型学分析之中，甚至扩展至对游戏等非口头民俗的类型学分析。但是，这并不意味着他对汤普森的母题解释和 AT 分类法的彻底否定。一方面，他极力推举的母题位、母题位变体等概念实际上都建立在汤普森对母题的认识基础之上；另一方面，他在批评 AT 分类法的同时也充分肯定了 AT 分类法的价值。他这样评价 AT 分类法：

> 要点在于，以结构为基础的故事类型学绝不排除对实用类型索引（如汤普森的类型索引）的需要，正如航蒂建议的那样，综合的、形态的类型学不应代替分析性的索引和系统，而应该作为它们

的补充。假定不同种类的故事或不同文化区的故事中存在不同的程式化的母题位序列，那么，我们当然就能够创造一个基于形态学标准的故事类型索引。但这个索引应与 AT 类型索引互相补充、互相参照，这样一来，民间故事研究者就可以一眼分辨出什么样的 AT 故事类型属于哪些形态学的故事类型。正如派克所说，非位分析一定先于着位分析。显然，二者都是民俗学家所需，而且，民俗学家不该混同二者。①

AT 分类法固然有其不足，但它依然不可替代。我们需要的是一个可以与之互为参照的以形态学为基础的故事类型索引。这个新的故事类型索引应该建立在正确的哲学分类基础之上。它的基本单位是否就是普罗普的功能（即邓迪斯的母题位）？如果是，那么该如何以此为据编纂新的故事类型索引呢？如果不是，那又该是什么呢？

（二）民间故事的结构类型

邓迪斯在三篇文章中根据母题位、母题位变体等基本概念和结构分析方法，对北美印第安人民间故事的结构作出了具体分析。这三篇文章分别是：《民间故事结构研究：从非位单元到着位单元》（1962），《北美印第安人民间故事结构类型学》（1963），《北美印第安人民间故事形态学》（1963）。邓迪斯之前的研究者，如约瑟夫·雅各布斯（Joseph Jacobs）、博厄斯等人都认为北美印第安人民间故事没有形式，内容空洞，情节之间缺少连贯性，远逊于欧洲民间故事。

邓迪斯与前人的观点相反，认为北美印第安人民间故事并非随意的内容堆砌，如果应用结构分析方法就会发现，北美印第安人民间故事实

---

① Alan Dundes, "From Etic to Emic Units in the Structural Study of Folktales", in *Analytic Essays in Folklore* (Mouton & Co. N. V., Publishers, 1975), p. 71.

际上有严密的结构。北美印第安人民间故事中重复出现的母题位序列是确定的，这些母题位序列构成了数目有限的独特模式。通过经验观察会发现，这些独特模式是大多数北美印第安人民间故事的结构基础。邓迪斯着重讨论了四种母题位模式：核心双母题位序列①，两个四母题位序列②，一个六母题位组合③。此外，还讨论了扩展故事的结构。主要内容如下。

1. 核心双母题位序列：缺乏/消除缺乏

大量的美洲印第安人民间故事由不平衡向平衡的发展过程构成。不平衡是人们害怕并且只要有可能就试图逃避的状态，它可以是多余，也可以是缺乏，意味着某种东西过多或另一种东西过少。比如说，洪水代表水的多余，但同时，它还代表陆地或土壤的丧失或缺乏。民间故事可能仅仅讲述如何失去多余或如何消除缺乏，也就是说，过多的东西可能会失去，或者，弄丢的或被偷的东西可能会被找到。这两种情形都属于从不平衡到平衡的模式。

描述缺乏如何得到补偿的故事有时仅仅由两部分构成：缺乏，消除缺乏。可以说，这两个母题位构成了一种结构独特的故事类型，可被称作核心双母题位序列。此类故事中，最初的母题位缺乏通常出现于故事开端，如"那时候没有火，人们过着没有火的生活"，"从前没有陆地，现在是陆地的地方那时候都是水"，"很久很久以前，没有太阳"，等等。偷太阳、偷光、偷火等匿物系列故事④即便在开端没有母题位缺乏，也会在故事中靠前的位置出现这个母题位。这是一条规则。如人们

---

① "核心双母题位序列"即 nuclear two motifeme sequence。
② "四母题位序列"即 four motifeme sequence。
③ "六母题位组合"即 six motifem combination。
④ 即 the hoarded object series。这种故事系列中，某种重要的东西被人为藏匿起来，造成该物品的缺乏。

所料，结尾通常是母题位消除缺乏，如"这样就有了火"，"从此世界
上有了黎明和夜晚"。

由双母题位序列构成的典型故事是马莱西特人（Malecite）的《放
水》。故事中，妖怪收回了世上所有的水（缺乏），英雄杀了妖怪，放
出了水（消除缺乏）。一个相似的例子是，人们没有眼和嘴（缺乏），
郊狼在他们脸上挖出了眼和嘴（消除缺乏）。

在以核心双母题位序列为基础的大多数故事中，都存在插入母题
位①。这些插入母题位的数量有限，看起来仅有三种主要的插入母题
位的组合。它们是：第一种，任务/完成任务；第二种，禁忌/违禁；第三
种，欺骗/受骗。其中第一种不如后两种常见。

第一种情况以潜水捞泥故事为例。这个故事既包含了任务/完成任
务这一插入母题位序列，又属于核心双母题位序列故事。它的主要内容
是：陆地没有了（缺乏）；文化英雄布置任务给一只动物或一只鸟潜水
捞泥（任务）；多次失败或别人多次尝试无果后，一只动物或一只鸟捞
上一点儿土（完成任务），陆地恢复或被创造出来了（消除缺乏）。其
母题位序列是缺乏/任务/完成任务/消除缺乏。

第二种情况以盗取黑暗故事为例。世界上原本没有黑暗（缺乏），
因为黑暗在一个袋子里装着，郊狼负责保管。郊狼受到警告，不许打开
袋子（禁止），但他还是违反了（违禁），于是黑暗被放出来了（消除
缺乏）。其母题位序列是：缺乏/禁止/违禁/消除缺乏。

第三种情况以狐狸与海豹的故事为例。狐狸想吃海豹（缺乏）；他
在悬崖边上假装哀悼死者（欺骗）；海豹信以为真，受引诱一起与狐狸
哀悼（受骗）；狐狸把海豹推下悬崖，吃了海豹（消除缺乏）。其母题
位序列是：缺乏/欺骗/受骗/消除缺乏。

---

① 即 intervening motifeme。

有时，最初的缺乏并未作为已知条件讲述，而是由故事里发生的事件引起。比如捉太阳故事：一个男孩捉住了太阳，这要么是制造了黑暗（缺乏光），要么出现了过多的热量（缺乏）；有一项任务要完成，就是解救太阳（任务）；一只动物，常常是一只老鼠，完成了任务（完成任务）；结果是，要么重新有了光，要么消除了过多的热量（消除缺乏）。在这些情形中，为了减少一种不平衡，结果导致了另一种不平衡。①

2. 四母题位序列之一：禁止/违禁/后果/试图逃避后果

北美印第安人民间故事中，一个较为常见的结构模式是：禁止/违禁/后果/试图逃避后果。禁止常常隐含在故事里，所以很多故事没有明确地表达出禁止。并且，故事常常以后果为结尾，未必都包括逃避后果，这是因为文化的偏爱决定了故事里是否出现逃避后果以及是否真正避免了后果。所以，这个结构必不可少的最基本成分是：违禁/后果。

在核心双母题位序列里讨论过的缺乏/禁止/违禁/消除缺乏序列中，后果也常常是消除缺乏。如盗取黑暗的故事中，放出袋子里的黑暗是违禁，也是对最初缺乏黑暗的消除，所以它既是后果，又是消除缺乏。

还有的故事情形相反，后果不是消除缺乏，而是缺乏。有的故事在开端就给出了不平衡，而有的故事的不平衡是由其他事件引起的。产生不平衡的一种基本方式就是违反禁忌。违禁可能会导致缺乏状态，也可能会导致过多状态。禁止，普遍意义上的禁忌，通常是用来维持宇宙平衡的规则。违禁破坏了平衡，导致了不平衡状态，直至后果得到消除或被避免。

由于违禁而引起的不平衡在一则上游切哈利人（Upper Chehalis）的故事中得到体现：歌鸫拒绝洗自己的脏脸。别人催他洗，他说："我

---

① Alan Dundes, "The Morphology of North American Indian Folktales", *FF Communications*, No. 195（1980），pp. 62 – 64.

要是洗了脸，就会有坏事发生"（禁止）。他被别人劝说了五次，最终去洗脸（违禁）。他洗了脸后，天就开始下大雨，涨了水，世界被淹没（后果）。麝鼠潜水四次。从水里捞出泥土，就用这点儿泥土制造了大山（试图逃避后果）。故事的结尾是一个解释母题："歌鸫洗脸时，脸上的白色露出来了，这就是为什么他脸上带有白痕。"这个故事里的洪水不是外力施加的，而是由歌鸫的不听话造成的。

如前所说，母题位序列禁止/违禁/后果/试图逃避后果可以作为插入母题位出现在核心双母题位序列内部，有时后果是消除缺乏，有时后果是缺乏。尽管如此，必须注意的是，该母题位序列并非依赖核心母题位序列而存在，它完全可以独立形成一个故事。两个母题位序列的区别是很明显的。

禁止/违禁/后果/试图逃避后果这个模式的核心是不顺从。不听从劝告是全世界民间故事中普遍存在的一个要素。J. A. 麦克洛克（J. A. Mac-Culloch）在 1905 年说过，美洲印第安人故事中出现触犯禁忌，这是希望从伦理上起到劝诫作用。故事告诉人们，不听从劝告、违禁就会招来危险，尤其是当禁忌涉及道德行为的时候，违禁就一定会有后果。

尽管这种故事模式由禁止/违禁/后果/试图逃避后果组成，但故事也可能会有一个解释母题作为故事结束的标志。可以比较确信地说，美洲印第安人民间故事的一个普遍特征是在结尾处有一个解释母题。解释母题在民间故事中是一个非结构的、可选择的要素，它通常的功能是表明故事结束，或者是把一个长故事分割成几个短故事。解释母题是否出现并不影响整个故事的结构。

在一些具有这个结构的故事中，违禁被故事配角的行为所强调。配角自己没有违禁。一则著名的卡特拉梅特人故事是这样的：一队出征的鬼遇上两个人，就命令这两个人随他们走。一人同意，另一人没有同意。一起走的那个人马上就死了，而拒绝走的人活下来了。故事里，鬼发出的命令从形态学上看等同于禁止。普罗普曾说过，命令起到禁止的作用，被听从的命令相当于被违反的禁止。这并非言语上的诡辩，因为禁止只不过是否定的命令。

还有一些具有同样母题位模式的故事采用了一种特别形式的违禁：触犯动物或物体。在一则塔尔坦人故事中，渡鸦捉弄一棵树，结果树倒下来，差点把它砸死。渡鸦于是说，人们不能捉弄树、岩石、猎物或任何自然物，因为这些东西会报复。故事接着说，这就是印第安人总是小心翼翼，不去冒犯任何东西的原因。因为如果取笑树，树就会把他们弄伤；如果嘲笑水，他们就会被淹死；如果嘲笑雪，他们就会死于雪崩。很多情况下，那些特别的禁止看起来是随意的。如，一则故事的违禁母题位的母题位变体包括：一个男孩玩自己的大便，一个姑娘打鸟，两个女人说食物不好，一个男孩嘲笑海里的植物，等等。母题位结构不受具体母题位变体的影响。

有的故事中违禁行为是偷盗。后果总是被抓住。逃避追逐者的最常见的两个母题位变体是：英雄盗贼比追逐者跑得快；被盗的珍贵物品从一只动物传递到另一只动物那里。[①]

3. 四母题位序列之二：缺乏/欺骗/受骗/消除缺乏

消除缺乏的最常见的一种方式是欺骗。该故事模式由这些母题位构成：缺乏、欺骗、受骗、消除缺乏。尽管普罗普认为欺骗主要是坏人干的事，但毫无疑问，英雄也常常欺骗。当然，普罗普分析的是俄国童话，它们跟大多数的印欧故事一样，包括善与恶、英雄与坏人等传统二元对立的要素。这种二元对立在美洲印第安人故事中并未成为规则。美洲印第安人民间故事的角色常常不好不坏，是两种角色的奇怪混合，这

---

① Alan Dundes, "The Morphology of North American Indian Folktales", *FF Communications*, No. 195 (1980), pp. 64 – 72.

一点至今让许多研究印第安人民俗的学者困惑不解。

这个故事是最好的例子：骗子装死，捉住猎物（母题 K751）。骗子想要某种猎物，比如，浣熊想捉一些小龙虾（缺乏）；浣熊装死（欺骗），小龙虾以为浣熊真的死了（受骗）；浣熊等到了合适时机，突然出击，捉住了大多数的小龙虾（消除缺乏）。如普罗普所说，欺骗行为总是骗子的伪装变形。美洲印第安人故事跟许多欧洲故事一样，主角频繁地变形来欺骗上当者。主角变成小孩或婴儿是极为常见的欺骗。

从结构分析的角度看，母题的变化不会改变母题位结构的稳定。不管欺骗这一母题位上的母题位变体到底是什么，人们总是能够发现缺乏/欺骗/受骗/消除缺乏这样的序列。欺骗的形式可能是骗子变成一个孩子，或者骗子的动物同伴分散宝物持有者的注意力，这样骗子就把东西偷走了。母题位序列内部的各个母题位之间有很强的连贯性。而且，美洲印第安人民间故事中的结构序列相对来说数量并不多。这证明了偶然论者"偶然组合"理论的谬误。

故事《遮住眼睛的舞蹈者》（母题 K826）是这样的：骗子想捉住一些鸭子或草原犬鼠（缺乏）。他命令受害者闭上眼睛，随着他的歌声跳舞（欺骗）。他们这样做了（受骗）。他们排着队从他面前经过，他拿棍子换个敲他们的头（消除缺乏）。在很多异文中，骗子告诉受害者如果他们不闭上眼睛，就会发生什么不好的事，如，他们的眼睛会永远变红或剧痛。骗子还可能告诉受害者，谁睁开眼睛谁就会死。其实，在这种情形下，如果受害者违反了错误的禁止，反而会救了自己。需要注意的是，这种类型的错误命令或禁止仅仅是欺骗的一种，并不是一种很常见的欺骗。主角变形才是很常见的欺骗手段。

一个类似的平原印第安人的故事是：郊狼想吃野牛（缺乏），他诱惑一些野牛跟他赛跑。他告诉野牛到某地后（实际上是陡峭的河岸或悬崖的边缘）闭上眼睛。"等我们到我放袍子的那个地方，我们就都闭上眼睛，看看我们闭着眼睛能跑多远"（欺骗）。所有的野牛都闭上了眼睛，跳下陡峭的河岸或悬崖，摔死了（受骗）。郊狼饱餐一顿野牛肉（消除缺乏）。博厄斯提供的一则故事是这样的：渡鸦想吃鹿（缺乏）。他假装为鹿死去的孩子或鹿的祖先哀悼（欺骗），他选择了一处方便的悬崖作为哀悼的地点。鹿上当了（受骗），渡鸦把鹿推下悬崖，吃了他（消除缺乏）。哀悼故事跟野牛赛跑故事是否同源在这里并不重要。重要的是，对于插入母题位"欺骗/受骗"而言，它有不同的母题位变体，而核心母题位"缺乏猎物、通过骗猎物跌下悬崖而消除缺乏"却是恒定的。欺骗母题位上可以是闭上眼睛赛跑的命令，也可以是哀悼的命令。从结构上看，不管使用哪个母题位变体都是一样的；从文化上看，考虑到内容，不同的母题位变体造成的差异就很大：平原印第安人的异文是举行了一场奔向陡峭河岸或悬崖的赛跑，而在西北海岸印第安人的异文中，是一场在悬崖或河岸边举行的假装的哀悼。①

这些例子已经展示了欺骗/受骗母题位序列的本质。列举和分析例子的目的在于提供足够的证据来支撑"美洲印第安人的民间故事是有模式的"这一观点。

4. 六母题位组合：缺乏/消除缺乏/禁止/违禁/后果/试图逃避后果

大致勾勒出核心母题位序列缺乏/消除缺乏、四母题位序列禁止/违禁/后果/试图逃避后果、四母题位序列缺乏/欺骗/受骗/消除缺乏之后，邓迪斯继续说明这些母题位序列如何合并成更复杂的故事。简单故事可以仅仅由一个母题位模式构成。也就是说，一个母题位序列构成最小的民间故事。一则民间故事可以定义为一个或更多的母题位序列。大量的

---

① Alan Dundes, "The Morphology of North American Indian Folktales", *FF Communications*, No. 195 (1980), pp. 72 – 75.

美洲印第安人故事可以从结构上定义为母题位模式的组合。

最为常见的一种母题位组合是缺乏/消除缺乏/禁止/违禁。在美洲印第安人的俄耳甫斯故事中，一个男人失去了妻子（缺乏）但重获了她或能够重获她（消除缺乏），如果他不违反禁忌（禁止）。不可避免地，他违反了禁忌（违禁），再次失去了妻子（后果）。通常，此类结构组合的故事以违反禁止的后果为结尾。俄耳甫斯故事中，故事的结尾通常是主角想把妻子从冥界救出，但失败了。

俄耳甫斯故事里的禁忌母题位很有趣。最常见的禁忌包括：看的禁忌，如俄耳甫斯不能回头看妻子；打开的禁忌，如俄耳甫斯不能打开装着死者的容器；性禁忌；接触禁忌；等等。再次需要注意的是，母题位变体并不影响母题位的结构。

赫尔特克兰茨（Hultkrantz）曾提到《复活故事》，他认为这个故事不属于俄耳甫斯类型，因为它虽然也与死人复活有关，但不包括经历漫长旅途到达冥界的内容。邓迪斯不赞同赫尔特克兰茨的观点。他认为，从形态上看，复活故事与俄耳甫斯故事实际上就是同一则故事。邓迪斯这样分析：一个女人死了（缺乏），但她的鬼魂还回来给婴儿喂奶。她的丈夫很有钱，就雇了萨满捉鬼，想让女人复活。萨满让女人复活了（消除缺乏），但警告丈夫照顾好妻子，让她逐渐适应着去干活，因为要花很长时间她才能恢复到死前的样子。如果她过分激动或吃惊，她就会马上变回鬼魂（禁止）。然而，一天，丈夫让妻子去做一件新工作，这件工作让妻子吃惊了（违禁）。妻子马上重新变成了鬼（后果）。按结构来看，长途跋涉到冥界并从那里带回心爱的人（母题 F81.1）被替换为具有超人力量的人让死人复活（母题 E121.5），类似地，不能叫妻子干新活是俄耳甫斯故事情节中禁止母题位的母题位变体。

俄耳甫斯故事呈现的母题位序列是很普遍的。其他很多故事内容可能完全不同，但结构却明显一致。如果不考虑内容，我们就会发现，其实失去妻子的原因（不管是妻子死亡还是妻子遭绑架）对于整个故事的结构来看，都没有什么区别。同样，故事也可能是妻子失去丈夫，故事结构并不受影响。

一种尤其常见的禁忌是不许说出某个词，通常禁忌词是配偶的出身。博厄斯收集的一则故事中，两兄弟中的哥哥失踪了（缺乏）。弟弟找到了哥哥（消除缺乏），哥哥跟一个是"云"的女人结婚了。哥哥警告弟弟不准当着妻子云的面提到"云"这个词（禁止）。云给丈夫生了一儿一女。有一天小男孩说："噢，妈妈！看那边山顶上的云（违禁）。"女人立刻消失了（后果）。注意这个故事结构中的角色是不重要的。禁止是针对男人弟弟的禁止，但违反的是男人的儿子。这个故事，实际上属于汤普森归类的"被冒犯的超自然的妻子"（母题 C35）。这类故事通常禁止提到妻子的动物出身。还有同样的故事，只不过男女角色互换了，如狗丈夫故事（母题 C421）。

许多故事中，最初的缺乏是缺乏食物。一则温图人（Wintu）故事是这样的：一个女人和她的孩子找食物（缺乏），从一个老妇人那里得到大量的橡果（消除缺乏），但被告知不能把橡果拿到人的房子里或挨近印第安人住地。女人听从命令，把橡果藏到树林里。但有一回不小心一粒橡果掉到了婴儿篮里，无意中带到了房子里，被人发现了（违禁）。第二天，有人发现女人和孩子死了（后果）。

切延内人（Cheyenne）的一则故事具有更长、更详细的相同母题位序列。有一个很大的营地，人们没有东西吃（缺乏）。两个酋长外出寻找食物。年轻酋长接受捐助者郊狼的考验，在溪水中被一条大蛇盘住，一动不动（任务）。郊狼砍断大蛇（完成任务），让年轻酋长娶了一个有魔法的女人（也就是郊狼的女儿）为妻。这场婚姻意味着人们的猎物又重新丰富起来（消除缺乏）。然而，郊狼警告女儿不许对任何动物表现出同情，也不准对一头小野牛说"我可怜的动物"（禁止）。女人很小心，但有一天她看见几个孩子虐待一头小野牛，就说出了那句不该说的话（违禁）。所有的野牛立刻消失了（后果）。这种不幸持续了很久，后来有一个文化英雄重新找回了野牛（试图逃避后果）。这个故事的母题位序列是：缺乏/任务/完成任务/消除缺乏/禁止/违禁/后果/试图逃避后果。

通过比较会发现，跨文化模式中具体文化决定了具体的内容。因违禁而失去的东西是不同的。平原地区的故事中，失去的是野牛，而在西北海岸地区的故事中，失去的是大马哈鱼。

不管失去的东西是食物还是天上的东西，情节模式是一样的。

眼睛魔术师故事的很多异文也是这样的结构。骗子看见一个人把眼睛扔到空中，交换左眼和右眼的位置。骗子希望自己也能这样（缺乏）。他得到了这种能力（消除缺乏），但有一条禁忌：扔眼睛的次数是有限的（比如 4 次），或者不能扔得太高，或者不能在树边扔，等等（禁止）。骗子不听话（违禁），失去了眼睛（后果）。这个后果就导致了缺乏（缺乏）。骗子通常能够换上别的眼睛，或在有的异文中，他重获了自己的眼睛（消除缺乏）。故事的母题位序列是：缺乏/消除缺乏/禁止/违禁/后果（缺乏）/试图逃避后果（消除缺乏）。这个故事的 91 篇异文中，80% 的故事结尾是骗子重获视力，可以看出，这是核心母题位序列：缺乏和消除缺乏。

潜水捞泥者故事由缺乏泥土和消除缺乏构成，最初的缺乏也可能是由违禁引起的，如，歌鸲洗脸。同样，眼睛魔术师故事既可以是一个核心母题位序列，也可以像前面所分析的那样，是一个更复杂的故事——这个故事中，失去视力是由违禁引起的。这绝不仅仅是一个具体故事的具体亚型问题而已，而是关于普遍结构母题位模式的代换问题。这是非常重要的一点。换句话说，一个具体的故事可以按照一种数目极少的结构模式讲述。这个数目有限的可代换模式不仅适用于一个故事，而且适用于很多故事。潜水捞泥者可以用缺乏和消除缺乏来讲述。眼睛魔术师也可以按核心双母题位故事来讲述。类似地，正如潜水捞泥者可以用禁止/违禁序列讲述，眼睛魔术师也可以这样讲述。所以，任何以核心母题位序列为基础的故事都能够以禁止/违禁序列引起缺乏的模式来讲述。简单的核心母题位情节与更复杂的母题位序列是可以互相代换的。

为了证明母题完全不同的两个故事可能有完全相同的母题位序列，邓迪斯在六母题位组合的讨论最后列出表格（表3-2），将故事《俄耳甫斯》与故事《姑娘与蟋蟀》加以对比。

表3-2　《俄耳甫斯》和《姑娘与蟋蟀》的母题位序列对比

母题位	《俄耳甫斯》	《姑娘与蟋蟀》
缺乏	男人想把妻子从冥界带回家	姑娘想把蟋蟀从地里带回家
消除缺乏	男人这样做了	姑娘这样做了
禁止	男人受到警告，不许回头看妻子	姑娘受到警告，不能碰蟋蟀
违禁	男人回头看了	姑娘碰了蟋蟀
后果	男人的妻子死了	蟋蟀死了
尝试逃避后果	—	—

尽管这两则印第安人民间故事可能有很大的审美差异，但它们无疑在结构上明显相似。即便母题大不相同，母题位也是一样的。

每个结构类型都由母题位序列构成。邓迪斯明确表示，他所发现的这些清晰的结构模式并未穷尽所有的北美印第安人民间故事，北美印第安人民间故事中现有的母题位序列并未得到全部讨论。[①]

5. 扩展故事的结构

邓迪斯在博士学位论文的第五章《更复杂的扩展故事的结构》中提出问题：

[①] Alan Dundes, "The Morphology of North American Indian Folktales", *FF Communications*, No. 195 (1980), pp. 75 - 84.

如果可能，现有的形态学分析在多大程度上适用于更长、更为复杂的故事？①

邓迪斯认为，很明显，重复本身是一种非结构现象，民间故事中某些序列的重复所起的作用只不过是让母题位结构更明显而已。重复并不会对结构造成影响。

扩展故事的方法之一是用违禁制造缺乏。禁止/违禁和任务/完成任务这两对母题位极其相似：二者都是对主角的命令。不同之处是：禁止是主角被告知不许做什么；任务是主角被告知应该做什么。然而，在特定程度上，可以根据这两对母题位的不同位置来区分它们。完成任务往往插入缺乏和消除缺乏之间，印欧故事中也如此。与任务/完成任务形成鲜明对比的是，禁止和违禁既可以放在极其重要的缺乏之前，也可以放在它的后面。如果放置在前，它们通常会引起缺乏；如果在后，它们往往实际上有助于消除缺乏。并且，禁止/违禁序列还会出现在消除缺乏之后，比如，已经讨论过的六母题位组合缺乏/消除缺乏/禁止/违禁/后果/试图逃避后果就是这样。

扩展故事的方法之二是在长故事框架中加入欺骗/受骗序列。如眼睛魔术师失去眼睛后，他可能不是找手边很方便的替代品，而是用欺骗方法把自己的眼睛偷回来。如骗子伪装成一个老妇，常常是披着他杀掉的一个老妇的人皮（欺骗）。他凭借伪装到达放置自己眼睛的地方（受骗），偷回了眼睛（消除缺乏）。

为了更清楚地看到复杂故事的形态，邓迪斯分析了星星丈夫故事和其他故事。他总结说，在大多数以核心母题位序列为基础的美洲印第安人民间故事中，缺乏与消除缺乏之间插入的母题位相对来说很少，这与

---

① Alan Dundes, "The Morphology of North American Indian Folktales", *FF Communications*, No. 195 (1980), p. 85.

欧洲故事大不相同。欧洲故事通常在缺乏和消除缺乏之间插入大量的母题位。普罗普在分析俄国童话时说，最初的回合还没有结束，新回合就已经开始了。邓迪斯认为，也许通过当时语言学理论的新模式可以轻松地观察到美洲印第安人民间故事和欧洲民间故事之间重要的结构差异。这个语言学理论新模式被维克托·英格维（Victor Yngve）称作是语言的"语法深度"。

英格维说，在语言当中，能够插入一对不连贯的结构成分当中的项目的数量是有限的。这些项目的数量就是一种语言的语法深度。用外行话说，它类似于 that 可被连续重复使用并且依然能够清楚表达含义的次数，如：

> The teacher said that, that that "that" that that student wrote was wrong. [1]

英格维认为，语法深度与人的记忆力跨度有关，也就是说，对于随意的数字或词组，人能记住和重复的数量是有限的。英格维认为，英语的语法深度是 7 ± 2 [2]。邓迪斯说：

> 不管语言学上的语法深度概念是否正确，这里为民俗学提出一个相似概念，即母题位深度。母题位深度由插入一对母题位（如禁止/违禁，欺骗/受骗，或者缺乏/消除缺乏）当中的母题位的数量构成。[3]

这样，如果再来重新陈述美洲印第安人民间故事和欧洲民间故事的

---

① 即：老师说，那个学生写的那个"that"是错误的。

② 指以 7 为基数、幅度为 2 的上下变化，即 5~9。

③ Alan Dundes, "The Morphology of North American Indian Folktales", *FF Communications*, No. 195（1980），p. 94.

区别，就可以这样说：美洲印第安人民间故事的母题位深度比欧洲民间故事的母题位深度要小。事实上，有的印第安人民间故事根本没有插入母题位①，很多故事只有两个插入母题位，比如，欺骗和受骗。

美洲印第安人民间故事的母题位深度较少，这可能是印欧累积故事未被美洲印第安文化大量借用的一个原因。包含互相依赖成分的连环故事是较大母题位深度的最好的例子。它们只不过是长长的一系列相互依赖的消除缺乏。在《老鼠如何重获尾巴》故事中，猫不还老鼠的尾巴（缺乏），除非得到牛奶（消除缺乏）。奶牛不愿给牛奶（缺乏），除非得到干草（消除缺乏），等等。重要的一点是，美洲印第安人中没有土生土长的累积故事。而印欧故事中有更大的母题位深度，原因之一可能是书面传统的影响。相对来说，故事的书面文本不受人类记忆跨度的限制。在许多书面故事集中存在框架故事，在这些框架故事中，有多达一千零一个完整故事插入最初的缺乏和最终的消除缺乏之间。

由于美洲民间故事的母题位深度小，所以在美洲印第安人民间故事中，复杂故事少，扩展故事多。扩展故事由按顺序讲述的基本完整的故事单元构成。通常，上一个缺乏尚未消除，而下一个缺乏已经开始。类似地，违禁的后果尚未到来，新的禁止已经提出。普罗普注意到，新的坏行为或新的缺乏制造了新的回合。在美洲印第安人的扩展故事中，故事要想扩展，只需加入新的禁止。虽然提出一个新的命令或禁忌会引出新的母题位序列，但扩展故事可以在许多要点当中的任意一点终止。

邓迪斯分析北美印第安人民间故事的一个直接目的是要证明北美印第安人民间故事并非像其他研究者所说的那样杂乱无章，而是有其自身的结构，并且可以归纳为故事类型。不过，邓迪斯在分析过程中使用的母题位、母题位变体、母题位空位、母题位深度等概念，不仅被他自己

---

① 即 intervening motifeme。

用来对其他民俗体裁进行识别和阐释，也被视作后结构主义方法的先驱。

这篇论文的最初问世，虽然不至于像民俗精神分析研究那样在美国民俗学界引来一致反对，但也并未像在二十年后的中国民俗学界那样，引来一致赞誉。

邓迪斯的好友鲍曼曾经讲过这样一件事：

> 他（指邓迪斯）的博士学位论文，是用普罗普（V. Propp）的形态学理论（morphological framework）来分析北美印第安人的民间故事。但他当时受到了许多老师的反对。有一位老师甚至说他写的不是民俗学论文，是废话。说他应该运用历史地理的方法。但是Dundes 的个性很强，他很坚持，经常在当时还设在弗兰克林礼堂（Franklin Hall）的民俗学图书馆里与大家辩论，并告诉人们，其实还有另外的研究民俗的方法。①

1964 年，邓迪斯的博士学位论文发表在《民俗学同人通讯》第 195 期。1966 年，英国作家、民俗学家 K. M. 布里格斯（K. M. Briggs）对邓迪斯的博士学位论文作出评论。她认为：

> 我们需要长期的尝试和研究来检验这种分析方法②，现在还不可能说出它对分析所有的民间叙事来说有多么适用，但看起来它很有希望做到。③

同时，她认为该书的不足是邓迪斯的用词不够通俗。她说，普罗普

---

① 杨利慧、安德明：《理查德·鲍曼及其表演理论——美国民俗学者系列访谈之一》，《民俗研究》2003 年第 1 期。

② 指邓迪斯从普罗普那里借用的民间故事结构分析方法。

③ K. M. Briggs，"FF Communications No. 195：The Morphology of North American Indian Folktales by Alan Dundes"，*Folklore*，Vol. 77，No. 2（Summer，1966），pp. 151 – 152.

的观点已经够难懂了，邓迪斯还把这种方法应用于普通读者不熟悉的北美印第安人民间故事上，更不幸的是，邓迪斯的文章中还包括毫无必要使用的技术术语，加深了人们的理解难度，让人们干着急。身为英国人的布里格斯抱怨说，邓迪斯的许多用词仅能让本国人理解，在《牛津字典》和《欧洲地区性民族学和民俗学国际通用词典》中都找不到！

另一位民俗学家布尔特·沃（Bulter Waugh）① 给予邓迪斯的博士学位论文很高评价。尽管他认为邓迪斯混淆了结构与形式，"跟随着普罗普，错误地把叙事'形式'的结构分析等同于'结构分析'的方法"，他还是称赞说邓迪斯提出的问题比邓迪斯的结论更重要，"这项研究是最为重要的贡献，它完全可以成为任何民间故事研究的序幕"，是"任何民俗研究者的必读书"。②

"最大的赞美即是模仿"，这尤其适用于邓迪斯的民俗结构研究在中国受到的欢迎。如《亚当、夏娃故事的结构类型分析——对邓迪斯民间故事结构分析理论普遍性的印证》③、《"猴娃娘"的象征：以民俗学和心理学的方法》④、《对〈九色鹿〉叙事结构的分析》⑤、《"包公为什么不转世"的结构形态与叙事意义》⑥ 等文章都体现了邓迪斯的结构

---

① 布尔特·沃是美国民俗学家，以结构研究见长，著有《文学和民俗中的结构分析》 ["Structural Analysis in Literature and Folklore", *Western Folklore*, Vol. 25 （Jul. ，1966）, pp. 153 – 164] 等文章。

② Butler Waugh, "The Morphology of North American Indian Folktales by Alan Dundes", *The Journal of American Folklore*, Vol. 79, No. 313 （Jul. – Sep. ，1966）, pp. 480 – 483.

③ 丁晓辉：《亚当、夏娃故事的结构类型分析——对邓迪斯民间故事结构分析理论普遍性的印证》，载于李骞、尹子能主编《南菁学人论坛》（三），中国文联出版社，2007。

④ 祝秀丽：《"猴娃娘"的象征：以民俗学和心理学的方法》，《民族文学研究》2007 年第 2 期。

⑤ 马青、傲东：《对〈九色鹿〉叙事结构的分析》，《西北民族大学学报》（哲学社会科学版）2008 年第 4 期。

⑥ 祝秀丽、董军锋：《"包公为什么不转世"的结构形态与叙事意义》，《韶关学院学报》2016 年第 9 期。

分析理论在中国的影响。

三　谜语的结构与定义

邓迪斯对谜语的关注集中体现在两篇与他人合作发表的文章上。一篇是 1963 年与罗伯特·A. 乔治斯合写的《关于谜语的结构性定义》①，另一篇是 1972 年与罗杰·D. 亚伯拉罕斯（Roger D. Abrahams）合写的《谜语》②。两篇文章对谜语的分类完全不同。由于后者与邓迪斯一贯的结构研究不一致，且邓迪斯署名为第二作者，所以此处主要介绍前者。

在《关于谜语的结构性定义》一文中，邓迪斯和乔治斯指出：

> 民俗结构分析的直接目的是给民俗的体裁下定义。一旦这些体裁按照内部的形态特征得到定义，人们就可以更好地继续研究特定文化中民俗形式的功能这一有趣问题。而且，形态分析会表明，在种类繁多的民俗体裁当中，可能存在一种特定的结构模式。然而，目前，跨体裁的比较由于尚未对单个体裁进行充分的形态学定义而严重受阻。这种未得到充分定义的体裁之一就是谜语。③

两位作者对亚里士多德、罗伯特·佩奇（Robert Petsch）、阿切尔·泰勒（Archer Tylor）、赫斯科维茨夫妇、巴斯科姆（William R. Bascom）等前人的研究成果作出总结，并指出各自的局限。前人的

---

① Alan Dundes and Robert A. Georges, "Toward a Structural Definition of the Riddle", in *Analytic Essays in Folklore* (Mouton & Co. N. V., Publishers, 1975), pp. 95 – 102.

② Roger D. Abrahams and Alan Dundes, "Riddles", in Richard M. Dorson (ed.), *Folklore and Folklife* (The University of Chicago Press, 1973), pp. 129 – 143.

③ Alan Dundes and Robert A. Georges, "Toward a Structural Definition of the Riddle", in *Analytic Essays in Folklore* (Mouton & Co. N. V., Publishers, 1975), p. 95.

定义以内容和风格为基础，局限甚多，所以，邓迪斯和乔治斯认为，结构分析才是最佳途径。

而要通过结构分析定义谜语，首先需要确立分析的最小单位。两位作者参照罗伯特·佩奇和阿切尔·泰勒的观点，把这个单位命名为描述成分①。描述成分由主题②和评论③两部分构成。主题是表面上的所指对象，即，主题是人们表面宣称所描述的对象或物体。评论是与主题有关的断言，通常涉及主题的形式、功能或活动。如：谜语"二十四匹马，搭成一座桥"（牙床上的牙），只包含一个描述成分，具体如图3-1所示。

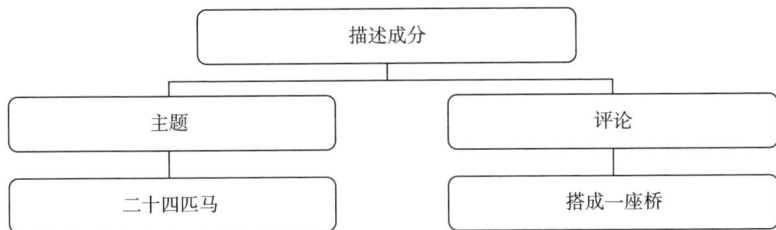

图3-1 谜语的描述成分结构

另一则谜语"它有头，但不会思考"（火柴），有两个描述成分，具体如图3-2所示。

某些谜语没有像代词这样的具体语言单元来充当主题，比如："很多眼，但从来不哭"（土豆）。实际上，这个谜语可以在意义和结构都没有改变的前提下改写为："它有很多眼，但它从来不哭"。具体如图3-3所示。

① 即 descriptive element，汉语中习惯称为"谜面"。但为了保持上下文论述的一致，仍按邓迪斯的原意译为"描述成分"，不作归化式翻译。同理，此后出现的 riddle referent 也译为"谜语所指对象"，而不按照汉语习惯译为"谜底"。另外，把 the answer to the riddle 译为"谜底"。

② 即 topic。

③ 即 comment。

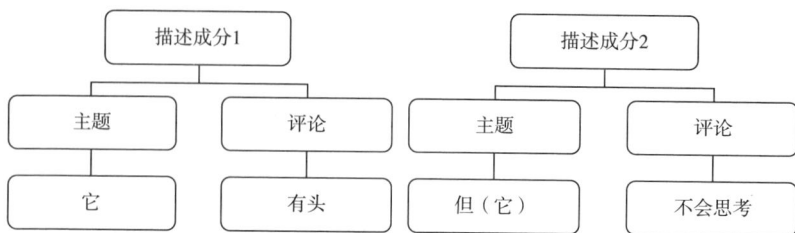

图 3-2　包含两个描述成分的谜语的结构

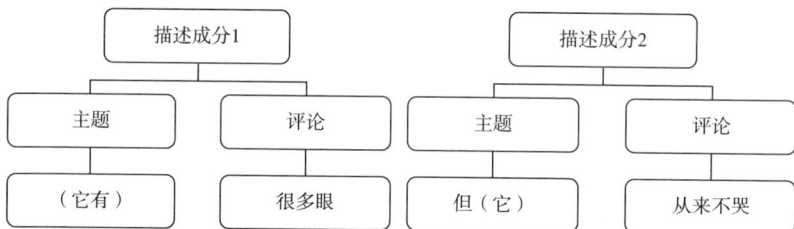

图 3-3　没有具体语言单元充当主题的谜语的结构

两位作者在限定了分析的最小单位后，给出了谜语的一个尝试性定义：

谜语是一种传统的口头表达形式，它包括一个或更多的描述成分（成对的描述成分可能意义相反），描述成分的所指对象需被猜出①

两位作者进一步对谜语进行了分类。这一分类，不仅对谜语的结构探索至关重要，而且为邓迪斯此后对谚语的结构分析奠定了基础。现将二人对谜语的分类简述如下：

谜语可笼统分为两大类：非对立谜语②和对立谜语③。非对立谜语是没有对立描述成分④的谜语，此类谜语不包含存在对立关系的描述成

---

① Alan Dundes and Robert A. Georges，"Toward a Structural Definition of the Riddle"，in *Analytic Essays in Folklore*（Mouton & Co. N. V.，Publishers，1975），p. 98.

② 即 nonoppositional riddles。

③ 即 oppositional riddles。

④ 即 descriptive elements in oppositon。

分；对立谜语是具有对立描述成分的谜语，此类谜语包含存在对立关系的描述成分。

非对立谜语又可进一步细分为字面非对立谜语①和隐喻非对立谜语②两种。

字面非对立谜语中，谜语的所指对象和描述成分的主题是一致的。如，"什么东西，生活在水里？"，所指对象和主题都是鱼；"我知道有种东西，白天睡觉，晚上走路"，所指对象和主题都是蜘蛛；"有样东西，里面黄，外面绿"，所指对象和主题都是南瓜。

隐喻非对立谜语中，谜语的所指对象和描述成分的主题不一致。如，"两排白马，在红山上"，主题是马，谜语所指对象却是牙齿。"小小一群人，住在平顶屋里"，主题是人，谜语所指对象却是盒子里的火柴。

不管是字面非对立谜语还是隐喻非对立谜语，构成它们的那些描述成分都没有对立性。如，"扔起来是白色，掉下来是黄色"（鸡蛋），描述的细节会有一些变化，但不涉及对立。③

与字面非对立谜语并列的是对立谜语。对立谜语的特点是，至少有一对描述成分之间存在对立。英语口头传统中的对立谜语至少可以清楚地分为三种：相反型矛盾性对立④；缺失型矛盾性对立⑤；因果型矛盾性对立⑥。

---

① 即 literal nonoppositional riddles。

② 即 metaphorical nonoppositional riddles。

③ 邓迪斯和乔治斯认为，"扔起来"与"掉下来"是细节变化，不是对立；"白色"与"黄色"也是细节变化，不是对立。在我们看来，这样的解释比较牵强。这也正是邓迪斯和乔治斯的谜语分类存在明显不足的表现。

④ 即 antithetical contradictive。

⑤ 即 privational contradictive。

⑥ 即 causal contradictive。

第一类是相反型矛盾性对立谜语。在此类谜语中，对立的两个描述成分当中显然只有一个是真实的。它分两种情况。第一种比较常见，指一个描述成分绝对否定了另一个描述成分。如谜语"什么到了小河边，喝水又不喝水？"（奶牛和铃铛），它由三个描述成分①构成，第三个描述成分绝对否定了第二个描述成分，二者之间是相反型矛盾性对立的关系。又如谜语"它来时，它不来；它不来时，它来"（老鼠和玉米）②，也是如此。第二种情况是，相反型矛盾性对立也可能隐含在谜语中，而非直接陈述出来。在这样的例子中，第二个描述成分没有绝对否定第一个描述成分，但作出了与第一个描述成分相反的另一个断言。有这样的例子："房子一样大，老鼠一样小，胆汁一样苦，最终甜蜜蜜"（美洲山核桃树和美洲山核桃果）；"什么会转弯，但从不会移动？"（一条路）；"住在水里，还是被水杀掉"（盐）③。这一类谜语的答案往往不止一个。

第二类是缺失型矛盾性对立谜语。其特征是：一对描述成分中的第二个描述成分否定了第一个描述成分的逻辑特征或自然特征。这又分三种情况。第一，物品的首要功能丧失。如："什么有耳朵，但听不见？"（玉米穗）④；"什么有鼻子⑤，但不会闻？"（茶壶）；"什么有腿，但不会走路？"（椅子）；"什么有齿，但不会咬？"（梳子）；等等。第二，物品的一个部分或多个部分缺失。如："什么有手，但没有指头？"（钟

---

① 第一个描述成分是"什么到了小河边"，第二个描述成分是"（什么）喝水"，第三个描述成分是"（什么）不喝水"。

② 英文是："When it come, it does not come; When it does not come, it come"（rat and corn），其中 come 一词用于双关，既指田鼠的"出现"，又指玉米的"生长"。

③ 英文是："Somet'ing live in water/Still water kill it"（salt）。kill（杀死）也有"使之消散"之义，既与第一个描述成分中的 live（生活，居住）意义相反，又指盐在水中溶解。

④ "玉米穗"（ear of corn）中的 ear 既有"耳朵"，也有"穗"的意思。

⑤ 英文中的"鼻子"（nose）也有"茶壶嘴"的意思。

表)①；"什么有头，但没有头发？"（大头针）；"什么有四条腿，但只有一只脚？"（床）；等等。第三，物品的相关部分或相关功能缺失。如，在谜语"什么有手指，但没有脚趾？"（手套）中，手指和脚趾都是人体组成部分，二者相互关联。然而，脚趾被否定了，也就是说，缺乏了脚趾。另外，诸如"什么有舌头，但没有嘴？"（鞋）、"什么有腿，但没有身体？"（椅子）等例子，都属于这一类。同一物体的相关功能也会被否定，如："什么一直在咀嚼，但不会吞咽？"（甘蔗榨汁机）；"什么会叫喊，却不会说话？"（火车）。大多数的缺失型矛盾性对立的英语谜语都涉及对人体的类比。

第三类是因果型矛盾性对立谜语。此类谜语的第一个描述成分包含某一物品的行动或作用于另一物品的行动。根据两个描述成分之间的关系，这一类谜语也分两种情况。第一种情况是，一对描述成分中的第二个描述成分明确否定了第一个描述成分中所含行为的预期后果或自然后果。例如："什么每天早晨去磨坊，但不留下痕迹？"（道路）；"什么吃了又吃，但从不会吃饱？"（绞肉机）；"什么跳到水里又出来，但根本没有湿？"（鸭子肚子里的蛋）；等等。第二种情况是，一对描述成分中的第二个描述成分包含了与预期的或自然的后果相反的判断。例如："猪头挨戳，猪尾流血"（烟斗），猪尾流血与预期的猪头流血相反；又如："什么即使被锁着，也能出去？"（火）。

因果型矛盾性对立谜语与其他两类矛盾性对立谜语有这样的区别：因果型矛盾性对立谜语与相反型矛盾性对立谜语不同，因为它没有一个描述成分对另一个描述成分的彻底否定；因果型矛盾性对立谜语也与缺失型矛盾性对立谜语不同，因为它没有后者当中存在的某物体的一部分或一个功能的缺失；因果型矛盾性对立谜语自身的一个区别性特征是其

---

① 英文中的"手"（hand）也有"钟表指针"的意思。

时间维度，两个相反的描述成分被时间分割开来，明显地一前一后。与之对应，相反型和缺失型矛盾性对立谜语都是共时的，对立的描述成分没有被时间分割开来。

在通过结构分析详尽探讨了谜语的分类之后，邓迪斯和乔治斯总结说：

> 简言之，谜语是一种传统的语言表达形式，它包括一个或多个描述成分（成对的描述成分可能意义相反），描述成分的所指对象需被猜出。谜语可分为两大类：（1）非对立谜语。非对立谜语中，一个或多个描述成分当中没有对立；（2）对立谜语。对立谜语中，至少有一对描述成分是对立的。非对立谜语既可能是字面的，也可能是隐喻的，但都不涉及明显的对立。对立谜语几乎都是隐喻的描述或隐喻与字面相结合的描述。对立谜语分三种：相反型矛盾性对立谜语，缺失型矛盾性对立谜语，因果型矛盾性对立谜语。[1]

邓迪斯和乔治斯的谜语结构研究细致繁复，详尽到近乎琐屑。此外，所有的例子均来自泰勒1951年出版的《口头传统中的英语谜语》一书。这对于以英文为外语的读者来说，理解起来有双重难度。所以，为了更清楚地表达邓迪斯和乔治斯谜语结构研究的结论，列表（表3-3）如下。

两位作者在文末指出：

> 谜语结构之谜可能还没有完全得到解答，但至少我们已经给出了此谜的谜底的框架。[2]

---

[1] Alan Dundes and Robert A. Georges, "Toward a Structural Definition of the Riddle", in *Analytic Essays in Folklore* (Mouton & Co. N. V., Publishers, 1975), p. 100.

[2] Alan Dundes and Robert A. Georges, "Toward a Structural Definition of the Riddle", in *Analytic Essays in Folklore* (Mouton & Co. N. V., Publishers, 1975), p. 101.

表3-3 谜语的定义和分类

谜语的定义	谜语的分类			
谜语是一种传统的语言表达形式，它包括一个或更多的描述成分（成对的描述成分可能意义相反），描述成分的所指对象需被猜出	非对立谜语	字面非对立谜语 例：有样东西，里面黄，外面绿。（南瓜）		
		隐喻非对立谜语 例：小小一群人，住在平顶屋里。（火柴）		
	对立谜语	相反型矛盾性对立谜语	绝对否定式 例：它来时，它不来；它不来时，它来。（老鼠和玉米）	共时性
			隐含式 例：什么会转弯，但从不会移动？（一条路）	
		缺失型矛盾性对立谜语	某物的首要功能缺失 例：什么有腿，但不会走路？（椅子）	
			某物的一个或多个部分缺失 例：什么有头，但没有头发？（大头针）	
			某物的相关部分或相关功能缺失 例：什么有舌头，但没有嘴？（鞋）	
		因果型矛盾性对立谜语	第二个描述成分明确否定了第一个描述成分中所包含的行为的预期或自然的后果 例：什么跳到水里又出来，但根本没有湿？（鸭子肚子里的蛋）	历时性
			第二个描述成分包含了与预期的或自然的后果相反的判断 例：猪头挨戳，猪尾流血。（烟斗）	

在《关于谜语的结构性定义》发表一年以后，邓迪斯在1964年发表的《文本表面形式、文本和语境》一文中，对缺失型矛盾性对立谜语的使用语境如此猜测：

人们在求婚仪式上使用谜语，这是奇怪但却普遍的现象。我忍不住去设想，由于对立谜语是婚姻的微型结构模型（因为婚姻让原本毫不相干的两个主要人物产生了关联），所以谜语才具有这样的功能。事实上，在异族通婚的社会里（正如在对立谜语中一样），它们的文化要求新娘和新郎（如同谜语的描述成分）不能关系亲密。那么，在这里，两个独立个体甚或是家庭单位连接起来时所处的语境（社会环境）的结构与在这个语境中使用的文本的结构是一致的。可惜，我们缺少去证明或证伪这一点的证据。在人们将谜语用于求婚仪式的那些文化当中，找不出迹象能证明人们更多使用对立谜语，而不是非对立谜语。[①]

邓迪斯根据求婚仪式和对立谜语的结构相似之处推测，人们应该在求婚仪式上使用对立谜语。他一再强调，因为没有证据去证实或者证伪，所以只能是假想。这个假想需要大量的田野调查来验证。

同在 1964 年，邓迪斯与 M. T. 盛（M. T. Sein）合作发表了《缅甸中部的二十三条谜语》[②]，目的在于扩大研究者的视野：

人们已经收集了东南亚某些地区的谜语，但缅甸的谜语好像还没有多少。至少，在泰勒和桑迪的谜语目录里还没有提到缅甸谜语。因此，谜语研究者可能会对来自缅甸中部的这 23 条谜语特别感兴趣。

1974 年，邓迪斯与 V. P. 瓦特克（V. P. Vatuk）合作发表了长文

① Alan Dundes, "Texture, Text, and Context", in *Essays in Folkloristics* (Folklore Institute, 1978), p. 28.

② Maung Than Sein and Alan Dundes, "Twenty Three Riddles from Central Burma", *Journal of American Folklore*, Vol. 77, No. 303 (Jan. – Mar., 1964), pp. 69 – 75.

《印度谜语诗的一些特有音步》①。该文长达 69 页，详尽列举了印度谜语口头演述时的复杂音步，讨论了印度谜语的用法，给出了谜语使用的语境以及谜语在不同语境中的具体意义。

综合来看邓迪斯的谜语结构分析，虽然完全不同于他一贯鄙视的谜语文本罗列，给出的定义也比泰勒、赫斯科维茨夫妇、巴斯科姆等人的定义都前进了一步②，但终究还是暴露了显而易见的缺陷。

仔细观察会发现，邓迪斯的谜语研究存在三个明显的不足：第一，谜语分类的明显缺陷。比如，字面非对立谜语与相反型矛盾性对立谜语之间的差异并不明显。第二，谜语的内涵被舍弃，谜面与谜底之间的联系被彻底割裂。第三，谜语的文本表面形式被忽略，这与邓迪斯在《印度谜语诗的一些特有音步》一文中对谜语文本表面形式的重视形成鲜明对比。

所以，这样评价应该不算过分：

> 邓迪斯和乔治斯的谜语结构分析精巧新奇，它让研究者从一堆堆铺天盖地的谜语文本中超拔而出，颇有拨云见日之感。但是，很快我们就会从惊喜中清醒：自己不过是才出沼泽，又入泥淖而已。这种感觉并不陌生，因为早在我们思考邓迪斯的民间故事结构研究时，它就已经萦绕心间，挥之不去。如同邓迪斯提出用母题位代替母题一样，邓迪斯和乔治斯的谜语结构研究给我们带来了短暂的希望，但最终同样让我们陷入新的迷茫。③

---

① Alan Dundes and V. P. Vatuk，"Some Characteristic Meters of Hindi Riddle Prosody"，*Asian Folklore Studies*，Vol. 33（1974），pp. 85 – 153.

② 比如邓迪斯和乔治斯认为："正如前面所讨论的那样，以前的谜语定义有意忽视了大量的非对立谜语。而且，一些学者虽然意识到对立总是出现在对立谜语中，但并没有区分出对立的多种类型。谜语的全面定义应该把所有的这些对立包含在内。"参看 Alan Dundes and Robert A. Georges，"Toward a Structural Definition of the Riddle"，in *Analytic Essays in Folklore*（Mouton & Co. N. V.，Publishers，1975），p. 100。

③ 丁晓辉：《邓迪斯谜语结构分析之得失》，《贵州民族大学学报》2016 年第 6 期。

四 游戏的结构与民俗的跨体裁比较

邓迪斯的《游戏形态学：非语言民俗结构研究》① 一文发表于 1964 年。此时，邓迪斯已经逐个分析了迷信、民间故事和谜语的结构，认为民间故事结构分析将会在跨体裁比较的未知领域作出最令人兴奋的贡献。在 1963 年发表的《北美印第安人民间故事结构类型学》一文的末尾，邓迪斯已经尝试着比较了民间故事和迷信的结构，如，民间故事中的"禁止/违禁/后果/尝试逃避后果"结构与迷信中的"条件/结果/补救措施"结构二者之间的相似之处，并顺便提到游戏的类似结构。②

在《游戏形态学：非语言民俗结构研究》的开篇和结尾，邓迪斯都表示，民俗的定义不该仅仅包含语言材料，民俗学家应把部分原本花费在语言民俗上的精力放到非语言民俗上。通过这篇文章，邓迪斯一方面通过实践证明了结构分析跨体裁比较的猜测，另一方面提醒人们注意，非语言民俗同样需要研究者的关注。

邓迪斯认为，普遍意义上的游戏和具体意义上的竞争性游戏显然都是有模式的。竞争性游戏中，参与者明白游戏要服从明确的限制性规则。这些规则的应用和这些规则之间的关系使得参与者行动有序，多个行动序列构成了每个特定游戏的基本结构。

邓迪斯使用母题位来描述游戏的结构，这样就易于比较游戏和民间故事的结构。

游戏和民间故事结构相似，这一点在邓迪斯撰写该文之前已由罗伯茨（Roberts）、萨顿－史密斯（Sutton-Smith）和肯顿（Kendon）提出。

---

① Alan Dundes, "On Game Morphology: A Study of the Structure of Non-verbal Folklore", in *Analytic Essays in Folklore* (Mouton & Co. N. V., Publishers, 1975), pp. 80 – 87.

② Alan Dundes, "Structural Typology in North American Indian Folktales", in *Analytic Essays in Folklore* (Mouton & Co. N. V., Publishers, 1975), pp. 73 – 79.

邓迪斯认为，在检验这一相似之前，有必要强调一下两种形式的一个重要差异，这个差异就是维数。民间故事讲的是主角和对手之间的冲突，但情节的行动序列是单维度的：在时间的任一点和故事的任一处，讲述的要么是主角的行动，要么是反角的行动。游戏恰好相反，至少有两个行动序列同时进行。A 与 B 游戏时，两个人一直都在行动。从理论上看，民间故事也是如此，但是，在故事的特定一处，描述的只是行动的一方（通常是主角）。因此，一则民间故事是在一个单维轨道上进行的双维行动系列，或者反过来说，一个游戏，从结构上说，是一则双维的民间故事。现将邓迪斯对民间故事和游戏的结构对比简述如下。

民间故事和游戏的相似之一是，要么以缺乏开头，要么在开端制造出缺乏。民间故事如果不是以缺乏状态开始，就会通过恶行制造出缺乏状态。有一类游戏可能以某物的丢失开始，或某物可能在游戏开始前被隐藏起来；另一类游戏中，没有东西丢失，但游戏的开端导致了必然的缺乏状态或不足状态。第一类游戏中，可能是一个人藏起来，一群人找，也可能是一群人藏起来，一个人找；第二类游戏中，某人或某物可能会被诱拐或夺走，导致缺乏。游戏与民间故事还有其他共同特点，它们会在对具体游戏的讨论中显现出来。

在游戏"野兔与猎犬"中，被选中当野兔的男孩（通过数数找人的韵文或其他方法选人，这可以被理解为游戏前的行为）跑到一边躲起来。通常是经过固定的时段或数到事先确定的任意一个数字，追逐就正式开始了，这与民间故事的情形几乎完全相同：民间故事程式开场白的重复标志着在故事开头从现实到幻想的过渡。事实上，有的游戏的确有开场程式，如"准备好没有？反正我来了"。于是游戏以缺乏（寻找丢失的兔子）开始。寻找在民间故事和在游戏当中一样常见。猎犬要去找到和抓住兔子，正如故事中的主角要寻求消除最初的缺乏。

游戏涉及两套行动（或母题位序列）。一套是猎犬的行动，另一套是野兔的行动。猎犬行动的母题位序列是：猎犬想抓住野兔（缺乏）。它们必须在野兔回家之前抓住野兔（禁止）。如果猎犬做不到（违禁），它们就输了（后果）。野兔行动的母题位序列与猎犬行动的母题位序列同时进行：野兔要回家（缺乏），但它不能被猎犬抓住（禁止）。如果它不能做到（违禁），它就输了（后果）。这个游戏的结构如表 3－4 所示。抓住野兔或安全回家都会赢得比赛，但不可能野兔和猎犬都赢，也不可能野兔和猎犬都输。这是与民间故事的不同：民间故事中，英雄总是赢，坏蛋总是输；游戏中，双方获胜的机会均等。

表 3－4　游戏"野兔与猎犬"的结构

	缺　乏	禁　止	违　禁	后　果
野　兔	想回家	不被猎犬抓住	被抓住 （没有被抓住）	输掉游戏 （赢得游戏）
猎　犬	想抓住野兔	不能让野兔回家	没有抓住野兔 （抓住野兔）	输掉游戏 （赢得游戏）

从野兔的角度看，假定野兔赢，可以说是主角被追，得到营救逃脱。有的游戏要求野兔留下标记（如一条条的纸带），标出逃跑路线。民间故事中，主角逃跑时总是在追逐者的路上放置障碍。这些障碍不仅标记了路线，还耽搁了追逐者。从猎犬的角度看，猎犬是主角，野兔好像充当了捐助者的角色，因为丢下的纸带是"魔法物"，它们帮助作为主角的猎犬消除缺乏。捐助序列是游戏和民间故事的另一个相似点。

在美国儿童游戏"步子"中，指挥者通过给出各种各样的步子（如婴儿步子、巨人步子、伞的步子等）帮助别人接近自己（紧随自己）。游戏中，捐助者给予主角使用某些"魔"步的特权。主角只有通过考验之后才能得到魔力的帮助，这与民间故事的形态有惊人的相似。捐助者给出数字和步子种类（如四步婴儿步）后，接受者（主角）就问"我可以吗？"如果主角通过了礼貌考验，他就可以迈着步子走近目标。如果他忘了表示礼节，捐助者就会惩罚他，让他倒回去，这样他就离目标更远了。民间故事中常见的是，对捐助者彬彬有礼会让主角得到需要的魔法物，而粗鲁无礼就不会得到魔法物。

某些游戏中，捐助者序列是选择性的，不是必须的。民间故事也是如此。捐助者序列在游戏和民间故事中出现的频率值得注意。比如说，可以推测，由于跟印欧民间故事相比，美洲印第安人民间故事中的捐助者序列相对少见，那么美洲印第安人游戏中的捐助者序列也不太常见。捐助者序列是否出现甚至也与魔法和宗教相关。如果某文化中个人会施魔法或者能让鬼神显灵，那么与存在魔法师或灵媒的文化相比，这个文化中的游戏和民间故事也就不那么需要捐助者。

认识到了游戏和民间故事二者结构的相似性之后，还会发现，这两种民俗体裁的特别形式之间也有对应的相似之处。如，有一种民间故事叫累积故事（AT2000－2199），这类故事有环环相扣的行动或物体。通常，故事里有重复、持续的累积。在叙事歌谣中，这种风格特征叫"递增重复"①。这种游戏和故事之间的相似在"连环捉人"② 游戏中表现得非常明显，被捉者必须抓住捉人者的手，帮助他再去抓别人，下一个被捉者加入前两人，再去捉其他人，如此循环。同样的结构在一些民间舞蹈中也很常见，比如成对舞者或单个舞者连成无限加长的人链。

骗子故事（笑话）和恶作剧之间也存在结构相似。在骗子故事和大多数恶作剧中，基本母题位是欺骗与受骗，所以民间故事和游戏不管是在形式上还是在内容上都有确切的一致。一个非常令人吃惊的例子是故事AT1528"摁住帽子"与恶作剧之间的相似。故事中，受害者被骗，抓住了藏在帽子下面的粪便。也许骗子故事和恶作剧在形态上的最大相

---

① 即 incremental repetition。

② 即 Link Tag，捉人者手碰到目标就算抓获了此人。

似之处就是它们对标准民间故事结构和标准游戏结构的共同的戏仿。这种戏仿不是消除真正的缺乏，而是捏造一个虚假的缺乏。

游戏与民间故事形态上的相似启发人们认识到一个适用于其他民俗形式的重要法则。这些不同的民俗形式源于语言与行为之间的差别。因此，有语言民俗与非语言民俗之分。最为常见的区分是神话和仪式。神话是语言民俗，或如巴斯科姆所说，是语言"艺术"。与之相对，仪式是非语言民俗或非语言艺术。神话和仪式都是神圣的；民间故事和游戏都是世俗的。

为了便于理解，我们可以用表3-5来简要表示邓迪斯的观点。

表3-5　神话、民间故事、仪式、游戏之间的跨体裁比较

体　　裁	神　　话	仪　　式	有神圣性
	民间故事	游　　戏	有世俗性
起　　源	民间故事可能由神话进化或退化而成	游戏可能源于仪式	
所属类别	语言民俗	非语言民俗	

民俗学家知道神话和仪式相似，但不知民间故事和游戏同样相似。而且，他们没有看到语言/非语言的二分法适用于即便不是全部也是大多数的民俗体裁。

谚语是语言民俗，手势是它的非语言的民俗对应物。它们功能对等，二者都是在估量一种形势，或者对一种情形作出判断。谜语从结构上看与谚语相似，因为都以主题/评论结构为基础。但谜语又与谚语不同，因为谜语总是有一个要猜出的所指对象。谜语的非语言对应物包括大量的难题和哑谜。谚语和谜语之间的区别同样适用于手势和非语言谜语。打手势之前，手势的所指对象已经为做手势者和观众共同知晓；而非语言谜语的所指对象最初大概仅有出谜者知道。

我们可以用表3-6表示邓迪斯的分析：

表 3 - 6　谚语、谜语、手势、非语言谜语之间的跨体裁比较

体　　裁	谚语	手势	谚语和手势都是在估量一种形势，或者对一种情形作出判断。在场者均已知道。
	谜语	非语言谜语（包含大量的难题和哑谜）	谜语和非语言谜语的所指对象最初仅有出谜者知道，需要听众或观众猜出。
共 同 点	有共同结构：主题/评论		
所属类别	语言民俗	非语言民俗	

　　迷信的语言表达形式也可以通过这种语言/非语言的区分得到阐明。民俗学家早已使用"信仰"、"风俗"或"习俗"等术语来讨论迷信。按这样的分析，习俗或风俗属于非语言民俗，因为采用了实际的身体行为。这样的区分甚至适用于民间音乐。比如，如果民间叙事配上音乐，它就变成民歌；如果游戏配上音乐，它就变成民间舞蹈。邓迪斯称，自己并不是说民歌源于民间叙事或民间舞蹈源于游戏，而只是想说这些原来被视为形态各异的体裁其实有很多共同之处。比如，基本的缺乏/消除缺乏序列存在于民间故事和游戏之中，但人们发现，它也存在于民间舞蹈之中。

　　邓迪斯总结说，如果语言民俗形式有非语言的类似物，那么，民俗学作为一个学科就不会局限于语言艺术研究、口头文学或民间文学研究。与民间叙事和民歌相比，民间舞蹈、游戏、手势等民俗形式被忽视了。无可否认，记录它们是复杂的难题，但这些难题并非不可解决。

　　邓迪斯呼吁民俗学家把注意力从语言民俗转向非语言民俗，这与他希望扩展民俗研究范围的一贯主张是一致的。

五　谚语的结构、定义与范围

　　邓迪斯对谚语一直保持有浓厚的兴趣。从 1964 年的《谚语与民族志式的描述》到 2004 年的《"苹果从树上掉下来，掉了多远?"小彼

得·布鲁盖尔的〈荷兰谚语〉》①，共有 14 项研究针对谚语。其中包括《约鲁巴人的一些韦勒比较语、对话谚语和绕口令》②、《"听到马蹄声，想马，而不是想斑马"：民间医药诊断谚语》③、《谚语研究的几件麻烦事》④、《无事生非：英国俗语中一个难题的刨根问底式的研究》⑤、《混合隐喻的艺术：老彼得·布鲁盖尔的荷兰谚语的民俗学阐释》⑥ 等非常有趣的话题，还有他与谚语学家沃夫冈·米德尔（Wolfgang Mieder）合作编著的《众人的智慧：谚语研究文集》⑦。

此外，邓迪斯通过分析大量谚语进行世界观研究和国民性研究，寻找不同人群的世界观和不同民族的国民性。他在 1971 年发表的《作为世界观单位的民间思想》⑧ 一文中认为，谚语包含了民众普遍拥有的经验和思想。这一基本想法贯穿了他四十多年的谚语研究，时间跨度从 1969 年

---

① Alan Dundes, "'How Far Does the Apple Fall from the Tree?' Pieter Brueghel the Younger's *Netherlandish Proverbs*", in Wolfgang Mieder (ed.), "*The Netherlandish Proverbs.*" *An International Symposium on the Pieter Brueg (h) els* (The University of Vermont, 2004), pp. 15 – 45.

② Alan Dundes, "Some Yoruba Wellerisms, Dialogue Proverbs, and Tongue-Twisters", *Folklore*, Vol. 75, No. 1 (1964), pp. 113 – 120.

③ Alan Dundes, Lauren Dundes, and Michael B. Streiff, "'When You Hear Hoofbeats, Think Horses, not Zebras'：A Folk Medical Diagnostic Proverb", in *Proverbium：Yearbook of International Proverb Scholarship*, Vol. 16 (1999), pp. 95 – 103.

④ Alan Dundes, "Paremiological Pet Peeves", in Ilona Nagy and Kincs Verebelyi (eds.), *Folklore in 2000：Voces Amicorum Guilhelmo Voigt Sexagenario* (Universitas Scientiarum de Rolando Eotvos Nominata, 2000), pp. 291 – 299.

⑤ Alan Dundes, "Much Ado About 'Sweet Bugger All'：Getting to the Bottom of a Puzzle in British Folk Speech", *Folklore*, Vol. 113 (2002), pp. 35 – 49.

⑥ Alan Dundes and C. A. Stibbe, "The Art of Mixing Metaphors：A Folkloristic Interpretation of the Netherlandish Proverbs by Pieter Bruegel the Elder", *Academia Scientiarum Fennica*, Vol. 230 (1981).

⑦ Alan Dundes and Wolfgang Mieder (eds.), *The Wisdom of Many：Essays on the Proverb* (Garland Publishing, 1981).

⑧ Alan Dundes, "Folk Ideas as Units of Worldview", in *Essays in Folkloristics* (Folklore Institute, 1978), pp. 105 – 120.

的《往前想：对美国人世界观中的重未来倾向的民俗学思考》① 到 2004 年的《"像乌鸦那样按直线飞"：对美国民间俗语中直线世界观的直接研究》②，包含了《美国文化中的数字 3》③、《相信亲眼所见》④ 等文章。

就邓迪斯对谚语的直接研究而言，有三篇文章最为重要：其一为 1964 年的《谚语与民族志式的描述》，其二为 1970 年的《谚语的结构》⑤，其三为 1984 年的《天气"谚语"是谚语吗?》⑥。《谚语与民族志式的描述》讨论了谚语的使用规则和民俗的交流方式⑦；《谚语的结构》比较了谚语和谜语，详细分析了谚语的结构及分类，并给出了谚语的定义；《天气"谚语"是谚语吗?》是一篇短文，比较了谚语与迷信，指出传统体裁分类方法的错误，即：天气"谚语"不是谚语，而是迷信。

（一）谚语的结构与定义

《谚语的结构》篇幅最长，重点在谚语的结构和定义，讨论最为复杂、精彩，是邓迪斯谚语研究的顶峰。此文最初是邓迪斯 1970 年 4 月

① Alan Dundes, "Thinking Ahead: A Folkloristic Reflection of the Future Orientation in American Worldview", in *Analytic Essays in Folklore* (Mouton & Co. N. V., Publishers, 1975).

② Alan Dundes, "'As the Crow Flies': A Straightforward Study of Lineal Worldview in American Folk Speech", in Kimberly J. Lau, Peter Tokofsky, and Stephen D. Winick (eds.), "*What Goes Around Comes Around.*" *The Circulation of Proverbs in Contemporary Life* (Utah State University Press, 2004), pp. 171 – 187.

③ Alan Dundes, "The Number Three in American Culture", in *Analytic Essays in Folklore* (Mouton & Co. N. V., Publishers, 1975), pp. 206 – 225.

④ Alan Dundes, "Seeing is Believing", in *Essays in Folkloristics* (Folklore Institute, 1978), pp. 121 – 128.

⑤ Alan Dundes, "On the Structure of the Proverb", in *Analytic Essays in Folklore* (Mouton & Co. N. V., Publishers, 1975), pp. 103 – 118.

⑥ Alan Dundes, "On Whether Weather 'Proverbs' Are Proverbs", in *Folklore Matters* (The University of Tennessee Press, 1989), pp. 92 – 97.

⑦ 因本书第二章第一节中已对谚语的使用规则详细讨论，所以此处只重点分析《谚语的结构》和《天气"谚语"是谚语吗?》。

参加学术会议提交的论文，1975 年发表在赫尔辛基的《谚语》（*Prover-bium*）上，此后多次重印，还被译为俄语。

邓迪斯曾多次提到，谚语与谜语的结构极其相似。邓迪斯于 1963 年在与罗伯特·A. 乔治斯合写的《关于谜语的结构性定义》一文中确定了谜语的基本结构单位：描述成分，并依此对谜语进行结构分类，给出谜语的定义。他七年之后对谚语的结构分析，几乎完全以先前的谜语结构分析为基础。所以，理解《关于谜语的结构性定义》，显然是理解《谚语的结构》的必要前提。前文已对《关于谜语的结构性定义》有详细介绍。

在《谚语的结构》[①] 一文的开头，邓迪斯回顾了谚语研究的历史。20 世纪以前，对谚语的普遍研究是寻找语言同源民族共有的同类谚语，或者是寻找单个谚语的起源地和起源时间。20 世纪以来，谚语的文学研究和历史研究转向了其他具体领域，如对具体谚语使用语境的详细调查、使用谚语的规则、谚语内容与民族性格、世界观，等等。在应用领域，谚语甚至被用于精神分裂症鉴定。

谚语虽然一直备受关注，但令人吃惊的是，谚语却从未被恰当定义。如阿切尔·泰勒认为，为谚语下定义事倍功半，因为是一种无法言传的特质在告诉我们哪句话是谚语，哪句话不是谚语。B. J. 惠廷（B. J. Whiting）则认为，给谚语下定义几乎是不可能的，而且，也没有必要定义谚语，因为我们都知道什么是谚语。邓迪斯不同意前人的观点，他认为：

> 谚语这一体裁的定义，即便是一个最起码的尝试性定义，也会对任何一种谚语研究有益——不管它是对某一单个谚语进行历史调

---

① 邓迪斯分析的谚语材料多数来源于英语谚语，本书在译为汉语时均按照原文尽量直译，不求归化式翻译。这遵照了邓迪斯的主张。见《谚语与民族志式的描述》［E. Ojo Arewa and Alan Dundes，"Proverbs and the Ethnography of Speaking Folklore"，in *Essays in Folkloristics*（Folklore Institute，1978），p. 54］。

查，还是从某一文化的丰富谚语库中寻找民族性格特质。[①]

邓迪斯说，对谚语进行结构分析是有必要的。这有两个原因。

其一，用结构性的术语去定义谚语是最好的定义方法。纯粹的功能性定义是不够的，因为民俗的其他体裁也会具备与谚语同样的功能。这并非在贬损功能研究的效用，而只是强调我们需要的是内部形式的定义标准，而不是外部形式的定义标准。这样，关键问题就不是谚语做什么，而是谚语是什么。

其二，对谚语进行结构分析能够为对整个民俗进行结构分析提供有价值的试验。与结构分析相关的所有普遍性理论难题都与谚语相关。这些问题包括：一，基本的或最小的结构单位的本质；二，人们一直在追问的问题——这个统一体是否被有意义地分割以及在哪里被有意义地分割？或者，是否可以被有意义地分割以及在哪里被有意义地分割？三，人们进行的难以避免的争论——分析单位到底是存在于资料当中，还是仅仅是存在于分析者头脑中的探索性手段？使用谚语（而非民间故事、神话、叙事歌谣）的最大好处是谚语比较简单，要解决结构分析的关键理论问题，关注一条简单的谚语显然比关注一则复杂的神话更为明智。

批评和借鉴了前人的谚语结构分析方法之后，邓迪斯以谜语的结构分析为基础，对谚语进行了结构分析。我们可以将邓迪斯的主要观点简要概括如下。

谚语和谜语虽然功能不同（谚语要阐明问题，谜语要让人困惑），然而，二者的结构极其相似。最小的谚语和谜语都由一个描述成分（由一个主题和一个评论构成的一个单位）构成，也就是说，它们都以"主题－评论"结构为基础。二者的根本区别在于，谜语的描述成分的所指对

---

① Alan Dundes, "On the Structure of the Proverb", in *Analytic Essays in Folklore* (Mouton & Co. N. V., Publishers, 1975), p. 104.

象需要猜测，而谚语的所指对象可能既为讲话者所知，也为听者所知。

有的学者不同意邓迪斯的观点，他们认为，如果谚语和谜语的唯一区别在于谜语的描述成分的所指对象需要猜测，而谚语相反，那这并不是结构上的差异。而邓迪斯认为，这正是结构上的差异，尤其是在对立谜语中。因为对立谜语的答案（所指对象）给出了解决明显对立的手段，答案总是能够解决对立。而对立谚语中，对立通常没有得到解决，激发人们说出谚语的初始情景可能会也可能不会解决谚语中描述的对立。产生这种差异的一个原因是，通常谜语中的对立只不过是虚假对立；而对立谚语中的对立是真实对立，原本就难以解决。

语境是谚语和谜语互相转换的关键因素。如果文本被用来指称讲话者和听者都知道的对象，文本就充当了谚语；如果讲话者想测试一下听者，他可能会使用疑问语气，文本就是谜语。语境或讲话者的修辞目的决定了语气和体裁区别。语气是体裁的标志，不是产生体裁的原因。

一个文本既是谚语又是谜语，这种情况显然并不罕见。缅甸的一则文本是这样的："不认识它的人从它头上走过；认识它的人把它挖出来吃掉。"作为谜语，它的所指对象是土豆或任何长在地下的农作物。作为谚语，它适用于许多场景：某人忽视了虽不显眼但近在手边的有价值的东西。如果这样的文本既可以当作谚语也可以当作谜语使用，我们自然也就会发现谚语和谜语的结构相似。一个文化区域如果缺少谚语，那么就可能缺少谜语。在北美和南美印第安人当中，谜语和谚语都相对稀少。那么，是否存在有谚语而没有谜语的文化？或者是否存在有谜语而没有谚语的文化？从结构上看，如果一种体裁存在，那么另一体裁在逻辑上就有存在的可能。

既然谚语和谜语有相似性，那么就可以根据谜语的结构分析对谚语进行分类和讨论。因为有非对立谜语，所以就有非对立谚语。只包含一个描述成分的谚语（如"金钱万能"），应该属于非对立谚语。谚语的最小结构由一个主题加一个评论构成，所以从理论上看，不可能存在只有一个单词的谚语。谚语至少要有两个单词。

邓迪斯再一次借用了肯尼斯·派克的语言学理论。他说，最好按照肯尼斯·派克命名的识别-对比特征①来思考谚语。在语言学单位音位（phoneme）中，亚单位（sub-unit）或单位变体（allo-unit）展示了识别特征和对比特征的结合。比如，英语音位/p/分别在单词"pit"和"tip"中的两个音位变体有共同的发音特征（识别性的），但又有送气和不送气的区别（对比性的）。邓迪斯希望把语言学里的识别-对比特征当成分析谚语结构的方法。邓迪斯认为，多描述成分谚语②具有多个描述成分，由类似的多个识别-对比特征构成。有些谚语主要是识别性的，有些谚语主要是对比性的，还有些谚语是识别性特征和对比性特征的结合物或合成物。

单描述成分谚语③仅由一个描述成分构成，所以不可能是对立性的，如"金钱万能"，"两极相吸"，等等。单描述成分的谚语没有多描述成分谚语常见。然而，它们的确存在，而且对谚语的任何定义都必须把它们考虑在内。

正如非对立谜语既可以是字面的，也可以是隐喻的一样，非对立谚语也可以既是字面的，也是隐喻的。比如，典型的字面非对立谚语包括："诚实是最好的计谋"，"经验是最好的老师"，等等。

如果想象一个轴，一端代表识别性特征，另一端代表对比性特征，那么，"等式谚语"④就接近识别性特征的一端。如果等式清楚地由一种等同构成（如"协议总是协议"，"让过去的事成为过去"，等等），

---

① 即 identificational-contrastive features。

② 即 multi-descriptive element proverb。

③ 即 one descriptive element proverb。

④ 即 equational proverb，指可以用标准等式 A = B 表达的谚语。

那么事实上就没有对比性或对立性特征。一般来说，具有 A = B 形式的等式谚语是识别性的，而不是对比性的，如"时间就是金钱"，"眼见为实"，等等。谚语模式"有 A 性质的人就有 B 性质"（He who A is B）和"有 A 就有 B"（Where there's an A，there's a B）看起来是基本等式 A = B 的变形，如"笑到最后的人，笑得最好"说明"笑到最后" = "笑得最好"，"有烟就有火"可以简化为"烟" = "火"。

等式谚语的另一种变形由一系列的两个或多个描述成分构成。这些描述成分常常通过对主题或评论的重复连接起来，如"人多想法多"，"先到先得"。这些系列都可以按标准的等式表达出来而意义不会缺失：很多人 = 很多想法；先来者 = 先接受服务。

除了非对立谚语之外，谚语还包括对立谚语。谚语中存在许多对立形式，最简单的一种是否定。如"两次错误不等于一次正确"，这里包含基本程式 A≠B。对立由"两次 ≠ 一次"、"错误 ≠ 正确"得到加强。邓迪斯认为，所有的以程式"A 不如 B"或"A 胜于 B"为基础的谚语都是对比性的谚语，而不是识别性谚语。

要想探索谚语中对立的本质，应该先了解对立谜语中的对立类型，它们与谚语中的对立互相对应。英语谜语中，存在三种对立：相反型矛盾性对立，缺失型矛盾性对立，因果型矛盾性对立。这三种类型中，任一类型都可以由肯定或否定产生。因此，谜语中的相反型矛盾会来自评论 A = B，同时 A≠B（这恰好是识别特征和对比特征的完美结合）；或者也可以通过肯定 A = B，同时 A = C（而B≠C）。

可以说，从语言学理论上看，相反型矛盾类似于互补分布。有 A，则无 B；有 B，则无 A。如，英语中如果/p/出现在单词开头，发音就是送气音，而如果出现在单词结尾，人们就会自然地发不送气音。有些谚语表现出了这样的互补分布。如："你不可能既拥有蛋糕，又吃掉蛋糕。"这种对立谚语出现在苏美尔的谚语中，显然古已有之。如这样一则苏美尔文本中的谚语：

> 那个可怜的人活着不如死了
>
> 如果要面包，他就没有盐，
>
> 如果要盐，他就没有面包，
>
> 如果要肉，他就没有羊，
>
> 如果要羊，他就没有肉。

既要有肉（死羊）又要有羊（活羊）是不可能的，正如不可能既要持有蛋糕又要吃掉蛋糕，二者不可能同时存在。

需要注意，即便没有明确的否定标志，互补分布也会出现。谚语"一猫离开，群鼠玩耍"中，除了猫与鼠的对比（还包括一只和一群的对比）之外，还有在场和离开的对比。猫出现，鼠离开；猫离开，鼠出现。猫和鼠互补分布，不会同时出现。

用公开的否定来制造对立，这是更常见的情形。虽说否定未必都是$A \neq B$，然而，否定常常公开存在，无需我们的主观价值判断对之加以确定。如"没有消息就是好消息"，否定出现在第一个描述成分中。存在对立是因为这个问题：没有消息究竟怎样变成了"消息"并且是好消息？但很清楚，没有消息可能就是好消息。这如同在猫和老鼠谚语中的"在场"＝"不在场"。

在多描述成分谚语中，否定出现在第二个或最后一个描述成分中的频率更高。如，"滚石不生苔"①，虽然否定词"不"出现在后，但导致

---

① 按邓迪斯对谜语的描述成分的分析，"很多眼，但从来不哭"可以改写为"它有很多眼，但它从来不哭"，这样，这个谜语就包含了两个描述成分："它有很多眼"和"但它从来不哭"（参看前述邓迪斯对谜语的结构分析）。所以，"滚石不生苔"也可以按照这种方式改写为"如果一块石头一直滚动，它就不会长苔藓"，这句谚语包含两个描述成分："如果一块石头一直滚动"和"它就不会长苔藓"。

这个结果的是第一个描述成分中的评论"滚动"。如果把谚语看成"滚动的石头是不长苔藓的石头",那么是滚动的动作排除了长苔藓的可能。如果石头滚动,它不可能长苔藓。如果石头长苔藓,它不可能曾经滚动。邓迪斯强调说,不管把苔藓判定为好还是坏,这个分析都是站得住脚的。尽管任何一个固定的结构都总是被附加上有意识或无意识的意义,但是结构或多或少独立于意义。

还有一些对立谚语中包含的对立与谜语中的相反型对立极其相似。德国有谚语"统治的人必须既耳聪,又耳聋,既眼明,又眼瞎"。既耳聪,又耳聋;既眼明,又眼瞎,显然让人联想起谜语的对立结构,如:"什么有眼看不见?"(土豆)。还有缺失型矛盾性谚语,在这些谚语中,某物的逻辑组成部分或属性被否定,如,"群氓人数多,但没头脑",这与谜语"它有头,但不会思考"(手表)非常相似。

因果型矛盾也存在于谚语中。当然,有无数的非对立因果谚语,其中"A 径直造成 B"。如"练习成就完美","仓促导致浪费"。从理论上看,结果应与起因一致,然而,在对立性因果谚语中,原因被否定或被视作不可能。"你能把一匹马带到水边,但你不能让它喝水。"对立来自"能"做的事与"不能"做的事之间的对比。其他因果型矛盾性谚语包括"一个人不可能同时待在两个地方"、"你不可能从萝卜中得到血",等等。在这些谚语中,A 不可能导致或产生 B。

谚语中的另一种因果型矛盾不合逻辑地把结果放在原因之前。这样的谚语颠倒了通常的历时性行为 A 和 B 的先后顺序,如"不要等马被偷走之后才去锁马厩","卖熊皮之前先抓住熊",等等。

试图区分谚语的识别特征与对比特征、非对立谚语与对立谚语的同时,我们需要记住,并非所有的谚语都明确地仅属于一种类型。在所有存在谚语的文化中,识别-对比特征并存的现象可能是谚语的典型特征。

也许在谚语中制造对立的最常见方法是使用一对或多对传统的成对

语义对比。在英语中，常见的成对语义对比很多，比如一对二，很少对许多，旧对新，等等。成对语义对比中，不见得其中的一项总是优于另一项。如，有谚语"午夜前睡一个小时，胜过午夜后睡两小时"，也有谚语"两个脑袋胜过一个脑袋"，成对语义对比"一对二"中的前后两项都没有受到使用者的特别偏爱。

在因果谚语中，原因与结果之间的鲜明对比通过使用成对语义对比项得到强化。如谚语"小火花会点燃大火"，不仅有火花与火的对比，也有小与大的对比。

除了非对立谚语和对立谚语之外，还有另一种谚语：既包括对立性特征也包括非对立性特征的谚语。如等式谚语"甲的肉是乙的毒"，其中肉（生）＝毒药（死）。等式结构提供了一个具有识别意义的框架，但框架中的内容包含了对比特征。又如，"来得易，去得易"，"来"与"去"形成对立，但两个"易"又是一致的。我们可以说，在这样的谚语中，不仅有成对语义对比内部两项之间的对立，还有在同一谚语内部既一致又对比的对立。

有些多描述成分谚语的主题和评论都是成对的对比，它们的情形较为清楚。如："最后聘用，最先解聘"，最后与最先，聘用与解聘，都形成了对比。

可以看出，似乎并不存在从非对立到对立的连续状态。在一组主题－评论结构中，可能主题和评论都是并列或连续的，并不对立，如"人多想法多"，"先到先得"，等等；也可能主题或评论当中的一项是并列的或一致的，而另一项是对立的，如"来得易，去得易"；还有可能主题和评论两项都是对立的，如"最后被雇者，最先被解雇"。

连续项与对立项之间最明显的一个对比来自谚语的如下两种差异形式："活着，就学习"和"干活，或死去"。活着和学习之间没有对立，活着＝学习。但"干活"和"死去"是对立的，如果一个人不干活，他就要死；如果他死了，他就不用干活。在选择结构谚语①中，对立项通常都是互补分布的，也就是说，它们互相排除。谚语中的互补分布代表了极其强烈的对立形式。

邓迪斯最后总结说：

　　总而言之，谚语看起来是一种传统的命题陈述，它由至少一个描述成分构成，每个描述成分由一个主题和一个评论构成。②

这意味着谚语一定至少包含两个单词。只有一个描述成分的谚语是非对立性的谚语。有两个或多个描述成分的谚语可能是对立的，也可能是非对立的。非对立性的多描述成分谚语强调识别性特征，常常采用等式或系列等同项的形式；对立谚语强调对比性特征，常常采用否定或系列互补分布项的形式。还有些谚语既包含识别性特征也包含对立性特征。谚语中制造对立的方法与谜语中制造对立的方法极其相似。然而，谜语中的对立通过谜语的答案得到解决，而对立谚语自身就是引出谚语的情境的答案，对立被提出，但不是被解决。从这个意义上说，谚语与谜语相反，谜语解决问题，谚语只陈述问题。

邓迪斯说，以上的分析纯粹是尝试性的，需要来自许多文化的谚语材料加以检验。谚语是跨文化的民俗体裁，从这个程度上说，谚语应当有一个跨文化的有效定义。他想知道：是否所有拥有谚语的文化都有着同样的谚语结构类型？谚语的结构和内容是否都有地方类型？

邓迪斯在文末说，完全可以说，先前讨论的基础过于狭窄。如果对来自亚洲文化和非洲文化的谚语缜密分析，那么前面勾勒出的特性就可

---

① 即 alternative structure proverb。

② Alan Dundes，"On the Structure of the Proverb", in *Analytic Essays in Folklore* (Mouton & Co. N. V. , Publishers, 1975), p. 115.

能需要作出很大的改动。谚语是传统的命题，它们应该由懂得象征逻辑和相关领域专业知识的学者进行正确的研究。

与分析谜语时的态度一样，邓迪斯一再强调自己的谚语分析也是尝试性的。也许正因为这些分析是尝试性的，邓迪斯的论述显得杂乱。为了更清楚地理解邓迪斯对谚语所作的尝试性分析，我们可以列表显示（见表3-7）。

表3-7　谚语的定义和分类

谚语的定义	谚语的分类			
	主题-评论结构内部主题与评论的关系			主题-评论结构的数量
谚语看起来是一种传统的命题陈述，它由至少一个描述成分构成，每个描述成分由一个主题和一个评论构成	非对立谚语（强调识别性特征）	主题和评论并列或连续，并不对立	例：时间就是金钱；眼见为实。	单描述成分谚语（包含一个主题-评论结构，至少有两个单词）例：金钱万能；异性相吸。
			例：笑到最后的人，笑得最好；先到先得；人多想法多。	
	对立谚语（强调对比性特征）	主题和评论对立	相反型矛盾性对立谚语例：一猫离开，群鼠玩耍；两次错误不等于一次正确；最后被雇者，最先被解雇。	多描述成分谚语（包含两个或多个主题-评论结构；由识别-对比特征构成）
			缺失型矛盾性对立谚语例：群氓人数多，但没头脑。	
			因果型矛盾性对立谚语例：一个人不可能同时待在两个地方；你不可能从萝卜中得到血；不要等马被偷走之后才去锁马厩。	
	既包含识别性特征也包含对立性特征的谚语	主题或评论当中的一项是并列的或一致的，而另一项是对立的	例：甲的肉是乙的毒；来得易，去得易。	

以谚语研究见长的美国民俗学家沃尔夫冈·米德尔（Wolfgang Mieder）是邓迪斯的好友和崇拜者，两人曾于 1981 年合作编著《众人的智慧：谚语研究文集》一书。米德尔虽然觉得邓迪斯的定义中"传统的"这一限定令人迷惑不解，但总体上还是认为：

> （邓迪斯的定义）至少为这个体裁本身提供了一个有效的结构性的定义。当全世界的谚语学家面对寻找最终的谚语定义这一棘手问题时，邓迪斯的定义——就其本身而论——已经证明对他们而言极其有用。至今，我们依然未能对邓迪斯的珍贵研究有任何实质性的超越。①

（二）谚语的范围

在《"天气"谚语是谚语吗?》一文的开头，邓迪斯直截了当地说，在民俗学界普遍存在一个谬误：

> 一百多年以来，有关天气的俗语——不管是智慧的还是相反——都被民俗学家普遍地误认为是谚语。②

邓迪斯相信这是一个体裁分类的错误，他这样分析：

> 我认为这是一个体裁分类的错误，我们普遍称之为天气谚语的东西不过是迷信而已。迷信一般都用词自由③，而天气迷信通常以押韵的用词固定形式④出现，这迷惑了民俗学家。换句话说，它们

---

① Wolfgang Mieder, " 'The Proof of Proverb Is in the Probing': Alan Dundes as Pioneering Paremiologist", *Western Folklore*, Vol. 65, No. 3 (Summer, 2006), pp. 217 – 262.

② Alan Dundes, "On Whether Weather 'Peoverbs' Are Proverbs", in *Folklore Matters* (The University of Tennesse Press, 1989), p. 92.

③ 指 free phrase。

④ 指 fixed-phrase form。

是具有谚语和谜语文本表面特征的迷信。很可能是人们为了便于记忆，而在迷信中采用了这样的文本表面特征。一件事如果以押韵的形式表达出来就会更容易让人记住。然而，关键是，押韵的迷信依然是迷信，而不是谚语。①

邓迪斯的理论根据是，谚语是隐喻的②，应以隐喻的方式理解；而迷信是字面的，应根据字面的意义理解。他举例说，如果一个人遇到暴风雨，躲在曾被闪电击中而燃烧过的树桩旁边，认为这样就安全了，那么"闪电从不击中一个地方两次"③ 就是迷信。相反，如果有 A 和 B 两个人，A 对 B 说某件危险或不幸的事不会再次发生了，那么这时候"闪电从不击中一个地方两次"就是一条谚语。所以，有时我们很难单从文本自身确定体裁，我们需要先知道语境和阐释，然后才能进行清晰的分类。

邓迪斯的这一观点未必能够得到很多人的赞同。因为"谚语是隐喻的"这一前提本身就值得商榷。所以，连米德尔也勉强地说：

> 民自身不必赞同这种过细的区分，他们可以尽情地把评论天气规律的传统表达或迷信说成是天气谚语。④

不过，邓迪斯呼吁民俗学家对谚语作更清晰的体裁分类，这一点是

---

① Alan Dundes, "On Whether Weather 'Peoverbs' Are Proverbs", in *Folklore Matters* (The University of Tennesse Press, 1989), p. 93.

② 其实邓迪斯在《谚语的结构》中说过，非对立谚语既包括字面非对立谚语，也包括隐喻非对立谜语，比如，"经验是最好的老师"就是字面非对立谚语。这与此处强调"谚语是隐喻的"形成矛盾。

③ 即 Lightening never strike twice (in the same place)。

④ Wolfgang Mieder, "'The Proof of Proverb Is in the Probing': Alan Dundes as Pioneering Paremiologist", *Western Folklore*, Vol. 65, No. 3 (Summer, 2006), pp. 217 – 262.

有价值的。所以，米德尔说，无论如何，他坚信这篇文章是邓迪斯对谚语研究的另一主要贡献。

除了在谚语的定义、分类和范围的讨论上有贡献之外，邓迪斯也发现了民俗学界谚语研究的一些问题。他在 2000 年发表的《谚语研究的几件麻烦事》[①] 中指出三点：第一，民俗学者未对来自其他语言的谚语作行对行、字对字的对应翻译。这样的结果是谚语原来的基本意思丧失，懂这种语言的读者无法从原来语言中查找到该条谚语。第二，民俗学者在记录谚语时，不能正确区分谚语与非谚语，因此，谚语集中常常混入天气预兆、迷信、谚语式的表达等原本不是谚语的东西。第三，民俗学者分不清什么是同源的谚语、什么是结构或信息相似的谚语。谚语同源的前提是一元发生和传播，而谚语相似源自多元发生。

第四节　民俗的定义

关于民俗的定义很多，人们最常引用的例子是说《民俗、神话、传说标准辞典》中列举出了民俗的21个定义。[②] 不过，自邓迪斯在 1964 年给出民俗的列举性定义之后，民俗学家采用最多的就是邓迪斯的定义。

一　民俗概念的六次界定

邓迪斯对民俗定义的讨论跨越了 40 年：从《文本表面形式、文本

[①] Alan Dundes, "Paremiological Pet Peeves", in Ilona Nagy and Kincs Verebelyi (eds.), *Folklore in 2000*: *Voces Amicorum Guilhelmo Voigt Sexagenario* (Universitas Scientiarum de Rolando Eotvos Nominata, 2000), pp. 291 – 299.

[②] Maria Leach and Jerome Fried (eds.), *Funk & Wagnalls Standard Dictionary of Folklore, Mythology, and Legend* (Harper & Row, 1984), pp. 398 – 403. 《中外民俗学词典》将这21个定义译为汉语，并添加了邓迪斯、多尔逊和威廉·汤姆斯三人的三条定义（见张紫晨主编《中外民俗学词典》，浙江人民出版社，1991，第 626 ~ 641 页）。

和语境》（1964）①，《民俗是什么？》（1965）②，《美国的民俗概念》（1966）③，《民是谁？》（1977）④，《民俗是什么？》（1999）⑤（《作为口头文学的神圣著作：作为民俗的圣经》一书中的一章），一直到《民俗：文学和文化研究中的关键概念》（2005）一书的序言⑥。

邓迪斯对民俗普遍定义的探讨建立在美国民俗概念的基础之上，首先包含了民俗研究对象从过去到现在的转向。

在分析美国的民俗概念时，邓迪斯对博厄斯"民俗是文化之镜"的观点给予了很高的评价：

> 博厄斯认为民俗是文化的一种镜子，他认为一个民族的民俗是那个民族的自传体民族志。这意味着尽管民俗是了解过去的钥匙，它同样也反映了现在的文化，这样它也是了解现在的钥匙。美国民俗概念中这种转变具有极其重大的意义。如果民俗不再限于死去的遗留物，而是包括活生生的材料，那么民俗研究也就不必限于追溯起源。相反，民俗的当前功能应当得到研究。⑦

---

① Alan Dundes, "Texture, Text, and Context", in *Essays in Folkloristics* (Folklore Institute, 1978), pp. 22 – 37.

② Alan Dundes, "What is Folklore?", in *The Study of Folklore* (Prentice-Hall, Inc., 1965), pp. 1 – 3.

③ Alan Dundes, "The American Concept of Folklore", in *Analytic Essays in Folklore* (Mouton & Co. N. V., Publishers, 1975), pp. 3 – 16.

④ Alan Dundes, "Who Are The Folk?", in *Essays in Folkloristics* (Folklore Institute, 1978), pp. 1 – 21.

⑤ Alan Dundes, "What Is Folklore?", in *Holy Writ As Oral Lit: The Bible As Foklore* (Rowman & Littlefield Publishers, Inc., 1999), pp. 2 – 5.

⑥ Alan Dundes, "Introduction", in *Folklore: Critical Concepts in Literary and Cultural Studies*, Volume Ⅰ (Routledge, 2005), pp. 1 – 2.

⑦ Alan Dundes, "The American Concept of Folklore", in *Analytic Essays in Folklore* (Mouton & Co. N. V., Publishers, 1975), p. 13.

邓迪斯接着说，从把民俗当成过去的产物到把民俗当成对现在的反映这一转变，对民俗学方法论产生了重要影响。如果民俗限于来自遥远过去的不起作用的遗留物，那么就不必在语境中观察民俗。因此，关注往昔的美国民俗学家只对收集文本感兴趣，只记录下来关于报告人的信息。而关注现在的美国民俗学家对在特定情境下民俗得以使用的原因越来越感兴趣。他们开始注意在语境中记录民俗。邓迪斯认为，这种转变有利于民俗学的发展，也有利于我们通过民俗来更好地理解他人，理解我们自己。

从 1964 年到 2005 年，邓迪斯先后对民俗进行了六次界定。

（一）1964 年：定义民俗的三个层次

在 1964 年发表的《文本表面形式、文本和语境》一文中，邓迪斯讨论了文本表面形式、文本和语境这三个概念之间的关系，其目的在于通过对各个民俗体裁在这三个层次上的分析，给出各个民俗体裁的定义，最终以此为基础，给出民俗的定义。所以，此文的最终意义不在于讨论这三个概念，而在于给"民俗是什么？"这个根本问题提供寻找答案的途径。

邓迪斯认为，民俗缺乏基本的定义。而用来定义民俗的只能是内部标准，不能是外部标准。比如，民俗的传播方式是外部标准，只能在定义民俗时提供有限的帮助，而不能成为定义的标准。邓迪斯把给民俗下定义分解为两个步骤，先逐步给所有的民俗体裁下定义，然后再给出民俗的一个列举性定义。

为了定义民俗，邓迪斯提出分析的三个层次。

1. 文本表面形式
邓迪斯分析的第一个层次是文本表面形式。他认为：

在大多数体裁（以及具有口头特征的所有体裁）中，文本表面形式（texture）① 是语言，也就是所用的具体音位和词素。这样，在口头形式的民俗中，文本表面形式的特征是语言特征。比如，谚语的文本表面形式特征包括尾韵和头韵。其他常见的文本表面形式特征包括：重音、音高、连音、语气、拟声。在某一民俗体裁中，文本表面形式特征越重要，就越难以把属于此体裁的一个文本翻译成另一语言。因此，对于用词固定的体裁②来说，其文本表面形式可能确实会成为它被译为另一种语言的障碍。比如说，绕口令经常依赖于文本表面形式的特征，它们很少从一种语言共同体扩散到另一种语言共同体，尤其是在这两种语言之间没有同源关系的时候。另一方面，民间故事不同于绕口令之类的用词固定的体裁，属于用词自由的体裁，所以更容易跨越语言的藩篱。③

大概正是由于这一原因，在 19 世纪的欧美，民间故事被认为是跨文化的，而民间音乐、民间艺术仅限于欧洲或发源于欧洲的文化，很少听说美洲印第安人的音乐被列入民间音乐、澳大利亚土著的艺术被列入民间艺术。也许是因为民间故事重在内容，传播中较少为形式所限，与欧洲文化的相似之处易于被欧洲人发现；而绕口令、音乐等往往以本土化的独特语言或乐器为载体，传播中常受到形式限制，故"原始人"的绕口令难以传播到欧洲，其音乐也难以被欧洲人当作民间音乐。

语言的表面形式固然重要，不过邓迪斯指出，如果像有的语言学家那样仅仅按照文本的表面形式特征来给民俗的体裁下定义，那肯定是语

---

① 参看本书第二章第一节中对 texture 一词汉译的讨论。

② 即 fixed-phrased genre。在这种体裁中，用词和内容基本保持不变。

③ Alan Dundes, "Texture, Text, and Context", in *Essays in Folkloristics* (Folklore Institute, 1978), pp. 25 – 26.

言学上的荒谬之事，因为那样一来就把民俗分析简化成了语言分析。

2. 文本

邓迪斯讨论的第二个层次是文本。文本是民俗研究的传统对象，但邓迪斯不满研究者仅重文本、无视文本表面形式和语境的倾向。

邓迪斯认为，一项民俗的文本，从根本上看，是一则故事的一个讲法或对这则故事的一次讲述、对一条谚语的一次吟诵、对一首民歌的一次演唱。为了便于分析，文本可被认为独立于其文本表面形式。总体来看，文本表面形式不可被翻译，而文本可以被翻译。正如文本表面形式能应用于结构分析一样，文本也能应用于结构分析。然而，这种分析的结果应该是民俗学结构的描述，它与通过文本表面形式分析得到的语言学结构的描述不同。邓迪斯不满地说，民俗学家现在的大部分工作是文本分析，文本表面形式分析被留给了有兴趣的语言学家，而语境，即分析的第三个层次，几乎完全被忽略。

3. 语境

邓迪斯对语境的定义比较简单：

> 一项民俗的语境是该项民俗实际上被使用于其中的具体社会情境。①

邓迪斯说，语境特征虽然自身不能界定一种民俗体裁，但会在界定民俗体裁时起辅助作用。比如谜语和谚语：谜语的所指对象需要被猜出，出谜语者事先知道答案，而猜谜者不知；而谚语在使用时，所指对象是使用者和听众都知道的。所以从谚语到谜语的转换仅仅是语气的变换。语境的收集对所有民俗体裁都很重要，对谚语和手势来说

---

① Alan Dundes, "Texture, Text, and Context", in *Essays in Folkloristics* (Folklore Institute, 1978), p. 27.

尤为不可或缺。

区分了文本表面形式、文本和语境这三个层次之后，邓迪斯说：

> 就本文开头提到的那个令人困惑的问题，即给民俗下定义，民俗学家的首要任务看起来应该是分析文本。文本不像文本表面形式和语境那样易于变化。就用词自由的体裁来说，文本表面形式特征可能对于给这些体裁下定义来说没有什么价值。至于用词固定的体裁，文本表面形式特征可能相当稳定，但它们几乎不会只分布在一个体裁中。类似地，语境特征对于下定义而言也价值有限。然而，很有可能各种形式民俗的最好定义应以这三个层次的分析所用的标准为基础。[①]

邓迪斯接着不无乐观地预言，一旦所有的体裁按照这些术语被严格描述，我们就不必再依赖基于传播方式之类外部特征而作出的那些模糊定义。而且，民与民俗之间的重要关系，虽然现在完全为重视文本的民俗学家所忽视，最终会得到应有的充分关注。

（二）1965 年：何为民俗

《文本表面形式、文本和语境》发表后的第二年（1965），邓迪斯编著了《民俗研究》[②] 一书。这是邓迪斯编著的第一本论文集，该书收录了多位名家的文章，包含六个部分：第一，什么是民俗？第二，起源的追溯；第三，民俗的形式；第四，民俗的传播；第五，民俗的功能；第六，民俗研究精选。每部分之前邓迪斯都会撰写一篇短文表达自己对

---

① Alan Dundes, "Texture, Text, and Context", in *Essays in Folkloristics* (Folklore Institute, 1978), p. 37.

② Alan Dundes (ed.), *The Study of Folklore* (Prentice-Hall, Inc., 1965).

这个问题的看法。他在第一部分之前的短文《民俗是什么?》一文中继续讨论民俗的定义。

他先给出民的定义:

> "民"这个术语可以指凡是拥有至少一项共同要素的任何人群。这个使人们得以形成群体的联结要素是什么(可能是共同的职业、语言或宗教)并不重要,重要的是不管以什么原因形成的群体都会有这个群体认为属于自己的一些传统。从理论上看,一个群体至少由两个人构成,但一般来说,大多数群体由很多人构成。这个群体中的一员可能不认识其他所有人,但他很可能知道属于该群体的传统(这些传统促进这个群体拥有群体身份感)的共同核心内容。①

给出民的定义后,邓迪斯描述了职业民俗学家的兴趣:正是由于对民的这种定义,职业民俗学家一方面乐于收集来自澳大利亚原住民和美洲印第安人的民俗,另一方面也会对来自工会和美国小学生的民俗感兴趣。每个群体都有它自己的民俗。但这个问题依然存在:民俗是什么?

邓迪斯没有直接给出民俗的定义,他似乎有些无奈地说,对于初学者来说,一个由各种民俗形式的项目清单构成的定义也许是最好的一种定义(尽管这样可能并不尽如人意)。当然,要让这个定义变得完善,每一种民俗形式都需要单独定义。可惜,某些主要形式,如神话和民间故事,需要几乎整本书的篇幅来给出定义。不过下面的这个清单可能会有帮助。

---

① Alan Dundes, "What is Folklore?", in *The Study of Folklore* (Prentice-Hall, Inc., 1965), p. 2.

邓迪斯紧跟着列举了一个长长的清单：

> 民俗包括神话、传说、民间故事、笑话、谚语、谜语、颂词、符咒、祝词、诅咒、誓词、辱骂、回嘴、嘲笑、戏弄、祝酒词、绕口令，以及问候和告别时的俗套话（如，再见，鳄鱼①）。它还包括民间服装、民间舞蹈、民间戏剧（还有哑剧）、民间艺术、民间信仰（或迷信）、民间医药、民间器乐（如提琴曲调）、民歌（如摇篮曲、歌谣）、民间用语（如俚语）、民间比喻（如瞎得像蝙蝠）、民间隐喻（如把城镇涂红②）、名字（如绰号和地名）。民间诗歌的范围包括从口头史诗到签名册上的诗句、墓志铭、厕所涂鸦（写在公厕墙上的东西）、五行打油诗、拍球时念的韵文、跳绳时念的韵文、数手指脚趾的韵文、上下颠小孩（把孩子放在大人膝盖上，上下颠动）的韵文、数数找人韵文（游戏中确定谁是那个"被选中的人"），还有儿歌。民俗形式的清单还包括：游戏；手势；象征符号；祈祷（如感恩祷告）；恶作剧；民间词源学；食谱；被子和刺绣的图案；房屋、谷仓和篱笆的式样；街头小贩的叫卖声；甚至还有传统惯用的召唤或使役动物的声音。有一些较小的民俗形式，比如记忆法（如用 Roy G. Biv 这个名字来按顺序记忆光谱中的颜色③）、信封封口上写的字（如 SWAK，即以吻封笺④）、身体排放之后的传统用语（如在打嗝或打喷嚏之后）。有一些较大

---

① 鳄鱼即 alligator。在美国俚语中，该词有多种比喻意义。其中之一指"密西西比河上有龙骨的船上的船员"，该说法来自早期船员与鳄鱼之间真真假假的战斗，故此处的"鳄鱼"为男子气概的象征。在特定语境中，这个告别语可译为"再见，老兄"。

② 意指"狂欢"。

③ Roy G. Biv 中的七个字母分别代表 red，orange，yellow，green，blue，indigo，violet，即红、橙、黄、绿、蓝、靛、紫七色，也就是日光的光谱。

④ 即 Seal With A Kiss 的首字母组成的缩写。

的民俗样式，比如节日和特殊日子（或假期）的习俗（如圣诞节、万圣节、生日）。①

邓迪斯知道，这个清单并不完整。他解释说，这个清单提供了一个民俗形式的样本。它没有囊括民俗的全部形式。这些材料以及对它们所做的研究都被称为民俗。为了避免混淆，最好使用"民俗"（folklore）这个术语指代资料，用"民俗学"（folkloristics）这个术语指代对资料所做的研究。由此可见，邓迪斯寄希望于通过对具体民俗体裁的研究获得对民俗的一般认识。

（三）1966 年：美国的民俗概念

在 1965 年的《民俗是什么?》之后，邓迪斯于 1966 年发表《美国的民俗概念》。他认为，要描述美国概念中民俗材料是什么，也许最简单的方式就是把民俗这个词分为"民"和"俗"。

他指出：

> 对于 20 世纪 60 年代的当代美国民俗学家而言，"民"这个术语可以指凡是拥有至少一项共同要素的任何人群。②

这与邓迪斯 1965 年对民的定义完全相同。只不过是，邓迪斯把自己对民的定义说成是 20 世纪 60 年代美国民俗学家对民的定义。

重复了 1965 年对民的定义后，邓迪斯接着这样定义美国民俗概念中的"俗"：

---

① Alan Dundes, "What is Folklore?", in *The Study of Folklore* (Prentice-Hall, Inc., 1965), p. 3.

② Alan Dundes, "The American Concept of Folklore", in *Analytic Essays in Folklore* (Mouton & Co. N. V., Publishers, 1975), p. 7.

对大多数美国民俗学家来说，民俗由许许多多具体的文化事项构成，这些文化事项通常人人相传。口头和演唱的项目一般口头交流；非口头的项目通常由观察和模仿习得（如游戏和民间舞蹈）。一张关于某些具体文化形式的清单可能包括：神话、传说、民间故事、笑话、谚语、谜语、迷信、符咒、颂词、诅咒、誓词、辱骂、回嘴、嘲笑、戏弄、绕口令、问候和告别时的俗套话、民间用语（如，俚语）、民间词源学、民间比喻（如，白得像雪）、民间隐喻（如，从油锅里跳到火里）、名字（如，绰号或地名）、民间诗歌——其范围从长篇的民间史诗到儿童韵文，如拍球韵文、跳绳韵文、数手指和脚趾的韵文、膝上颠小孩的韵文、数数找人的韵文（游戏中确定谁是那个"被选中的人"）、儿歌。还有一些书面的民间韵文，如签名册上的诗句，墓志铭和厕所涂鸦（墙上的胡写乱画）。普通的非口头体裁包括：民间舞蹈、民间戏剧、民间艺术、民间服装、民间节日、游戏、恶作剧（或胡闹）、手势。民俗还包括民间器乐（如，提琴曲调）和民歌（如，歌谣和摇篮曲）之类的主要形式，也包括记忆法、身体排放（如，打嗝或打喷嚏）之后的评论、召唤和使役动物的声音之类的次要形式。这个目录不十分详尽，但它应该反映了美国的"俗"的概念的普遍性。①

比较邓迪斯 1965 年列举的"民俗"定义和邓迪斯 1966 年所称的"美国的'俗'的概念"之后，我们会发现，1966 年的定义分类较为清晰，大致把民俗分为口头民俗和非口头民俗，同时去除了祝酒词、民间医药、食谱等。除了这些差异之外，基本没有大的改动。即便是这些差异，也只是体现了邓迪斯所认为的普遍意义的民俗与美国民俗范围的

---

① Alan Dundes, "The American Concept of Folklore", in *Analytic Essays in Folklore* (Mouton & Co. N. V., Publishers, 1975), p. 11.

不同，并不意味着邓迪斯自己的民俗定义的改变。

（四）1977 年：何为民

邓迪斯在 1977 年发表的《民是谁?》一文中追溯了"民"（folk）这一概念的发展历史：民俗学这一学科始于 19 世纪。其实赫德（Herder）早在 18 世纪末就使用过民歌（Volkslied）、民间精神（Volksseele）、民间信仰（Volksglaube）这些术语；民俗学本身，即对民俗的学术研究，后来才出现；1812 年格林兄弟出版了《儿童与家庭故事》①；Folklore（民俗）则直到 1946 年才由汤普斯首次提出；19 世纪的 90 年代之前，国家级的民俗学会已在欧洲和美国成立，如 1831 年的芬兰文学会，1878 年的英国民俗学会，1888 年的美国民俗学会。

邓迪斯指出民的范围难以在概念上加以确定的根本原因是：

> "民"这一术语在 19 世纪的多种用法中都存在一个关键困难，这是因为它被定义为一个因变实体，而不是一个自变实体。换言之，民是与某一其他群体相比较或相对立而加以定义的。②

邓迪斯接着说：

> 民一方面与"文明"相反——他们是文明社会中未受教化的那群人，但另一方面，民又与所谓的野蛮或原始社会相反，人们认为原始或野蛮社会处于进化阶梯的更低层次。③

---

① 即《格林童话》。

② Alan Dundes，"Who Are The Folk?"，in *Essays in Folkloristics*（Folklore Institute，1978），p. 2.

③ Alan Dundes，"Who Are The Folk?"，in *Essays in Folkloristics*（Folklore Institute，1978），p. 2.

邓迪斯说，民处在文明的精英与未受教化的"野蛮人"之间的中间地带，这可能是由于人们对读写能力这种文化特点的强调。民被理解为"在有文字社会中的不识字者"。对民的这个定义的关键之处是"在一个有文字的社会"。它是说一个人不但不能读写，而且要生活在一个包括识字的精英的社会当中，或生活在接近这种社会的地方。民与乡村之间的联系也被这样类似地加以定义。乡村暗含着与城市的比较。因为民可以拿来与城市居民对照，所以民是乡村的。原始人没有城市，所以原始人也就不可能是乡村的。

邓迪斯分析说：

> 由于主要按照民与文明人或精英之间这种假定的关系来定义民，所以民俗被理所当然地认为只存在于有文明人或精英群体的地方。这样，世界上的大片区域，由于被持种族中心主义观点的欧洲知识分子视作未开化，因此就没有民，更没有民俗。……那么在很大程度上，民这一术语的最初含义指的是欧洲农民，而且仅仅是欧洲农民。直到今天，一些欧洲民俗学家把农民生活作为研究对象。这样的民俗学家研究农民生活的全部，而不仅仅是民间故事或歌谣等被挑选出来的体裁。这种研究有时被称作民间生活而不是民俗，它与美国人类学家所称的民族志一致（只不过美国人类学家认为民族志描述适用于世界上任何地方的任何人）。①

随着民俗学家研究范围的扩大，把民局限在欧洲农民的范围之内的做法已经束缚了后人。邓迪斯批判说，人们可能认为"民是欧洲农民"这一19世纪的狭隘定义应该已经消失，但它并未消失。我们很少听说

---

① Alan Dundes, "Who Are The Folk?", in *Essays in Folkloristics* (Folklore Institute, 1978), p. 4.

美洲印第安人音乐被列入民间音乐，也很少听说澳大利亚原住民的艺术被列入民间艺术。民间音乐和民间艺术仍会仅限于欧洲文化或发源于欧洲的文化。只有民间文学的少数几个体裁，如民间故事，被当成是跨文化的。然而，美洲印第安人怎么会有民间故事，却不能有民间音乐或民间艺术？他们当然有音乐和艺术，但人们却专门用"原始"、"非西方"或其他带有价值判断的种族中心主义的术语来指称它们。这样的后果是：

> 民是农民这种狭隘定义的持续使用不仅排除了原始人，而且也排除了城里人。美国人类学家在一定程度上难辞其咎。①

1953 年，福斯特在《民间文化是什么?》一文中总结道：民间文化会在高度工业化的地方消失；很难说真正的民间文化会存在于美国、加拿大、英国和德国，尽管在边缘地区还可能会有少许表现。考虑到在所有主要地区当今世界向工业化发展的趋势，很有可能不会出现新的民间文化。

邓迪斯反对福斯特的观点，他说：

> 如果现代的民俗学家接受 19 世纪关于民的定义（即，民是不识字的、居住在乡村的、落后的农民），那么完全可以认为，对此类民俗的研究可能是严格意义上的抢救活动，民俗学这一学科也会迟早伴随民自身被人们遗忘。当然可以想象，世界上的所有农民迟早会被城市化或受到城市中心的充分影响，因此失去农民的特质。晶体管收音机、动画之类的大众媒体的冲击已在促使食物、衣着、语言等趋向标准化。但是，如果我们以新的眼光来审视"民是谁?"这个问题，我们会看到民并非正在消失。在美国、加拿大和欧洲，民

---

① Alan Dundes, "Who Are The Folk?", in *Essays in Folkloristics* (Folklore Institute, 1978), p. 5.

间文化生气勃勃、状况良好，而且新的民间文化正在崛起。[1]

邓迪斯回顾了他在 1965 年对民作出的定义，并接着说：

> 有了民这个灵活的定义，一个群体可以大至一个国家，小至一个家庭。[2]

他还说：

> 但是，除了国家和家庭之外，还有很多其他形式的民。地区、州、城市或村庄等地理－文化的划分会形成不同的民的群体。……并且，由于新群体的出现，新民俗也被制造出来。这样我们有冲浪者的民俗，摩托车手的民俗，以及电脑程序设计员的民俗。从这个角度看，去争论说在美国没有民俗、工业化消灭了民的群体和民俗，将是荒谬的。农民的数量会减少，但农民仅是民的一类。工业化事实上已产生了新民俗，如电脑民俗。[3]

邓迪斯接着称赞了马克思主义民俗学家对民的定义的贡献，认为马克思主义民俗学家看到民这个概念既包括农民，也包括工人，即，在乡村的民和在城市的民。但他也认为：

> 然而，马克思主义理论错在把民限制在下层阶级中，即被压迫者。按照严格的马克思主义的定义，民俗是阶级抗争的武器。不可

① Alan Dundes, "Who Are The Folk?", in *Essays in Folkloristics* (Folklore Institute, 1978), p. 6.

② Alan Dundes, "Who Are The Folk?", in *Essays in Folkloristics* (Folklore Institute, 1978), p. 7.

③ Alan Dundes, "Who Are The Folk?", in *Essays in Folkloristics* (Folklore Institute, 1978), pp. 7 – 8.

否认，有些民俗的确表达了抗争。比如，无数的民歌表达了对社会弊端、种族主义和其他问题的不满。但也存在右翼民俗，表达的是保守政治群体的意识形态。如果把马克思主义理论延伸到逻辑极点，那么等到有一天实现大同社会，就不再有被压迫群体，也就不再有民，不再有民俗。问题是，当工厂民俗和工会民俗存在时，也会有大企业的民俗和大商人的民俗。①

邓迪斯一再强调，民不是因变量，而是自变量。

有了民的这个现代概念，我们就知道不能再使用单质的术语把民当作与城市中心相伴共生的、相对同质的农民群体。民不是一个因变量，而是一个自变量。我们一定要把现代社会的成员当成许多不同的民的群体的成员。②

许多群体（如夏令营）的成员是"兼职的民"，他们不同于同质农民群体中的"全职的民"，但同一个个体可能会同时属于不同的民的群体并熟知这些群体的民俗。这些兼职的民身处不同群体当中时总是会转换自己的身份。邓迪斯认为：

所有的民的群体都有民俗，这些群体的民俗不但提供了交流群体精神和世界观的受人珍视的艺术载体，而且还为表达那些关键的、引发焦虑的难题提供了社会认可的环境。③

---

① Alan Dundes, "Who Are The Folk?", in *Essays in Folkloristics* (Folklore Institute, 1978), p. 8.

② Alan Dundes, "Who Are The Folk?", in *Essays in Folkloristics* (Folklore Institute, 1978), p. 8.

③ Alan Dundes, "Who Are The Folk?", in *Essays in Folkloristics* (Folklore Institute, 1978), p. 9.

邓迪斯声称，自己的目标不在于证明存在哪个具体的民的群体，而在于说明除了"农民"之外，还有许多民的群体。民的群体多达无限，有的群体由很多更小的群体构成。就理论而言，最小的民的群体可以少至两人，因为一个人制造不了民俗，民的概念本身暗含了复数意义。邓迪斯说：

> 民俗学家目前研究的人数最少的民的群体当然应该是家庭。我也应该指出实际上被研究得最多的民的群体是宗教群体、职业群体和族群，它们由成千上万的个人构成。①

邓迪斯说，需要提醒的是，一个群体当中，并非所有成员都互相熟知。而且，也难以确定一个群体中包括多少个个体。对于现代民俗学家而言，谈论城市民俗并不自相矛盾。正如有乡村民俗一样，也有城市民俗。②

邓迪斯讨论了科技与民俗的关系。他说，在一定程度上，由于人们错误地把民俗与文盲联系在一起，就假定民俗会随着人们读写能力的提高而消亡。由于科技影响了交流方式，人们认为它会成为民俗消失的一个因素。然而，事实上，科技不但没有消灭民俗，反而正在成为民俗传播的重要手段，促使新民俗的产生。③

邓迪斯 1977 年发表的《民是谁?》主要是在追溯"民"这一概念的发展，该文距邓迪斯 1965 年发表的《民俗是什么?》有 12 年之遥，

---

① Alan Dundes, "Who Are The Folk?", in *Essays in Folkloristics* (Folklore Institute, 1978), p. 14.

② Alan Dundes, "Who Are The Folk?", in *Essays in Folkloristics* (Folklore Institute, 1978), pp. 14 – 18.

③ Alan Dundes, "Who Are The Folk?", in *Essays in Folkloristics* (Folklore Institute, 1978), p. 18.

民的定义只字未改，也没有具体谈论民俗是什么。

（五）1999 年：再论何为民俗

在 1999 年出版的《作为口头文学的神圣著作：作为民俗的〈圣经〉》① 中，邓迪斯专门列出一章《民俗是什么?》，再次讨论这个基本问题：

> 由于对民俗到底是什么和不是什么经常存在混淆，让我来明确一下民俗的定义。首先，民俗不是像在常用语"那不过是民俗而已"中使用的那样代表错误或谬误。在职业民俗学家眼中，民俗不是这个意思（同样，"神话"不是错误或谬误的同义词，而是一种神圣的叙事，解释为何世界和人类会成为现在的样子。神话是民俗数百种体裁当中的一种）。基于多种原因，民俗与所谓的高等或精英文化不同，而且也不同于流行文化。……民俗总是在流动，总是在变化。因为民俗有多地存在和变异的特点，没有一项民俗的两个文本会完全相同。②

实际上，邓迪斯完全回避了对民俗自身的定义，仅仅指出了民俗不是什么和民俗有什么样的特点，这显然不能够作为"民俗是什么?"的答案。

（六）2005 年：再论民俗定义

四卷本《民俗：文学和文化研究中的关键概念》在 2005 年出版，

---

① Alan Dundes, *Holy Writ As Oral Lit：The Bible As Folklore* (Rowman & Littlefield Publishers, Inc. , 1999) .

② Alan Dundes, "What Is Folklore?", in *Holy Writ As Oral Lit：The Bible As Foklore* (Rowman & Littlefield Publishers, Inc. , 1999) , p. 2.

是邓迪斯的最后一本编著。邓迪斯在该书第一卷的序言中写道：

> 人们尝试着给民俗下定义，已经颇费笔墨了。有些定义以
> "民"的定义为重点，可以指小至一个村庄、大至整个国家的任何
> 群体。尽管最常见的定义几乎一定会把民等同于不识字的农民，那
> 些"文字社会的不识字的人"，但职业群体、族群、宗教群体也可
> 以被当成民。定义中"俗"的部分与"传统"这一概念有关，但
> 一般都是列举民间故事、民歌、风俗、信仰之类的体裁。①

从邓迪斯多次给出的民俗定义中可以看出，邓迪斯终其一生没有超
越他在 20 世纪 60 年代的创见，最终也没有给出一个确切的民俗的
定义。

二 定义民俗的两个悖论

邓迪斯原本就认为"民"与"俗"为一个整体，只是为了概念讨
论的方便才暂时分离。在"民"的维度上，邓迪斯把民的范围从欧洲
农民扩展到凡是拥有至少一项共同要素的任何人群；在"俗"的维度
上，邓迪斯把民俗从"口头传播"的桎梏中解放了出来，认为传播方
式仅是外部特征，只能辅助说明民俗，而不能定义民俗。所以不仅有口
头民俗，也有非口头民俗。邓迪斯暂时给出民俗的列举性定义，他的更
远大的目标是先通过结构分析方法对各个民俗体裁逐步定义，再最终给
出民俗的一个概括性的确切定义。总体而言，邓迪斯对民的定义的扩展
意义重大，影响深远，但是，他虽然说出民是什么，却没有说出民俗是
什么。所以，他确切定义民俗的目标未能真正实现。

---

① Alan Dundes, "Introduction", in *Folklore*: *Critical Concepts in Literary and Cultural Studies*,
Volume Ⅰ（Routledge, 2005）, p. 1.

邓迪斯的民俗概念研究在 60 年代已经定型。确定了民俗的列举性定义之后，邓迪斯此后的研究重点集中于民俗的阐释。这一转移并不意味着他在民俗定义方面的成功，相反，甚至可以视作他对民俗定义的半途而废。究其原因，可以发现，邓迪斯在定义方法和定义实践中都存在悖论。

首先，从邓迪斯对民俗的定义方法上来看，邓迪斯曾在 1964 年指出：

> 给民俗下定义这一难题归结到给所有的民俗形式下定义。如果能做到这一点，就有可能给出民俗的列举性定义。①

此处涉及一个根本问题：定义与分类的先后问题。邓迪斯的逻辑是这样的：先给出各个体裁的定义，再根据这些体裁的定义给出民俗的列举性定义。由此可知，已有的民俗分类是他定义体裁的前提。但是，在民俗的定义和范围都未能确定的情况下，在我们连什么是民俗、什么不是民俗都不能确定的情况下，已有的民俗分类又怎么能够当成依据呢？试图用已有的分类为基础去寻找列举性定义，是否这个方法本身就存在悖论？

其次，从具体实践中我们看到，从 1964 年（邓迪斯提出希望能够给所有的民俗体裁下定义，据此给出民俗的列举性定义）到 2005 年的 40 多年间，邓迪斯的希望并没有完成。邓迪斯自己给出的民俗的列举性定义中，民俗体裁涉及数十项。他从 1961 年开始，着手通过结构分析给出每一种民俗体裁的定义，这一过程持续到了 1970 年。其间发表如下文章：《布朗县的迷信》（1961），《民间故事结构研究：从非位单元到着位单元》（1962），《北美印第安人民间故事结构类型学》

---

① Alan Dundes, "Texture, Tex and Context", in *Essays in Folkloristics* (Folklore Institute, 1978), pp. 23 - 24.

（1963），与乔治斯合写的《关于谜语的结构性定义》（1963），《游戏形态学：非语言民俗结构研究》（1964），以及《谚语的结构》（1970）。从数量上看，涉及民俗的 5 种体裁。也就是说，邓迪斯在定义了民俗的 5 种体裁之后，就彻底放弃了努力。

邓迪斯曾说，给有些体裁下定义可能需要整本书的篇幅，比如神话、传说等。他曾尝试性地通过结构研究给出了迷信、谜语、谚语的定义，分析了民间故事的结构，但远未达到给所有民俗体裁下定义的目标。将一人一生区区几十年时间的学术生涯投入如此浩大的工程之中，其情境完全符合庄子的喟叹："以有涯追无涯，殆矣！"所以，由于宏大的工作计划与个人有限的精力之间的矛盾，即便是他的列举性定义也没有得到发展。

如果我们承认邓迪斯的定义方法和定义实践两个方面都存在悖论，那么就要承认邓迪斯实际上为自己提出了一项不可能完成的任务。

民间故事的常见结构模式有"任务/完成任务"，也有"缺乏/消除缺乏"，邓迪斯给自己布置了一项无法完成的任务，缺乏最终不能消除，所以他也无法给自己的学术生涯一个民间故事式的、令人满意的结局。

第五节　邓迪斯民俗识别方法在中国的影响

邓迪斯的民俗识别对中国的影响主要体现在两个方面：分析具体民俗体裁时采用的结构分析方法和民俗的定义。

一　结构分析方法

邓迪斯对具体民俗体裁的结构分析，尤其是对北美印第安人民间故事的结构分析，在中国民俗学界产生了重要的影响。

在对北美印第安人民间故事的结构分析中，邓迪斯提出民间文学的叙事基本单位应该是母题位，而不是汤普森提出的母题。邓迪斯用母题位表示某个母题在整个故事结构中具有的功能，以及对应此功能它应该在整个故事序列中所处的位置。可以放置在同一母题位空位上的所有母题虽然表面不同，但在整个故事结构中发挥同样的功能，它们被称作一个母题位上的所有母题位变体。

中国民俗学界对邓迪斯母题位这一概念的介绍、讨论和翻译从20世纪90年代开始持续至今，陈建宪和彭海斌①、刘魁立②、王珏纯和李扬③、户晓辉④、丁晓辉⑤等人都推进了国内对邓迪斯母题位概念的认识。此外，受邓迪斯母题位概念的影响，刘魁立提出了中心母题、母题链、消极母题链和积极母题链等新的术语。⑥ 吕微提出功能性母题。⑦陈建宪提出不变母题、可变母题等相关的成对概念。⑧

除此之外，邓迪斯对其他民俗体裁的结构分析也得到中国学者的借鉴。如邓迪斯的谚语结构的分析以及谚语的定义——"谚语看起来是一种传统的命题陈述，它由至少一个描述成分构成，每个描述成分由一个主题和一个评论构成"，被引入万建中的《民间文学引论》⑨。

---

① 阿兰·邓迪斯编著《世界民俗学》，陈建宪、彭海斌译，上海文艺出版社，1990，第300页。

② 刘魁立：《刘魁立民俗学论集》，上海文艺出版社，1998，第111页。

③ 王珏纯、李扬：《略论邓迪斯源于语言学的"母题素"说》，《青岛海洋大学学报》2000年第2期。

④ 阿兰·邓迪斯：《民俗解释》，户晓辉编译，广西师范大学出版社，2005，第15页。

⑤ 丁晓辉：《母题、母题位和母题位变体——民间文学叙事基本单位的形式、本质和变形》，《民族文学研究》2013年第1期。

⑥ 刘魁立：《民间叙事的生命树——浙江当代"狗耕田"故事情节类型的形态结构分析》，《民族艺术》2001年第1期。

⑦ 吕微：《神话何为：神圣叙事的传承与阐释》，社会科学文献出版社，2001。

⑧ 陈建宪：《论中国洪水故事圈——关于568篇异文的结构分析》，华中师范大学博士学位论文，2005。

⑨ 万建中：《民间文学引论》，北京大学出版社，2006，第261页。

二 民俗的定义

邓迪斯的民俗定义最先在上海文艺出版社 1990 年出版的《世界民俗学》中由译者陈建宪、彭海斌介绍到中国，邓迪斯对"民"的多次讨论影响到了中国学者对民俗的看法。中国民俗学界曾因政治原因在不同时期把民限定为"人民"、"劳动人民"。邓迪斯也曾提到，马克思主义把工人阶级划分到民的内部，这具有积极意义。不过，邓迪斯把"民"的范围扩大到了具有至少一项共同要素的任何人群，这使得民俗学家对都市传说、校园故事、厕所涂鸦的研究顺理成章。邓迪斯的民俗定义影响了 20 多年来成长起来的新一代中国民俗学者，在中国的民俗学、民间文学教材中被普遍引用。

户晓辉在邓迪斯的基础上曾经这样讨论"民"的范围：

> 它的外延和周长要以现代文明或城市文化的标尺而定。一旦我们沿着这个方向回望，就会发现一个更加令人吃惊却又不得不承认的事实：即在欧美现代民俗学或民间文学的话语中，"民"这个概念只是现代学者想象出的一个共同体或建构体，无论人们缩小还是扩展它的外延和范围，也无论使用或界定它的人想还是不想、有意还是无意要用它来指涉现实中的特定群体，它与这个群体都没有直接或必然的联系。①

简言之，他是说概念中的民有别于现实中的民。事实上，概念虽然总是试图精确地涵盖对象，对象有变，概念也随之变动，但关键在于，我们很难给一个不断发展的对象下一个静止的定义。

---

① 户晓辉：《论欧美现代民间文学话语中的"民"》，载于周星主编《民俗学的历史、理论与方法》（下册），商务印书馆，2006，第 656 页。

就邓迪斯对民俗的列举性定义，高丙中曾这样评论：

> 邓迪斯难以给出逻辑上的定义，于是避难就易，采用逻辑上的划分，列举出民俗的诸形式……其中一些类别是不是民俗，也许有争议，但是从总体上看，它们都是传统的民俗形式。就这一点而论，邓迪斯的民俗研究仍然没有超出传统的民俗学，他的贡献只是做了一些不厌其烦的增补工作。①

因此，高丙中把民俗的外延进一步扩展，认为"已有漫长历史的传统可能是'俗'，而大量的时尚也可能是'俗'"②。

陈金文不同意高丙中的观点，认为民俗之"民"的中、下层性是绝对的，而全民性则是有限的。凡民俗必须与社会中、下层有联系，却不一定非要与社会上层有关或属于全民。对于民，陈金文说：

> 本人不赞成高丙中为扩大民俗内涵而抽掉"传统性"对"俗"的规定，因为这样就会使民俗的外延扩大到广阔无边，民俗学科也就失去了特定的研究范围，失去了作为一门学科的最基本条件。民俗学正是借助于对"民"与"俗"的规定，圈定了自己独特的研究领域。而对"俗"的规定正是主要通过将其定义为"传承"文化或"传统"文化而实现的。③

从这一点上说，高丙中对邓迪斯有关"俗"的内容的否定，恰恰是陈金文对邓迪斯的肯定。

---

① 高丙中：《民俗文化与民俗生活》，中国社会科学出版社，1994，第58~59页。
② 高丙中：《民俗文化与民俗生活》，中国社会科学出版社，1994，第170页。
③ 陈金文：《何谓民俗——与高丙中博士商榷》，《鲁东大学学报》2008年第3期。

第四章

精神分析法为主的民俗阐释

邓迪斯多次表示，他反感同时代大多数民俗学家的做法：他们一方面拼命收集民俗资料，另一方面却不去思考这些资料的用途。最终这些来之不易的资料似乎除了满足收集者的个人嗜好之外，别无用途。

而事实上，民俗研究的目的不该止步于资料堆积。邓迪斯批评说，多年来，由于民俗学这门学科过分偏重对资料的收集和分类，民俗分析被不可避免地搁置。

邓迪斯认为，对于故事讲述者、民歌演唱者、讲谜语者、男女观众而言，民俗绝对是有意义的。故事讲述者、听众不同，某一特定民俗事项的意义可能就不同。同一听众群体中的个体不同，这一民俗事项的意义可能就不同；同一故事讲述者，一生中多次讲述同一故事时，这一故事的意义也不尽相同。这都是明摆着的事。尽管人们辛苦收集了成堆成堆的民俗文本，但很少有人去关注这些文本的意义。

邓迪斯的民俗阐释有一个重要理论假设：民俗学家听到的或看到的信息并非事实，而是对真实意义的伪装和曲解。民俗背后的结构、隐藏的意义、没有说出的原因都需要对民俗密码的识别和比较才能得到。如果民俗学家不能接受这一前提，当然也就不能接受邓迪斯所做的民俗阐释。布朗纳①认为可能这就是很多人不愿接受邓迪斯民俗阐释的巨大障碍。②

布朗纳认为，邓迪斯致力于揭示和理解意义这一宏伟使命，他对分析的强调标志着学术目标上的一个非同寻常的尝试。布朗纳这样评价邓迪斯：

> 在他的第一本文集中，他简洁地宣称，他的目标是"把无意识的内容变成有意识"……三十年之后，他依然在促进分析和提高意识。此间，他获得了大批的学生、同事、追随者以及相当数量的贬损者。但有一件事是确定的，即他是不可忽视的。他的富有启发性的分析促使来自多个领域的学者不仅去思考民俗，而且去用民俗思考。③

邓迪斯在 1975 年出版的《民俗分析文集》一书的前言中宣称，自己的主要兴趣在于民俗的分析。他这样谈论自己的民俗分析方法：

> 读者可能不赞同我使用的分析方法，即：结构分析（严格描述民俗学资料性质的方法）和精神分析（我已经尝试着将其应用于民俗，以图变无意识的内容为有意识）。我明白，结构分析和精神分析都未受到美国民俗学家的广泛认可。但即便读者不赞同我的

---

① 布朗纳是邓迪斯的好友，也曾在印第安纳大学读书，得到多尔逊的指导。他们有共同的民族出身，也有对民俗的共同爱好。

② Simon J. Bronner, "The Analytics of Alan Dundes", in Simon J. Bronner (ed.), *The Meaning of Folklore: The Analytical Essays of Alan Dundes* (Utah State University Press, 2007), pp. 8 – 9.

③ Simon J. Bronner, "Introduction: The Introduction of Alan Dundes", in Simon J. Bronner (ed.), *The Meaning of Folklore: The Analytical Essays of Alan Dundes* (Utah State University Press, 2007), p. 1.

理论偏爱，我也希望他能够起码承认民俗领域极其需要新的分析方法。如果我们核查一下文献中相对寥寥无几的思考内容，就会发现它们只不过是对 19 世纪历史重构（尤其是使用比较方法进行历史重构）观点的改头换面的重复而已。[1]

邓迪斯认为，民俗研究的目的应该是这样的：

> 最终，理论概念，结构分析方法，还有精神分析理论的应用，仅仅因其有助于阐明人性才有价值。民俗学家研究民俗，应当不是为了民俗本身（尽管民俗的确很吸引人），而是因为民俗提供了民的独特画像。在民俗中，我们发现一个人群自己的无意识的自画像。民俗作为自传体的民族志，使得民俗学家通过从内向外而不是从外向内的途径去了解一个人群。[2]

基于这样的民俗研究主张，邓迪斯一生致力于他所认为的民俗研究的最高层次：民俗阐释。无论是在理论方面还是实践方面，邓迪斯都对民俗阐释有重要贡献。

第一节　邓迪斯论民俗精神分析的历史

邓迪斯自称是"弗洛伊德式的民俗学家"[3]，对精神分析方法的倡

---

[1]　Alan Dundes, "Preface", in *Analytic Essays in Folklore* (Mouton & Co. N. V., Publishers, 1975), p. xi.

[2]　Alan Dundes, "Preface", in *Analytic Essays in Folklore* (Mouton & Co. N. V., Publishers, 1975), p. xi.

[3]　邓迪斯 1987 年出版自己的文集《风俗解析：一个弗洛伊德式的民俗学家的文集》，书名中的"一个弗洛伊德式的民俗学家"（a Freudian folklorist）即是自称。《民俗的精神分析研究》是此书中的首篇文章。

导贯穿了邓迪斯的整个学术生涯。早在学生时代，他就用精神分析方法去分析潜水捞泥神话。

在 1966 年发表的《美国的民俗概念》一文中，邓迪斯就这样宣布：

> 在美国民俗概念中，从"过去"向"过去和现在"的转变、从"遗留物"到"遗留物和正在发挥作用的要素"的转变之外，我发现了一个趋势：远离民俗的狭窄的历史研究方法，朝向既包含历史视角也包含心理学视角的更广阔的前景发展。①

他认为，民俗的精神分析方法在美国民俗学界之所以遇到巨大阻力，至少有两个原因。第一，由于对历史方法的偏爱，美国民俗学家往往从字面上理解民俗。人类学民俗学家和文学民俗学家拥护的是历史的、字面的民俗研究方法，而不是心理学的、象征的研究方法，所以他们共同排斥心理学方法。第二，人们已经接受了民俗的超有机体概念。这是美国人类学民俗学家和文学民俗学家共有的观点。他们的逻辑是，如果不考虑民就可以研究民俗这个超有机体，那么也就不需要仔细观察民的心理。所以，民俗研究不需要求助于个人心理的分析。

尽管如此，邓迪斯仍旧乐观地预言：

> 虽然有根深蒂固的历史－文学传统，虽然有美国民俗学内超有机体论的强大影响，我们依然可以推测，美国的民俗概念迟早会兼容并蓄，使用心理学理论。②

---

① Alan Dundes, "The American Concept of Folklore", in *Analytic Essays in Folklore* (Mouton & Co. N. V. , Publishers, 1975), p. 14.

② Alan Dundes, "The American Concept of Folklore", in *Analytic Essays in Folklore* (Mouton & Co. N. V. , Publishers, 1975), p. 15.

邓迪斯 1985 年发表的《民俗的精神分析研究》① 是一篇长文，系统归纳了从民俗精神分析研究之始到 1985 年近一个世纪的研究。随后，他充满自信地用接近全文三分之一的篇幅介绍了自己的研究。此文的主要内容如下。

精神分析除了用来治疗病人之外，也被广泛用于人类学、艺术、历史、文学、哲学、宗教等多个学科。邓迪斯主张，精神分析理论在民俗学领域的使用，会给民俗研究以启迪。他的理由与民俗的两大特点有关：

> 民俗的两个特点曾经最让民俗学家头疼，它们是（1）同一民俗的多地存在，（2）民俗表面上的非理性。②

为什么同一民俗事项会在不同文化中存在？对此有两种主要的理论解释。一种是独立起源说，认为该民俗事项在某一确定地点产生，后传播到多个地点。另一种解释是多元发生说，其理论基础是假定人类心理一致。比如，按照 19 世纪人类学的单线进化论，所有民族在进化过程中都经历了原始、野蛮和文明三个阶段。由于民被定义为文字社会中不识字的人，也就是生活在文明人当中或生活在文明人附近的农民或野蛮人，人们假定原始人向文明过渡时要经历民这一阶段，而民俗的所有体裁也按照类似方向进化。所以，原始人的神话退化成农民或民的民间故事。按照这个退化论前提，当农民变成了文明人之时，他就失去了自己曾保持的那一点点民俗。所以迫切需要收集尚存于农民当中的残余碎片来保存传承自史前的原始时代的记录。

---

① Alan Dundes, "The Psychoanalytic Study of Folklore", in *Parsing through Customs*: *Essays by a Freudian Folklorist* (The University of Wisconsin Press, 1987), pp. 3 – 46.

② Alan Dundes, "The Psychoanalytic Study of Folklore", in *Parsing through Customs*: *Essays by a Freudian Folklorist* (The University of Wisconsin Press, 1987), p. 4.

19 世纪民俗学家采用的方法与当时的其他许多学科相同，主要是对过去历史的重构。民俗被看作遥远过去的遗留物或精神化石，要了解某项民俗，就需要重构其最初的完整形式——人们假定存在最初的完整形式。既然在 19 世纪地球上还存在原始民族，人们就还可以收集这些最初的完整形式。按单线进化论的观点，所有民族都经历了同样的阶段，所以，19 世纪的人们认为，当时的原始人等同于文明人的祖先。

19 世纪晚期民俗学中的进化论解释了民俗的多地存在和表面上的非理性：因为所有民族都经历了同样的阶段，所以不同民族即便彼此历史上没有联系、没有接触，也会拥有同样的神话、故事、风俗，等等。人们通过从原始人当中寻找神话或风俗的更完备形式来解释神话或风俗中的荒谬之处。因为按照这些民族的逻辑和思维方式，在这些神话或风俗的更完备形式中，这些荒谬的东西其实是合理的。

在邓迪斯所处的时代，虽然职业人类学家和民俗学家不再持单线进化论和原始思维等观点，但这些观点在一定程度上构成了时代精神，并从中发展出了精神分析理论。精神分析理论的某些潜在假设和基本前提与这些民俗理论有许多共同之处。成年人的神经病症状被当成是过去（幼年时期）的遗留，人们在解释这些看起来荒谬的神经病症状时，使用的基本上也是历史重构法。人们认为，如果知道在原始人中存在的习俗的更完备形式，就可以从理论上解释农民当中存在的某一奇怪信仰的逻辑。同样，病人幼年时经历的某一事件的原始完备形式可以解释此人强迫性地表现出来的个人癖好式的信仰或习惯。早期的心理分析学家注意到了民俗学理论和方法与精神分析的理论和方法之间的类似。在 19世纪，存在"儿童 = 原始人"这一等式。正如原始阶段会进化到文明阶段，儿童会长大成人。所以，弗洛伊德认为民俗学与精神分析研究虽然方法不同，得出的结论却相同。弗洛伊德接受了单线进化论，认为民俗是原始时期的遗留物，并进一步说，如果把原始人的心理和神经病人的心理一起比较，就会发现二者有无数的共同点。弗洛伊德还认为，神话极有可能是整个民族热切幻想的扭曲遗存，是人类在年轻时期的世俗之梦。

海克尔公式（个体发育重演种系发育）的扩展激起了精神分析学家对民俗的兴趣。如克拉伦斯·O. 切尼（Clarence O. Cheney）认为：一般来说，神话是在各种条件下存在的人类的憧憬、渴望或愿望的产物，它们类似于儿童的憧憬、渴望或愿望，类似于成年人的梦，类似于精神病人的妄想；个体的精神发展重复了人类的精神发展阶段；神话从本质上看是原始思维的表现；儿童的梦和想象是类似的产物。

邓迪斯认为：

> 尽管海克尔的重演法则在生物界一直有争议，它在早期民俗精神分析研究中的影响却不容否认。海克尔原则的一种形式得到荣格和弗洛伊德的共同信奉，我认为，这既损害了分析心理学，也损害了精神分析学。[①]

邓迪斯评论了荣格。荣格认为，全人类当中都存在"集体无意识"——这个观点与 19 世纪许多理论家的心理一致说惊人地相似。从这个本能的、前文化的层次中产生了"原型"，这些原型出现在处于其他表现形式当中的梦和神话里。荣格区分了出于个性的幻想（包括梦）与出于非个性的幻想（也包括梦）。前者追溯到个人经历、忘记的或压抑的事情，而后者不能还原成个体过去的经历，因此也不能被解释成个体获得的东西。非个性的幻想形象在神话形式中存在最为相近的类似物。我们必须因此假定它们与普遍的人类心智的某些集体结构要素一

---

① Alan Dundes, "The Psychoanalytic Study of Folklore", in *Parsing through Customs*: *Essays by a Freudian Folklorist* (The University of Wisconsin Press, 1987), p. 10.

致，假定它们跟人体的形态要素一样，是遗传的。非个性幻想的产物类似于神话和童话中遇到的结构类型，所以它们是有联系的。神话中的原型追溯到史前世界，当时人们的精神观念和普遍状况可以在现存的原始人当中观察到。原始人不能有意识地思考，而是想法自己出现。原始人的智力不能"创造"神话，只能"体验"神话。原型是不可知的。

邓迪斯认为，荣格的神话理论是 19 世纪民族中心主义的、种族主义者的进化论理论的典型例子，在分析神话时他的神秘主义的、反理性的方法与精神分析方法大相径庭。然而，在弗洛伊德早期的著作中，也可以找到与集体无意识或统一的人种无意识相似的概念的线索。弗洛伊德试着去解释某些幻想多处存在的原因，认为很可能这些幻想在人类家庭早期曾经是真实发生的事情，儿童在其幻想中只不过是用史前事实填补个人事实中的空隙而已。如果个人在生活中缺少一种象征或幻想，那种象征或幻想就会通过个体发育对种系发育的重演而获得。弗洛伊德在《图腾与禁忌》中按照类似的方法得出他对乱伦研究的有争议的结论：伦理禁忌和俄狄浦斯情结的起源是史前事件，原始人群中的儿子们联合起来杀死父亲。邓迪斯认为，弗洛伊德试图把心理学变成历史学，把种系发生的事件假定为导致现代个体乱伦愿望的冲动。

弗洛伊德对海克尔的偏爱已被多人指出，弗洛伊德自己也有多篇文章表现了这种理论态度。荣格对个人幻想形象与非个人（或集体）幻想形象的区分跟弗洛伊德对白日梦的评论极其相似。弗洛伊德在评论梦－工作时说，梦－工作把我们带回到两种史前时期：一种是个体的史前时期，一种是种系发育的史前时期。弗洛伊德相信，我们可以分辨出潜在的精神过程中哪一部分来自个体的史前时期、哪一部分来自种系发育的史前时期。个体不通过学习而获得的那些象征联系，应该是种系发育的遗产。

不过幸好，抛弃了海克尔的理论框架之后，弗洛伊德的理论依然还有大多数的珍贵观点可以用于解释民俗。就文化特征而言，即便个体发育不重演种系发育，弗洛伊德的压抑、回归、凝缩、转移、投射、象征等概念仍然可能是站得住脚的。

邓迪斯认为民俗和精神分析之间的关系是互惠的：

> 在思考民俗和精神分析之间的关系时，我们可能会自然地问：是精神分析理论阐明了民俗的内容，还是民俗启迪了精神分析理论？精神分析学家使用病人的自由联想去解释一则格林童话的潜在内容吗？还是他利用民俗资料去解释一个重症病人的行为？答案非常清楚，民俗和精神分析之间的关系是互惠的。①

邓迪斯认为，弗洛伊德在自己的民俗研究中展示了精神分析和民俗的相互作用。弗洛伊德认识到，童话对儿童的精神生活有很大影响，病人梦中的某些内容出自童话。他通过分析一个梦里出现侏儒怪故事（AT500）要素的年轻女人的病历证实了这一点。在另一个病历分析中，他通过阐释"小红帽"（AT333）和"狼和七只小羊"（AT123）来解释一个男病人的梦。此外，他还曾分析母题"三个匣子"（H511.1），也就是故事类型"一磅肉"（AT890）的内容。

邓迪斯说，很清楚，弗洛伊德受益于民俗。弗洛伊德曾提出问题：做梦者自己只给了我们不充分的信息，或者根本就没有给我们信息，那么，我们如何真正知道梦的象征意义？他认为，我们从民间故事、神话、笑话、习俗、民歌等不同的资料中知道梦的象征意义，在所有这些资料里，我们遇到同样的象征。要想更好地收集象征解释，就应该让神话学、人类学、语言学、民俗学方面的专家（而不是外行）来做。邓

---

① Alan Dundes, "The Psychoanalytic Study of Folklore", in *Parsing through Customs*: *Essays by a Freudian Folklorist* (The University of Wisconsin Press, 1987), p. 14.

迪斯就此评论说，悲哀的是，大多数这样的专家完全排斥弗洛伊德的理论，在阐释象征本质时不去使用大量的可利用的资料。

邓迪斯说：

> 有意思的是，弗洛伊德谦虚地自称是民俗的外行或一知半解者。这是真的。不过，同时我们也应该诚实地说，弗洛伊德最终对民俗研究作出的贡献超过了民俗学领域大多数的所谓专家，而他在民俗学领域总是听这些专家的话。①

弗洛伊德曾在 1909 年给古典神话学专家 D. E. 奥本海姆（D. E. Oppenheim）的信中说，精神分析学家是外行，缺乏专业训练，不熟悉材料，他们想寻找与他们学术发展方向相反的研究者，这样的研究者应该拥有专业知识，并愿意把精神分析方法应用于专业上。弗洛伊德希望奥本海姆成为这样的人选，奥本海姆也接受了邀请。奥本海姆曾从两本发表淫秽民俗的杂志②中选出民间故事，把原始材料寄给弗洛伊德，请他评论。弗洛伊德大概很快就把稿子回寄给了奥本海姆，不过这本合著直到 1958 年才以《民俗中的梦》③ 为题出版。这本书不仅强调了精神分析对民俗的重要性，而且强调了民俗对精神分析的重要性。这些故事包括一些梦的片段，这些梦的象征由故事主人公或情节的结局作出明确的解释。弗洛伊德式的梦的解释虽然来自民间故事之外，但与这些故事中的梦的象征完全一致。民间故事中的象征对等物完全独立于弗洛伊德的理论，因为不管最初创造民间故事的人和后来传播民间故事的人到底是谁，他们都远在弗洛伊德出生之前。民俗

---

① Alan Dundes, "The Psychoanalytic Study of Folklore", in *Parsing through Customs*: *Essays by a Freudian Folklorist* (The University of Wisconsin Press, 1987), p. 16.

② 即 *Anthropophyteia* (1904 – 1913) 和 *Kryptadia* (1883 – 1911)。

③ 即 *Dreams in Folklore*。

学对象征意义的表达方式跟弗洛伊德的象征解释方法一致，这未必就能证明那种象征解释是可靠的（因为也许二者都错了），不过，对于那些批评精神分析是教条主义的人们来说，二者的一致值得注意。显然弗洛伊德对这本书的结论很满意，因为文中提供的确切证据支持了他对象征资料的理解。

从弗洛伊德自己对民俗的调查中可以看出，民俗和精神分析之间的相互关系是双重的。一方面，民俗资料提供了支撑精神分析观点的独立论据；另一方面，把精神分析理论应用于民俗让我们能够对神话、童话、习俗等有崭新的、深入的了解。

由于弗洛伊德对民俗的着迷，他的首批弟子中有很多人受到鼓励，从事民俗研究。不过邓迪斯提醒说，早在弗洛伊德之前就已经有了精神病学，而且在早期的精神病学文献中有民俗与精神病研究相关联的线索。路德维格·莱斯特纳（Ludwig Laistner）和意大利的尤金尼奥·坦兹（Eugenio Tanzi）的研究都先于早期的弗洛伊德式精神分析学家。1909 年，弗洛伊德式的精神分析学家卡尔·亚伯拉罕（Karl Abraham）提出，神话反映了原始民族童年的精神状态或梦，而梦是个体的神话；同年，奥托·兰克（Otto Rank）用令人信服的俄狄浦斯情结解释了印欧和闪米特人标准的英雄模式（如处女母亲，父亲企图杀死新生儿子，等等）。20 世纪的前十年显然是民俗精神分析研究的兴盛时期。

弗洛伊德在鼓励自己的学生研究民俗之外，还试图获得民俗学家的支持，比如居住在维也纳的塞尔维亚犹太人弗里德里克·S. 克劳斯（Friedrich S. Krauss）。克劳斯是研究南斯拉夫民俗的专家，也是创办和出版淫秽民俗杂志①的领军人物。人们指责克劳斯的杂志包含色情和淫

---

① 即 *Anthropophyteia*，是弗洛伊德和奥本海姆合写的《民俗中的梦》一书的资料来源的两种期刊之一。

秽的内容，克劳斯为了辩护，向弗洛伊德求援，希望他能证明，从一个精神分析学家的立场看，这种资料不仅有用，甚至是不可或缺的。克劳斯得到弗洛伊德的回信支持，把这封信作为编者按语的一部分发表在自己的杂志上。弗洛伊德的名字出现在该杂志的第 7～9 期（1910～1912）的编委会名单里。1913 年，弗洛伊德应克劳斯之邀为伯克（Bourke）的《各民族的色情仪式》^① 一书的德译本写序，克劳斯也偶尔受邀为维也纳精神分析协会作报告。

精神分析运动兴起的最初数十年，还有其他人进行的民俗精神分析研究，如西尔伯勒尔（Silberer）、梅德尔（Maeder）、斯托弗尔（Storfer）等人的文章，这些文章集中于童话和神话研究，具有代表性。除弗洛伊德之外，对民俗的精神分析研究方法最重要、最具影响的人应该是欧内斯特·琼斯（Ernest Jones）和盖扎·罗海姆（Geza Roheim）。琼斯首次发表于 1912 年的长文《民俗和迷信中的盐的象征意义》展示了他无可挑剔的方法。这不是一个病人对把盐撒落在餐桌上这一事件的自由联想，而是对盐习俗所有文献的认真详尽查阅，最终的结论是"盐是精子的象征"。同样，琼斯的《论噩梦》专门讨论噩梦中出现的怪物（如梦淫妖、吸血鬼等），从中可以看出他对传统资料的详细研究。尽管直到 1931 年其研究成果才以书的形式出版，但事实上成书于 1909 年和 1910 年。这进一步确认了该时期是民俗精神分析研究发展的关键时期。

与琼斯不同，罗海姆从一开始就是民俗学家。他出生于布达佩斯，对民间故事和神话保持了终生的兴趣，即便在他发现了精神分析之后也是如此。他有在索马里等地丰富的田野调查经验，也许是第一个精神分析人类学家。他是多产作家，写了几十篇把精神分析理论应用于民俗的文章，没有其他人比他在这方面写得更多。尽管他写作风格混乱，不合

---

① 即 *Scatalogic Rites of All Nations*。

常规，而且确定某一事项的象征意义时又过分武断，但如果细读他著作当中的无数真知灼见，就会发现此后的艾布拉姆·卡迪纳（Abram Kardiner）和布鲁诺·贝特尔海姆（Bruno Bettelheim）等人的许多观点实际上早已由罗海姆发表过。对民俗精神分析研究有认真兴趣的人不应错过他的《梦之门》（1952）和《巫术与精神分裂症》（1955）这两本书，也不该漏掉他专门讨论民间故事和神话的一些文章。罗海姆熟悉传统的比较民俗学研究，这是他的优势。所以他在研究魔眼或霍勒太太（AT480）之类故事时，不像典型的精神分析学家那样只用一个文本（如格林的文本），而是利用多个文本。在主流的民俗研究中，没有人参考罗海姆，这部分是因为对精神分析的抵制，也因为罗海姆的文风。

介绍了弗洛伊德及其门徒对民俗的精神分析之后，邓迪斯开始从理论上探讨精神分析与民俗研究结合的难点：

> 从弗洛伊德到亚伯拉罕、兰克、琼斯、罗海姆的著作，把经典的精神分析理论应用于民俗的一个主要理论难点是这个假设（不管是直白的还是暗示的）——精神分析理论是普遍适用的。人们普遍认为弗洛伊德的概念和原理适用于不同的文化。更糟糕的是，精神分析学家喜欢以零散的病例为基础把绝对的普遍性视作当然，而且所有的病例都来自西方文化。①

邓迪斯说，精神分析学家忽视了文化相对论②，这令人类学家不快，也阻止了可能的支持者去严肃思考精神分析理论。当然，相反的观点也同样荒唐。把文化相对论运用于弗洛伊德的理论，就得出这个至今

---

① Alan Dundes，"The Psychoanalytic Study of Folklore"，in *Parsing through Customs：Essays by a Freudian Folklorist*（The University of Wisconsin Press，1987），p. 23.

② 文化相对论认为每一种人类文化都在某种程度上是独一无二的、不可比较的实体。

依然经常听到的观点：精神分析理论仅适用于维也纳的犹太人文化。邓迪斯就此发表评论：

> 任何在某一具体文化语境中产生的文化理论也许可能、也许不可能适用于其他文化。这种文化理论应该也必须在其他文化语境中得到检验，以确定它是否具有跨文化有效性。而这一点，一般来说，正是精神分析学家没有做到的。[①]

邓迪斯分析说，精神分析学家没有这样做也是可以理解的，因为绝大多数精神分析学家是执业医师，他们的病人大多数来自西方文化。因此他们几乎无缘在人类学家遇到和研究的"异族"人当中大胆行事。精神分析学家一般不研究非西方民族［一个罕见的例外是 L. 布赖斯·博耶（L. Bryce Boyer），他花几十年研究梅斯卡莱罗阿帕切人的民俗］。对《格林童话》、古典神话（尤其是俄狄浦斯神话）、《旧约圣经》中的故事的研究和再研究数不胜数，但对非洲或大洋洲民间故事的深入分析几乎没有，其原因也在于此。

普遍性与文化相对论之争实际上在 20 世纪 30 年代末 40 年代初在理论上得到了解决。深受弗洛伊德影响的精神分析学家艾布拉姆·卡迪纳与拉尔夫·林顿等人合作在哥伦比亚大学创办了一个联合研讨会来讨论精神分析和人类学的相互关系，两门学科都从中受益。

卡迪纳对弗洛伊德理论的修正就是将其置于文化语境当中。他区分了自己命名的初级习俗和二级习俗。前者比如喂养技巧、断奶、如厕训练等，后者包括投射系统，如宗教、仪式、民间故事、神话等。弗洛伊德的见解是，在婴儿训练跟成人投射系统之间存在逻辑联系，这种联系

---

① Alan Dundes, "The Psychoanalytic Study of Folklore", in *Parsing through Customs*: *Essays by a Freudian Folklorist* (The University of Wisconsin Press, 1987), pp. 23 – 24.

也许偶然，但不管从哪种程度上看都是有关联的。在保留了弗洛伊德观点的基础上，卡迪纳的论述更有说服力：不同文化中的婴儿训练各不相同，所以就有相应的不同投射系统。也就是说，某一具体文化中的民俗与该文化中的婴儿养育方式是一致的。

卡迪纳注意到，在阿洛尔人中，母亲的悉心照料在婴儿出生 14 天后就结束了。此后，母亲到田地干活，婴儿由哥哥、姐姐或亲戚随意照顾。母亲的照料是零星的、靠不住的。尽管婴儿可能会得到足够的营养，但他找不到一个总是可以依赖的人的形象，而他的饥饿恐慌感的消除必须跟这样一个形象联系在一起。所以卡迪纳认为，阿洛尔民间故事中的捐助者形象要么是匿名的，要么是很多人当中的一员，与此原因有关。在这些故事中，一个陌生人或"好人"总是凭空出现带来安慰。他还从传统的阿洛尔艺术中发现资料证明自己的理论。邓迪斯认为：

> 这里的重点不在于卡迪纳对阿洛尔民俗的分析有多可靠，而在于精神分析理论能够在各种文化语境中用经验验证：一种文化中的婴儿训练跟同一文化中的投射系统之间要么存在某种可以论证的一致性，要么不存在。这种可能的关系可以按照经验来研究。这样，弗洛伊德理论就可以得到证明或证伪。[①]

不幸的是，卡迪纳对弗洛伊德理论具有独创性的修正对民俗研究的发展方向几乎没有产生冲击。

民俗学家忽视卡迪纳，就像忽视在他之前的弗洛伊德一样。后来的精神分析学家同样也忽略民俗学，他们根据索福克勒斯的书面文本去分析俄狄浦斯，甚至根本不知道俄狄浦斯的大量民间故事文本。比如，在

---

① Alan Dundes, "The Psychoanalytic Study of Folklore", in *Parsing through Customs*: *Essays by a Freudian Folklorist* (The University of Wisconsin Press, 1987), p. 25.

很多口头文本中，俄狄浦斯是在看守菜园或果园时弑父的，因为父亲去看男孩是否醒着，而男孩以为父亲是夜贼，射杀了他。弑父行为发生在菜园里比男孩偶遇马车常见得多。精神分析学家千百次地探索该书面文本的深意，而根本不去考虑这一故事（AT931）的无数口头文本。而事实上，口头文本显然早于索福克勒斯对该故事的艺术处理。

偶尔会有支持精神分析理论的人类学家去分析非西方民俗的内容。卡普兰（Kaplan）在一个有趣的简短研究中，比较了祖尼人故事的内容分析和对祖尼人进行的主题理解测验①的结果，结论是：民俗是对一种文化的一种自然投射测验。其实，民俗是一种文化的投射文本或者甚至是投射测验，这一概念可以追溯到弗洛伊德。弗洛伊德曾在 1901 年说过，神话世界观的绝大部分内容——已经扩大到最为现代的宗教中——不过是投射到外部世界的心理而已。邓迪斯评价说，从卡迪纳的角度看，我们只需要加上一点：还存在具有文化相对性的神话世界观，它反映了具有文化相对性的心理差异。不同文化中民俗都不相同，所以心理情意丛和精神疾病也不相同。恒定不变的是，在每个文化中，在该文化的民俗和该文化中个体的梦境之间、在民俗和与文化有关的精神功能紊乱的形式之间、在民俗和婴儿训练的具体形式之间，都存在密切联系。

邓迪斯说，从本质上看，卡迪纳对弗洛伊德原来观点（民俗与婴儿训练的关系）的重新表达存在一个关键理论问题，即他在描述一种鸡与蛋的情形。声称婴儿训练形成成年反射系统（包括民俗），这是错误的。因为它假定婴儿训练存在于文化真空之中，而这个假定是错误的。

训练婴儿的人是父母，而就施加什么样的婴儿训练而言，父母无疑

---

① 即 Thematic Apperception Text（略作 TAT），是一种心理投射测验，要求被试者根据一套提示生活情境的图画来构想一个故事。

受到自己投射系统的影响。说成年投射系统会影响一种文化所采取的婴儿养育方式同样也是片面的。邓迪斯在此重复了他曾多次表达过的观点：

> 关键是，如果假定一个文化系统中的任一要素从逻辑上（或心理上）先于所有其他要素，那这种假定永远是荒谬的。①

因此，具体到这个问题，邓迪斯认为，说婴儿养育形成成年投射系统，这些成年投射系统又形成某一特定种类的婴儿训练，这在学术上是危险的循环论证。我们只能推断说，婴儿训练和成年投射系统之间存在一致或关联，而未必是因果关系。从个体发育的角度看——精神分析学家一般研究个体，而非整个文化——看起来的确是婴儿经历影响了具体的成年人格形态。但从文化的角度来看，婴儿经历主要由父母或代理父母给予和强加的文化价值所决定。

精神病学的跨文化研究表明，精神疾病是由文化决定的。不同文化中的妖魔都不相同，防卫措施也不相同。如果精神病医生要起作用，那么医生和病人就必须有同样的价值观。如果一个人不信鬼，那就难以驱鬼。鬼和其他妖魔都属于民俗。它们是传说的题材。不能认为所有其他民族都跟我们自己思考问题的方式一样。我们又回到那个折磨人的有关普遍性的问题上了：不是所有人都吃吗？是的。但是吃什么、何时吃、怎么吃、跟谁吃，等等，不同文化中差异巨大。没有证据，就不能直接假设或认定普遍性。邓迪斯说，在民俗中，他知道没有任何一个普遍存在的民间故事或神话。即便是分布极其广泛的洪水神话，在撒哈拉以南的非洲也根本没有。不是非洲黑人没有神话，他们当然有，而是他们碰

---

① Alan Dundes, "The Psychoanalytic Study of Folklore", in *Parsing through Customs: Essays by a Freudian Folklorist* (The University of Wisconsin Press, 1987), p. 27.

巧没有洪水神话而已。如果洪水神话真的在世界普遍存在，那么过去几百年里的旅行者、传教士、殖民官员以及近年的人类学家、民俗学家费力收集的资料中就应该有记录。

对普遍性的反驳让邓迪斯想到他在 1983 年研究过的例子：产翁。他说他完全相信，我们可以证明世界各地的男人都妒忌女人，尤其是妒忌女人的生育能力。这是因为产翁习俗的广泛分布能够证明这种可能性。有意思的是，西方的男性精神分析学家长期声称，是女性妒忌男性。阴茎妒忌在精神分析术语中是一个常见用词。邓迪斯发现，一方面，大量的民俗学资料中男人渴望无须借助女人就可以生孩子，如从膝盖生出婴儿，播种龙齿长出武士，宙斯从脑袋中生出的雅典娜，等等。而另一方面，几乎没有民俗学资料证明女性希望得到男性的生殖器官。虽然有大量的阉割故事，但一个女人毁坏男人的生殖器官并不等于女人渴望得到它。大多数重要的精神分析概念都在民俗中有非常接近的相似物，比如，弗洛伊德用俄狄浦斯故事命名恋母情结。那么，为什么精神分析中的男性生殖器官妒忌在民俗中没有相似物呢？

邓迪斯说，我们可以认为，男性生殖器官妒忌这一概念是一种男性投射。男人妒忌女人，但又不愿承认这一点。所以，他们反而说是女人妒忌男人。贝特尔海姆在《象征的伤口》[①] 一书中提到的成年仪式中的人类学资料表明，男人偷偷表现出女人的样子，甚至会对男性生殖器官做下切手术，使之流血，称之为女阴。在成年仪式上，男性被男性重新生出。而意味着女人想成为男人的类似仪式并不存在。邓迪斯说自己并非绝对地说不存在男性生殖器官妒忌，他只是奇怪为何民俗中几乎没有男性生殖器官妒忌的记录或报道。

20 世纪中期的民俗精神分析几乎没有什么进展。精神分析杂志上

①　即 *Symbolic Wounds*。

的大多数文章还是对同样少的一批资料中的神话和民间故事进行俄狄浦斯式分析。

用精神分析法研究民俗的一个重要成果是布鲁诺·贝特尔海姆在1976年出版的《魔法的用处：童话的意义和重要性》[①]。他对欧洲单个的童话（大部分是格林版本）进行了精彩阅读，得出令人信服的结论：这样的故事对儿童的精神健康非常重要。贝特尔海姆对民俗的这种积极评价与早期精神分析对民俗的消极评判截然相反。比如，布里尔（Brill）在1921年说，童话对正常的精神发展十分有害，因为它们是原始的和陈旧的表达形式。尽管它们满足了原始冲动，但它们鼓励了个人的原始思维和行为模式；童话中的施虐、受虐欲望给孩子带来极为恶毒的伤害。因此，贝特尔海姆肯定童话对孩子的积极作用，这代表了与前人观点的分歧，值得注意。

邓迪斯虽然赞赏贝特尔海姆对童话的肯定，但也认为贝特尔海姆缺乏民俗学常识，既不知道灰姑娘故事类型的分布范围，也不知道《丘比特和普赛克》不是神话而是童话。

贝特尔海姆的《魔法的用处：童话的意义和重要性》这本书中出现了对灰姑娘故事的分析。邓迪斯曾在10年前就王子给灰姑娘穿上玻璃鞋这一情节有这样的评论：脚是男性器官的象征，玻璃鞋是女性器官的象征。男性控制着女性象征，女性伸出男性象征。王子给灰姑娘穿鞋意味着男女的结合。双方控制了对方的生殖器官这一仪式行为跟婚礼上男人把戒指（象征女性生殖器）套在新娘伸出的指头（象征男性生殖器）上也许是一样的。在婚姻中，一方占有和控制着对方的生殖器。而10年后贝特尔海姆的分析与邓迪斯的见解如出一辙。邓迪斯将二人的分析同时列出，意指贝特尔海姆有抄袭之嫌。

---

① 即 *The Uses of Enchantment：The Meaning and Importance of Fairy Tales*。

邓迪斯认为，其他作出重要贡献的人还有菲利普·斯莱特（Philip Slater）、格尔雄·莱格曼，以及 L. 布赖斯·博耶。

邓迪斯说，菲利普·斯莱特把精神分析理论应用于希腊神话中。如果希腊神话表现了关键的儿童－父母关系的投射，那么人们就有可能通过阅读神话重构这样的关系。斯莱特利用希腊神话解释了古希腊家庭结构中的父母－儿童关系，尤其是母子关系。尽管这个研究再一次限于西方民族，但无疑是振奋人心之作，尤其是他判定了希腊和其他地中海社会两性分离对母子关系的影响。男人出去到咖啡馆里，被冷落的女人就把爱和关心倾注到儿子身上，因此加剧了不可避免的俄狄浦斯情结。

格尔雄·莱格曼对西方世界的下流笑话的全面分析是另一个主要贡献。他分析了成百上千个笑话的内容，从民俗学角度扩展了弗洛伊德 1905 年具有开拓性的著作《笑话及其与无意识之关系》以及马撒·沃尔芬斯坦（Martha Wolfenstein）出版于 1954 年的对儿童笑话和谜语的独创研究。

L. 布赖斯·博耶在 1979 年出版的《儿童与民俗：阿帕切人人格的精神分析研究》[1] 一书是对田野资料敏锐的精神分析。他同身为人类学家的妻子露丝（Ruth）花了 20 多年从梅斯卡莱罗阿帕切人那里收集了这些田野资料。大多数的精神分析学家在分析民俗时是扶手椅工作者，而不是田野工作者，他们更喜欢依赖他人收集来的民俗文本。而博耶分析的是他从自己认识的报告者那里收集来的资料。他把民俗学的田野调查跟精神分析专门知识结合起来的做法几乎是独一无二的。自从罗海姆之后，还没有一个精神分析者花费那么长的时间去实地调查民俗资料。

邓迪斯认为，贝特尔海姆、斯莱特、莱格曼、博耶等人的代表性著作表明，弗洛伊德用精神分析理论探索民俗内容的动力并未消失。值得

---

[1]　即 *Childhood and Folklore：A Psychoanalytic Study of Apache Personality*。

一提的是，弗洛伊德的修正者——有时被称作新弗洛伊德学说信奉者——对民俗研究贡献不多。埃里奇·弗洛姆（Erich Fromm）1951 年出版的《被遗忘的语言：梦、童话和神话的理解入门》①，分析了小红帽故事（AT333）和巴比伦的创世神话。但是，弗洛姆的理论依据是 19 世纪盛行的进化论观点，认为最初的母系制为父系制所替代，邓迪斯觉得这已经过时。另外还有少数人尝试着用"自我心理"研究神话，邓迪斯认为他们没有大的成绩。

荣格式研究民俗的潮流一直兴盛不衰。玛丽·路易斯·冯·弗朗兹（Marie Louise von Franz）在 20 世纪 70 年代按照荣格设定的框架出版了 6 本著作，用分析心理学来解释童话和神话。但这并不真正属于精神分析和民俗的讨论。

在简要概括和评论了从 20 世纪初到 20 世纪 80 年代的民俗精神分析之后，邓迪斯使用了接近全文 1/3 的篇幅介绍自己在此领域的成果，旨在证明他一贯的主张：民俗的精神分析方法既为心理学家也为民俗学家提供了巨大的、尚待开发的良机。

比如说，按照卡迪纳对弗洛伊德理论的修正，邓迪斯开始考虑仪式性禁食的潜在理性。精神分析理论的应用如何能够帮助我们理解这种习俗？邓迪斯 1963 年在《用仪式性禁食召唤神灵》②一文中这样分析：如果婴儿与父母的关系相当于成人与神灵的关系，那么就可以解释仪式性禁食了。婴儿必须得到喂养才能生存，当婴儿有强烈饥饿感的时候，就会有一个有力的巨大形象带来食物。在婴儿期，强烈的饥饿感与强大形象的到来之间一定存在联系。所以，按照婴儿 - 成人这种关系的转

---

① 即 *The Forgotten Language*：*An Introduction to the Understanding of Dreams*，*Fairy Tales and Myths*。

② Alan Dundes，"Summoning the Deity through Ritual Fasting"，in *Analytic Essays in Folklore* (Mouton & Co. N. V.，Publishers，1975)，pp. 146 – 150.

换，我们有理由认为，如果成人希望神灵到来，他就会让自己饥饿。他越饿，神灵就越可能来。邓迪斯相信，对仪式性禁食的这种弗洛伊德 - 卡迪纳式的解释是很有道理的。进一步推测，在婴儿经常得到喂养的社会中——不管婴儿是否哭喊——禁食不应该是常见的习俗。如果父母不管婴儿是否饥饿而随意喂食，那么在这样的社会里，成人会觉得禁食并非乞求神灵和超自然力量来帮助自己的必要而灵验的办法。

邓迪斯重视卡迪纳对弗洛伊德理论的修正，他说：

> 我使用比较精神分析推理法①去解释潜水捞泥神话、吼板、散财宴仪式、美式橄榄球等不同研究对象的隐藏意义。②

邓迪斯认为，精神分析中一个尤为有用的概念是投射③。邓迪斯曾区分过直接投射④和邓迪斯自己命名的逆向投射⑤。在比较简单的投射形式中，焦虑的起因几乎原封不动地被转换到另一层面。尽管人们相信父亲和儿子圣体同质，作为上帝的耶稣也就是他自己的父亲，但是，耶稣是圣母玛利亚所生——如果一个人的母亲是处女，这意味着对父亲的彻底否定，因为儿子的孕育与他无关。作为恋母情结的投射，故事并不完整，因为儿子不仅没有战胜父亲，而且被钉在生殖器式的十字架上遭受象征性的阉割。然而，当耶稣死而复生并且被一个也叫玛丽的妓女最先看到他"竖立"（复活）时，恋母情结胜利了。基督家庭情节中的恋

---

① 即 comparative psychoanalytical reasoning，是结合了精神分析和文化相对论的分析方法，主张在具体的文化中使用精神分析方法。它是卡迪纳对弗洛伊德精神分析方法的修正，受到邓迪斯的推崇。

② Alan Dundes，"The Psychoanalytic Study of Folklore"，in *Parsing through Customs：Essays by a Freudian Folklorist*（The University of Wisconsin Press，1987），p. 36.

③ 即 projection。

④ 即 straightforward projection。

⑤ 即 reverse projection 或 projective reverse。

母情结要素对女性而言也有意义（这时不如叫恋父情结），因为少女神奇地怀上天父的孩子。①

邓迪斯辨析说，逆向投射相反，涉及形态转化。弗洛伊德曾在1911年说过，"我恨他"被颠倒成"他恨我"。奥托·兰克在对印欧和闪米特英雄模式的研究中的惊人洞见是，这种不可避免的父亲－国王要杀死新生婴儿的尝试是对儿子想杀死父亲的愿望的投射。邓迪斯把兰克所称的这种投射称作逆向投射。不过，兰克等人虽然充分理解了男性的逆向投射，却完全忽视了女性的逆向投射，这让邓迪斯感到奇怪。里克林（Ricklin）在1915年讨论父亲想娶女儿的故事时正确指出，最初母亲（女王）的死去反映了女儿的愿望。邓迪斯1976年分析了莎士比亚《李尔王》中的主要民间故事情节，认为弗洛伊德派学者都错了——他们说民间故事中的父亲想娶女儿不过是父亲（作为男性）愿望的投射。邓迪斯说，实际上是女儿想嫁给自己的父亲。女儿想嫁父亲的愿望通过逆向投射被转化成父亲想娶女儿的愿望，正如儿子想杀父亲的愿望同样地被转化成父亲想杀儿子的愿望。这两种转化都让儿子和女儿免于愧疚。

邓迪斯说，在精神分析对投射的讨论中，投射与逆向投射之间的区分并不总是那么清晰，所以要使用民俗资料辨析。比如，逆向投射总是出现在传说中。一个特别常见的都市传说是，年轻黑人在公立学校的浴室里阉割了一个白人男孩。这个传说是白人讲的，不是黑人讲的。这个传说可能是白人想阉割黑人这一愿望的逆向投射，因为白人总是把黑人描绘成生殖器官异常庞大的人。

邓迪斯举例说明精神分析理论对民俗的启迪作用之后，又举例说明

---

① 可参看邓迪斯的文章"The Hero Pattern and the Life of Jesus"（*Protocol of the 25th Colloquy of the Center for Hermeneutical Studies in Hellenistic and Modern Culture*，Berkeley，1981）。

民俗对精神分析理论的益处：扩大精神分析理论的边界。比如，从理论上看，精神分析解释领域中一个非常棘手的领域是象征。精神分析者主要依赖对行为和物体的象征解释，但对某一特定的象征解释，几乎没提供具体证据。分析者只是坚持说某一特定对象具有特定的象征意义，偶尔解释说根据的是长期的门诊经验。但这难以提供可以验证的证据。更常见的是引用权威（多引用其他分析者，如弗洛伊德）来证明象征解释是正确的。象征解释有时更像是信仰，而不是科学！并非所有的民俗学家都对精神分析解释深信不疑，所以他们经常为这些解释之间的自相矛盾感到困惑。比如，德斯蒙德（Desmonde）1951 年对《杰克和豆茎》（AT328）的分析是，杰克阉割了自己，因为豆茎一碰到斧头就枯萎了，然后可怕的父亲形象消失了。而罗海姆在 1954 年《梦之门》中的分析是，豆茎既是杰克的生殖器官，也是父亲的生殖器官。邓迪斯说，这两种分析都认为豆茎是生殖器官，但问题是，到底是谁的生殖器官？

人们认为精神分析对资料的象征解释有些随意，所以指责说，象征意义被分析者强加到资料当中，而不是分析者通过分析资料获取象征意义。对象征解释的怀疑反映在民俗中，所以有一句据说是弗洛伊德创造的谚语："有时一根雪茄只是一根雪茄。"另一项与此相关的民俗以传说形式出现，这个可能伪造的故事（通常说贝特尔海姆就是故事中的那个精神分析学家）说：

> 一位精神分析家在演讲，一个坐在前排的女人却忙着织东西。精神分析学家生气了，停下演讲对她说："难道你不知道编织象征手淫吗？"女人不屑地回答说："我编织时，就在编织；我手淫时，我才手淫。"①

---

① 邓迪斯采用这个笑话既说明了人们对象征的怀疑，又顺便嘲弄了自己不喜欢的同行贝特尔海姆。

邓迪斯提出疑问：

> 这里讨论的一个严肃、合理的问题实际是：我们能否通过经验
> 证明某一物体或某一行为具有某种特定的象征意义？……有无办法
> 让象征研究不显得如此随意和主观？①

邓迪斯的答案是：

> 我发明了一种方法，它把比较方法和结构主义结合起来，为分
> 离某一文化中可能存在的象征对等物提供更为可靠的途径。②

　　普罗普 1928 年在苏联首次出版的《民间故事形态学》论证说，标
准的欧洲童话有 31 个功能（邓迪斯称其为母题位③）。童话的比较研究
为一个单独故事收集了多达一千个文本。如果把一个童话的所有文本按
照结构模型排列，我们就可以通过经验观察获知在一个具体母题位空位
上的母题变化范围。母题位变体的范围表明，在民的心中，什么是故事
中具体母题的功能对等物。邓迪斯认为这些功能对等物也是象征对等物。
关键是，这些象征等式不是通过事先已有的理论（如精神分析或其他理
论）获得的。邓迪斯已经在 1982 年的《牧兔者故事（AT570）中母题位
变体的象征等同》④ 一文中通过分析牧兔者故事说明了这一方法。

　　邓迪斯在《生活像鸡舍梯子：用民俗描绘德国文化》⑤ 一书中曾详

---

① Alan Dundes，"The Psychoanalytic Study of Folklore"，in *Parsing through Customs*：*Essays by a Freudian Folklorist*（The University of Wisconsin Press，1987），pp. 39 – 40.

② Alan Dundes，"The Psychoanalytic Study of Folklore"，in *Parsing through Customs*：*Essays by a Freudian Folklorist*（The University of Wisconsin Press，1987），p. 39.

③ 关于母题位、母题位空位、母题位变体等的详细内容，参看本书第三章第三节。

④ 本书第四章第二节详细介绍了该文内容。

⑤ Alan Dundes，*Life is Like a Chicken Coop Ladder*：*A Portrait of German Culture through Folklore*（Columbia University Press，1984）.

细分析了德国人的国民性格，他在此将其作为民俗学与精神分析互惠的另一个例子。邓迪斯认为，德国人具有肛门恋性格，因为德国有无数的谚语、民歌、笑话都与肛门恋有关。德国文化中的肛门恋笑话多于生殖器恋笑话。研究德国人国民性的文献很多，但几乎都未提到德国人对粪便的喜爱。反之，在精神分析的文献中，有无数关于肛门恋性格的研究，但都未提到德国人和德国人的国民性。这很可能因为早期分析者及其病人大多是德国人和奥地利人，按传统的种族中心主义推断，他们的方式就是世界的方式。

最后，邓迪斯把话题转向流行文化，他说流行文化不同于民俗，它既没有多处出现也没有变异，但是精神分析对于流行文化的研究也同等有益。

邓迪斯的这篇文章不仅概括了民俗精神分析研究的历史，而且详细阐述了民俗精神分析的方法。可以看出，邓迪斯自己的民俗精神分析研究从弗洛伊德和卡迪纳身上获益最多。邓迪斯尤为赞同使用卡迪纳改进后的比较精神分析推理法，即结合了精神分析和文化相对论的分析方法，邓迪斯又称之为弗洛伊德－卡迪纳观点。

第二节　邓迪斯民俗精神分析方法

邓迪斯多次表示，民俗的一个重要特点就是表面的非理性，这种非理性需要阐释。而在民俗学界的大多数人看来，邓迪斯的阐释本身似乎比民俗表面的非理性更具非理性。

邓迪斯对具体民俗现象的阐释涉及面广，从北美夸扣特尔人的散财宴到印度民间故事《乌鸦与麻雀》，从数字3到产翁制，从土耳其男孩的对骂到西班牙的街头谄媚语，从美国橄榄球到德国人的国民性，如此等等，邓迪斯都有绝不因循前人的见解。尤为重要的是，这些结论常令人瞠目结舌，有的甚至称得上惊世骇俗。

人们与其去为邓迪斯的具体结论震惊，不如去思考他为何如此分析，也就是说，邓迪斯的民俗精神分析方法到底如何？

一　比较精神分析推理法

邓迪斯赞赏的比较精神分析推理法是卡迪纳对弗洛伊德精神分析理论改进的结果。邓迪斯认为，弗洛伊德的精神分析理论最令人不满之处在于其理论前提：精神分析理论是普遍适用的。这一前提无视文化相对论，它令人类学家不快，也阻止了可能的支持者去严肃思考精神分析理论。任何在某一具体文化语境中产生的文化理论也许可能也许不可能适用于其他文化。所以这种文化理论应该也必须在其他文化语境中得到检验，以确定它是否具有跨文化有效性。而这一点，一般来说，正是精神分析学家没有做到的。

卡迪纳对弗洛伊德理论的修正就是将精神分析理论与具体的文化语境结合起来，他试图在具体文化语境中用经验来验证精神分析理论，这是对弗洛伊德理论的重大修正。

如前所述，邓迪斯非常赞赏卡迪纳对弗洛伊德精神分析方法的改进，称这种结合了精神分析和文化相对论的分析方法为弗洛伊德－卡迪纳观点，又把它叫作比较精神分析推理法。邓迪斯将其积极应用于自己的民俗精神分析研究中。

二　象征等式确立法

象征是精神分析解释领域中一个非常棘手的问题。精神分析者说某一特定对象具有特定的象征意义，有时依据的是治疗精神病人的门诊经验，更多时候依据的是权威（如弗洛伊德）的结论。人们批评精神分析对资料的象征解释过于随意，认为象征意义不是分析者通过分析资料所得，而是被分析者强加到资料当中。

邓迪斯希望通过实证的科学方法来解决这个问题，那就是利用民俗。他先对民俗进行结构分析得到母题位变体[①]，再依据母题位变体寻找民俗中的象征等式，这就为心理学的精神分析理论提供了令人信服的支持。邓迪斯对母题位变体的象征等同的探讨集中于两篇文章当中：《牧兔者故事（AT570）中母题位变体的象征等同》（1980）[②]、《母题位变体的象征等同：民间故事的分析方法》（1984）[③]。

（一）初论象征等式

1962 年，邓迪斯在《民间故事结构研究：从非位单元到着位单元》中首次提出母题位变体这一概念，认为它可能与象征对等的研究有关。1980 年，邓迪斯在《牧兔者故事（AT570）中母题位变体的象征等同》中对母题位变体进行了详尽分析，指出处于同一母题位位置上的一组母题位变体之间不仅功能对等，而且还可能具有象征对等关系。《牧兔者故事（AT570）中母题位变体的象征等同》一文的主要内容如下。

邓迪斯认为，用经验来确证象征等式是象征研究涉及的一个反复出现的难题。得出一个象征等式容易，而向不喜欢精神分析理论的人们证明这个等式则很难。精神分析者有两种途径得到象征等式：精神病人自愿提供的对梦里出现的某个象征符号的自由联想；先前某个精神分析学家宣称正确的某个象征等式。但是，即便我们知道 A 和 B 象征对等，

---

① 参看本书第三章第二节对 motifeme 的详细解释。

② Alan Dundes，"The Symbolic Equivalence of Allomotifs in the Rabbit-Herd"，in *Parsing through Customs*：*Essays by a Freudian Folklorist*（The University of Wisconsin Press，1987），pp. 167 – 177.

③ Alan Dundes，"The Symbolic Equivalence of Allomotifs：Towards a Method of Analyzing Folktales"，in Simon J. Bronner（ed.），*The Meaning of Folklore*：*The Analytical Essays of Alan Dundes*（Utah State University Press，2007），pp. 319 – 324.

又如何得知到底是 A 象征 B 还是 B 象征 A？我们到底是毫不怀疑地接受业已提出的象征等式，还是说事实上存在一种方法，能够确定象征符号的意义？

邓迪斯回答说，民间故事以及其他民俗体裁可以提供大量的资料来增进对象征的理解。大多数民俗学家没能正确使用这些资料，因为他们基本上倾向于从字面上而非从象征意义上理解民间故事的内容。他们对单个故事类型进行历史－地理研究，不去考虑组成故事的母题的象征含义。但是，恰恰是通过故事的比较研究，我们才能发现象征等式。

一个故事类型的基本情节框架内的内容变异极其丰富，当我们观察历史－地理研究中被挑选出的某一特征内部的次级特征时，这一现象尤为明显。这些特征由故事研究者事先挑选出来，通常是因为他认为这些特别的特征在判定故事原型和传播路线时都有用处。按照结构分析理论，民间故事由母题位序列构成，而在同一个母题位空位上可以填充多个母题位变体。如果 A 和 B 都可以填充到同一母题位空位上，那么从某种意义上说，民众就把 A 等同于 B。也就是说，母题位变体不仅是功能对等物，还是象征对等物。这些象征等式来自民众自己，而非某些特别倾向于某一象征学派的民俗学家。

邓迪斯认为，母题位变体的象征对等不仅适用于文化内部的变异，也适用于文化之间的变异。在某一特定的文化中，处在一个特定的母题位空位上的所有母题位变体将会显示出功能上的对等。比较多个文化中的同一故事类型，会得到同样的成套的母题位变体，也会得到不同的成套的母题位变体。借方文化可能接受借出方文化的一个故事类型，但会换上与其自身象征系统更相协调的母题位变体。

邓迪斯进一步引申研究母题位变体的意义：

民间故事的比较研究以往注重确定哪个母题位变体更古老或者

从逻辑上看先于其他母题位变体，而不是去说明与文化有关的那些母题位变体如何标志着地方类型（oicotype），而这些地方类型可能反过来会提供重要的线索来了解国民性格、地域偏好和个人风格。[①]

邓迪斯通过一则笑话的两个文本来说明自己的方法。

文本一是 1976 年在伦敦收集的反犹太人的故事：

> 两个犹太人在湖边走。一个把手指伸进水里，说："哇！水真凉！"另一个把鼻子伸到水里，说："是啊，还很深。"

文本二用得克萨斯人替换犹太人：

> 两个得克萨斯人走在旧金山的金门桥上。走到桥中间，他们要尿尿。一个说："好家伙！水真凉！"另一个说："不过不怎么深哪。"

邓迪斯说，这表明，从某种意义上说，鼻子和男性生殖器官是等同的。我们可以说 A 和 B 在功能上或象征上等同，但是，我们不能确定到底 A 是 B 的象征还是 B 是 A 的象征。不过，如果我们在这个文化的内部发现证据表明 A 是禁忌，而 B 不是禁忌，那么 B 就是 A 的代换物，B 就象征着 A。另外，如果英美民俗中"鼻子＝男性生殖器官"这一等式成立，我们就会发现同一象征等式存在于很多其他体裁中。象征几乎不会只存在于同一体裁中。所以在美国的五行打油诗中也有"鼻子＝男性生殖器官"的象征等式。

邓迪斯再三强调，这些例子的关键之处在于：这个象征等式是民众

---

① Alan Dundes, "The Symbolic Equivalence of Allomotifs in the Rabbit-Herd", in *Parsing through Customs：Essays by a Freudian Folklorist* (The University of Wisconsin Press, 1987), p. 169.

自己作出的，它来自文化内部，而非文化外部；它不是精神分析强加给资料的解释，而是从资料中得出的判断，所以它不应被忽略。邓迪斯说，他并不是要说鼻子总是代表男性生殖器官。虽然这些材料来自西方文化，但在西方文化内部也并非完全如此。[①] 有时鼻子就是鼻子而已。普罗普的结构研究论证了母题位变体的功能等同，而邓迪斯想要说明的是，母题位变体也会象征对等。

邓迪斯通过另一个例子《牧兔者故事》（AT570）的多个文本来进一步说明母题位变体象征等同的本质，他着重讨论了故事的四个方面。

其一，英雄或英雄和他的兄弟们一起受到国王威胁，如果不能完成放牧兔子的任务，就要被扔进蛇坑、被砍头、被阉割。按普罗普的观点，这个母题位空位上使用哪个母题都可以。具体的惩罚是什么从结构上看并不重要。如果我们明白母题位变体可能会象征等同，那么就会知道，被扔进蛇坑、被砍头、被阉割在某种意义上都是同一行为。

其二，总是有人千方百计想把魔法物或兔子从英雄身边偷走。从功能上看，英雄一定要留在身边的是魔法物或是兔子都没有关系。从象征上看，魔法物和兔子是一样的。通常，魔法物是一个哨子，英雄吹起它来召唤分散的兔子。有的文本中魔法物是播种机，象征意味尤为明显。英雄必须保持对自己性器官的控制才可以娶到公主。在西方文化中，兔子与繁殖力有关，放牧兔子意味着英雄要控制国王的生殖能力。如果英雄能证明自己有控制国王生殖能力的性器官，而且不与英雄自己的播种

---

① 其实即便这样限定，邓迪斯的象征等式也并未令人满意。另一位赞同用精神分析方法分析民俗的民俗学家迈克尔·P. 卡罗（Michael P. Carroll）认为，这两个例子并不属于同一文化。他说："毕竟，我们见到的只有两个文本（而不是 350 个），它们来自不同文化，每个都那么简短……无法证明它们是同一口头传统的一部分，也没有理由认为它们是独立发明出来的。" 参见 Michael P. Carroll, "Parsing through Customs: Essays by a Freudian Folklorist by Alan Dundes", *Transcultural Psychiatry*, Vol. 25（1988），pp. 57 - 60。

机或其他魔法物分开，他就能战胜国王，娶到公主。他用性征服了国王派来的所有女性密使（女佣、公主甚至是王后），这表明是一场斗争。

其三，任务（包括魔法物）的生殖器崇拜性质可以说明原本奇怪的、难以解释的文本。这些文本中，送给英雄魔法物的捐助者要求得到回报。有的说，英雄遇到一个鼻子被卡在树里一百年的女人，他松开了女人的鼻子，女人送他有魔法的哨子；有的说，英雄把老女巫鼻子里面卡着的桦树棍子拔出来了；有的说，英雄把捐助者卡在松树桩里的鼻子拿了出来；还有一个文本说，一个门牙中间有大裂缝的老男人答应帮英雄放牧兔子，但要以性交为回报。从本质上说，英雄似乎必须学会如何控制有魔力的性器官。让鼻子跟树桩分离可能暗示着结束或打断先前的性关系。英雄必须终结父辈的性行为，并通过诱奸和迎娶公主开始自己的新的性生活。

其四，向英雄提供帮助的哨子、播种机或者兔子的魔力在于它们可以在使用后重回到英雄身边。公主或王后用一个吻或一次性交"买到"这个东西，但她最终只是短暂地占有了它。这是以童话形式对性行为的幻想性的理解，因为男人在性交时看起来暂时"失去了"他的魔法物。每次性交后魔法物的神奇归来肯定了男性对自己性器官的控制和占有。

邓迪斯总结说，至于如何有效利用前人对单个民间故事的比较研究成果，他已经展示了方法。首先，研究者要找到一个故事类型的结构（母题位）模型，然后观察出现在一个特定母题位上的母题位变体。如果母题位变体是对等的，并且这种对等来自未加思考的、无意识的民间过程，而不是来自弗洛伊德学派从外部强加的、先入为主的分析系统，那么我们就有了对象征进行科学研究的新来源和新资源。认识到母题位变体的象征对等，民俗学家将会从被人忽视、无人关注的大量故事类型专题比较研究中得到意想不到的收获。比如说，我们可以从同一故事类型的多个文本中找到许多象征对等物，一个故事类型中的象征对等物完全有可能会在另一故事类型中找到。这些丰富的比较资料也可用来确定某一象征等式是不是地方类型，或是不是更广泛分布的类型。母题位变体的象征等式这一概念将在多大程度上帮助我们进一步探索民间象征，这还有待于观察。

（二）再论象征等式

1984 年，邓迪斯发表《母题位变体的象征等同：民间故事的分析方法》，再次陈述阐释的途径：使用象征等式。邓迪斯从 1962 年首次提出母题位变体这一概念到 1984 年利用这一概念探讨寻找象征等式的综合方法，经历了 22 年不间断的思考。此时，邓迪斯对民俗研究方法的思考趋于具体和成熟，于是提出分析民间故事象征意义的一套综合方法：比较方法、结构主义理论与精神分析理论三者的结合。并且，邓迪斯强调，这个方法适用于民俗的任一体裁，而不仅仅是民间故事。

邓迪斯认为：民间故事包含大量的幻想，这些幻想往往通过象征符号表现出来。民间故事象征什么？有没有严密的、可靠的方法可供民俗学家使用？如果民间故事里有象征密码，那么民俗学家该如何解密？邓迪斯在文中回答了这些问题。

邓迪斯认为，19 世纪的太阳神话学家和 20 世纪的弗洛伊德派精神分析学家的共同问题是，他们对民间故事的象征解释看起来随意、主观、没有事实根据。

研究民间故事的大多数传统方法没有涉及故事可能具有的象征意义。比较方法力图收集某个故事类型尽可能多的文本，目的是猜测故事的原有形态、年代和起源地。人们也会把横组合的或纵聚合的结构分析方法应用于民间故事，但根本不考虑象征含义。邓迪斯感觉到，不同方法各自分离，甚至彼此存有敌意。

邓迪斯想提出一种分析民间故事象征意义的一套方法：它依赖于比

较方法、结构主义理论与精神分析理论三者的结合。他认为，这种方法如果有效，就可以应用到世界上的任何地方，而且适用于民俗的任一体裁，而不仅仅是民间故事。

邓迪斯指出了使用这套方法的步骤。

首先，需要一个故事类型的大量文本。一个故事的文本越多，这套方法得出的结论就越可靠。

其次，需要借用普罗普的结构分析方法。一个故事中的任一母题位空位，都可能会出现两个或更多的可替换母题，即母题位变体。我们需要至少两个文本来证明一个母题位内部的变异，需要大量的文本来寻找母题位变异的完整范围。

如果在一个故事类型中母题 A 和母题 B 都可以填充到同一母题位，那么可以假定，民在一定意义上认为二者可以互相代换。如在牧兔者故事中，国王的惩罚手段有砍掉脑袋和阉割，这就意味着在民众的心中，砍掉脑袋与阉割等同。一个奥扎克族（Ozark）的印第安人故事讲述者知道这两个母题位变体，听众男女混杂时他就讲砍头，听众只有男人时他就保留阉割这个母题位变体。邓迪斯说，由于在听众男女混杂的情况下讲述者用砍头代替了阉割，所以阉割是禁忌，砍头就是阉割的象征。这个象征等式来自民众。

通过民间故事中母题位变体的比较而建立起的象征等式也可能在其他民俗体裁中表现出来。比如，一则荤打素猜的谜语①是这样的：什么东西从男人的睡衣里高高翘出来，可以把帽子挂到上面？答案是：头。传统习俗中也可以找到同一等式。

用同样的方法，还可以从故事《给情人的礼物》（AT706B）中找到眼睛和乳房的象征对等，从故事《贪心者和妒忌者》（AT1331）中找

---

① 即 pretended obscene riddle。

到眼睛和睾丸的象征对等。并非某物只有一个固定的、标准的象征意义。即便在同一文化中，某物或某形象也可能有多套母题位变体对等物，如，眼睛还可以象征肛门。这并非使用某种先验的、死板的理论解开民俗的象征密码，而是民俗自身提供了必需的钥匙：

> 通过汇集一项民俗的大量文本（比较方法），通过分析这项民俗结构内部发生的变异（结构主义），我们可以确定成套的母题位变体对等物。①

邓迪斯认为，这种方法适用于在特定母题位空位上存在变异的一种文化。在这个语境中，我们有可能描绘出属于某一特定文化的或者与该文化相关的成套的象征等式。另外，如果某一特定故事类型存在于多个文化当中——事实上几乎没有民间故事只存在于一个文化中——我们可以使用这种方法来探索跨文化象征对等的难题。跨文化象征对等不是指普遍的象征。大多数民间故事存在确定的、有限的分布模式，所以有印欧和闪米特民间故事、非洲人－非裔美洲人民间故事、亚洲人－美洲印第安人民间故事等。相应地，列举出一则印欧民间故事中的一个母题位空位上出现的所有母题位变体只能找出印欧文化中的象征等式。所以，假定某一象征等式普遍存在于所有文化中，是方法上的错误。

不过，这种方法容许在解决象征等式的分布这一问题时采用比较方法，我们可以先从一个文化语境中成套的母题位变体中找出象征等式，然后把这些结果与从其他文化的成套母题位变体中得到的象征等式作比较。通过这样的比较，我们可以通过资料而不是纯粹的推测来处理长期

---

① Alan Dundes, "The Symbolic Equivalence of Allomotifs: Towards a Method of Analyzing Folk-tales", in Simon J. Bronner (ed.), *The Meaning of Folklore: The Analytical Essays of Alan Dundes* (Utah State University Press, 2007), p. 322.

存在的象征分布问题。

邓迪斯举例说，《创世记》中，上帝让亚当沉睡，从他身上取下一根肋骨，然后用这根肋骨造出了夏娃。所以，"肋骨＝缺失的骨头"。邓迪斯认为，男人身体中有一部分"没有骨头"，这是关键。男人的生殖器官没有骨头，并且也曾被当成没有骨头的东西。从谜语和传统比喻中可以找到人们这种认识的依据。《梨俱吠陀》的一个文本这样开头："他的粗壮的东西出现了，悬挂在前面，像一条没有骨头的腿"；《埃克赛特书》里的一则谜语是这样的："我听到什么东西在角落里长大，膨胀，升起，把毯子顶起来了，一个自以为是的女仆双手抓住了那个没有骨头的东西……"这样，不管是字面意思还是象征意义，男人身上缺失的骨头显然指的是生殖器官。确定了"缺失的骨头＝男性生殖器官"这个象征等式，我们可以重新审视《创世记》中的内容：大男子主义者的创世神话颠倒生物学事实，说男人从自己身体中创造出女人，很自然地说男人用自己的生殖器官创造了女人。用"肋骨"来转述"骨中之骨，肉中之肉"，非常有可能是一种委婉的转换。

邓迪斯在文末总结说，他确信比较方法和结构主义理论的结合可被应用于任一文化。这种方法也可应用于民间故事之外的其他体裁。一旦这样的研究得以圆满完成，过去由精神分析学家和其他人提出的象征等式就有可能得到确证或者被抛弃。民俗学家应该尝试着更好地去理解自己长期以来收集和划分类别的资料的象征本质。

第三节　邓迪斯民俗精神分析实践

民俗学与心理学之间的互惠关系表现于民俗的精神分析研究之中。与心理学家仅仅把民俗当成研究资料不同，邓迪斯不仅利用精神分析的理论和术语阐释民俗，而且利用民俗结构分析获取母题位变体，为精神分析提供象征等式。

邓迪斯对具体民俗事象的精神分析阐释实践很多，这些民俗事象大致可以按照邓迪斯采用的理论前提分为三类：男性的怀孕妒忌与肛门生育幻想；肛门性欲；同性恋。

一 以"肛门生育幻想"和"男性怀孕妒忌"阐释民俗

按照弗洛伊德的解释，肛门生育理论是儿童性欲一般理论的内容之一，主要是说儿童不知道阴道分娩，以为妇女通过肛门分娩，孩子像粪便一样从肛门排泄而出。男性怀孕妒忌是弗洛姆的说法，又被勃姆（Boehm）称作分娩妒忌，是说男人妒忌女人生孩子的能力，希望像女人那样从他们的身体中产生或创造出有价值的东西。

（一）潜水捞泥者神话

《潜水捞泥者：神话中的男性创世》① 发表于 1962 年。据邓迪斯在 2002 年的回忆，写作这篇文章的起因是一次课堂讨论。当时邓迪斯还是一名学生，他的一位同学在课堂上讲述了《潜水捞泥者》这则创世神话。邓迪斯说：

> 我马上就看出这是个男性肛门创世的典型例子（男性用自己身体制造出的东西来生产，试图以此与女性竞争）。我在讨论中就这样说了，结果遭到了所有参加者的嘲笑，因为我的解释看起来就像是奇谈怪论。他们全然排斥我的观点，这激怒了我，促使我就此话题写了一篇文章。这篇文章最终发表在 1962 年的《美国人类

---

① Alan Dundes, "Earth-Diver: Creation of the Mythopoeic Male", in *Analytic Essays in Folklore* (Mouton & Co. N. V., Publishers, 1975), pp. 130 – 145.

学》期刊上。①

此文与同在 1962 年发表的《收集民俗的心理》等文章一起标志着邓迪斯民俗精神分析研究的开始。

邓迪斯分析《潜水捞泥者》神话的目的在于阐明一个问题。用精神分析方法阐释神话有一个重大的困难，这是因为可以用两种基本的方式使用精神分析方法：神话可以在了解特定神话制造者的情况下分析，也可以在不了解的情况下分析。那么，这两种方法是否同样有效？或者说，后者是否跟前者一样有效？

这则神话的内容是：

> 文化英雄让动物轮番到水中取泥土或沙子，要用这点儿泥土或沙子造大地。各种飞禽、走兽、水族都被派往茫茫大水之中。动物一个接一个地失败了。最后一个终于得胜，它奄奄一息地浮上水面，爪子里抓着一点儿泥土或沙子。这个捞泥的最终得胜者有时是麝鼠，有时是海獭，有时是龙虾，有时是水貂。它从水里捞上来的泥土神奇地膨胀成现在的整个世界。

邓迪斯说，这则神话有两个有趣的特点，其一是用泥土创世，其二是泥土的神奇膨胀。邓迪斯用两个关键假设来分析这则神话，这就是肛门生育理论和男性怀孕妒忌。指甲缝里的泥土能膨胀，表明它是粪便的象征。所以这则神话的意义是男性从肛门中排泄出了世界，男性创造了世界。

邓迪斯在论证过程中强调文化的普遍性。他认为，口头叙事有着惊人的稳定性，同一文化中相隔多代的讲述者讲述的神话在结构模式和细节上都惊人相似，比如宇宙起源神话能够成百上千年不变，所以，分析

---

① Simon J. Bronner, "The Analytics of Alan Dundes", in Simon J. Bronner (ed.), *The Meaning of Folklore: The Analytical Essays of Alan Dundes* (Utah State University Press, 2007), p. 16.

现代文化时使用该文化史前时期的宇宙起源神话显然不对。而且，把在多个文化中存在的神话当成某一文化独有也是谬误。

邓迪斯的最终结论是：

> 从理论上看，接受普遍性的观点和拥护文化相对论并不冲突。这不是个非此即彼的问题。有些神话是普遍的，而有些不是。……同样情形也适用于多元发生与传播论的矛盾，它们也绝不是互相排斥的。同样，我们说神话既反映了文化也折射了文化，这也并非前后矛盾。……神话必须在文化语境中研究，这样才能确定单独的文化要素中，哪些反映了文化，哪些折射了文化。但是，更重要的是，文化相对论的方法绝对不能阻碍我们认可与认同文化间的相似和潜在的普遍性。①

普遍性与文化相对论之争是一个棘手的问题，这也体现在他的研究中：他一方面呼吁重视具体文化语境，一方面又倡导以普遍性为基础的精神分析方法，这看起来似乎是一个根本矛盾，但实际上恰恰表现出邓迪斯精神分析研究中的一条重要内在线索：普遍性与文化相对论的结合。邓迪斯多次声明自己采用的是卡迪纳修正过的精神分析方法，它是精神分析理论和文化相对论的结合，提倡在具体文化中使用精神分析理论。邓迪斯认为，这一方法解决了普遍性与文化相对论的冲突。

（二）厕所涂鸦

邓迪斯的《我坐在这里——美国厕所涂鸦研究》② 发表于 1966 年。

① Alan Dundes, "Earth-Diver: Creation of the Mythopoeic Male", in *Analytic Essays in Folklore* (Mouton & Co. N. V., Publishers, 1975), p. 144.

② Alan Dundes, "Here I Sit—A Study of American Latrinalia", in *Analytic Essays in Folklore* (Mouton & Co. N. V., Publishers, 1975), pp. 177–191.

该文按内容对厕所涂鸦详细分类，共选取 64 条典型例子。

邓迪斯参考了艾伦·沃克·里德（Allen Walker Read）和琼斯的观点。里德说，厕所涂鸦产生的动机很多，不过主要的一条是人们渴望为自己的在场或存在留下记录。在厕所涂鸦跟往树上刻名字的缩写字母或名字一样。琼斯在《肛门性欲性格的特点》一文中说，在树上刻下名字的缩写字母或名字，实际上源于"原始涂抹冲动"，即婴儿想抚摸、玩弄粪便的愿望。不过这一愿望总是因父母禁止而得不到满足。刻下或写下自己的名字是想留下自己的纪念。邓迪斯说，厕所涂鸦应该也是源于把粪便或污泥涂抹到墙上的同一冲动。厕所涂鸦的内容多指大小便，这可以证明在墙上涂写与玩弄粪便有关。邓迪斯用民俗的例子证明，在美国文化内外的民俗中都可以找到排便跟书写的等同。书写的肛门性欲动机也可以解释为何男人比女人更喜欢在厕所涂写。

邓迪斯说，在美国文化中，人们强调创造力，男性必须"制造"出粪便之外的东西。人们希望留下自己的痕迹或在身后为子孙留下些东西，这种愿望与厕所涂写有密切关系。女性"制造"出孩子作为自己永生的形式，所以男性想要留下痕迹、留下记忆是因为他们想比女性更有创造力。

（三）美国文化中的数字 3

邓迪斯说，数字 3 这一模式化数字在美国文化中不是唯一的，不过是最重要的。他在 1968 年发表的《美国文化中的数字 3》一文中描述了美国民俗中乃至美国文化各个方面大量与 3 有关的例子，然后分析说，虽然从不同的角度思考，得出的结论会大不相同，但精神分析学者把 3 当成男性象征，这是西方文化传统象征的表现。他认为：

男性（与女性对立的男性）的思维是三分的。男性不能像女性那样生育，所以要用男性思维来补偿。只有这样说，我们才可以阐明一个纯属推测的起源理论。男人所能生产的唯一婴儿是大脑婴儿。他的智力产品就是他的"婴儿"。他的产品带着自己的痕迹数字3——男子气概的标志。西方观念和分类系统的主体都出自男性（而非女性）的头脑，这可以用来解释3为何占据主导地位。①

邓迪斯认为这种解释也可以说明为何美国文化尤其具有男子气概，比如，军队、童子军、垒球等，尤其受到3的支配。然而，这个分析也正如大多数的精神分析解释一样，纯属推测。

在文末注释中，邓迪斯不忘联系自己：

> 我最初开始匆匆摘记有关"3"的资料时，正在等待着第三个孩子的降生。然而，直到孩子出生之后我才突然想到，自己竭尽全力去展示有关3的例子，这种行为可能是一种奇怪的、特有形式的精神产翁制！②

（四）洪水神话

1986年，邓迪斯发表《作为男性创世神话的洪水》③，此文后来被收入邓迪斯1988年出版的编著《洪水神话》④中。

---

① Alan Dundes, "The Number Three in American Culture", in *Analytic Essays in Folklore* (Mouton & Co. N. V., Publishers, 1975), pp. 223 – 224.

② Alan Dundes, "The Number Three in American Culture", in *Analytic Essays in Folklore* (Mouton & Co. N. V., Publishers, 1975), pp. 224 – 225.

③ Alan Dundes, "The Flood as Male Myth of Creation", *Journal of Psychoanalytic Anthropology*, Vol. 9 (1986), pp. 359 – 372.

④ Alan Dundes (ed.), *The Flood Myth* (University of California Press, 1988). 邓迪斯编著《洪水神话》，陈建宪等译，谢国先校，陕西师范大学出版总社有限公司，2013。

邓迪斯在为《作为男性创世神话的洪水》这篇文章所写的按语中说，很多人研究洪水神话，却很少或者根本不去阐释洪水神话的意义，弗雷泽就是这样。所以，邓迪斯希望能回答这样的问题：人们为什么要讲述洪水神话？不管人们怎么认为，说它是真实的历史也好，是虚构的想象也好，它们为何在人类对世界起源的重建中有这么重要的地位？

在《作为男性创世神话的洪水》的正文中，邓迪斯认为，解释神话有两种方式——字面解释和象征解释，二者并不互相排斥。就洪水故事的具体情况而言，理论上可能的确发生过全球性或地方性的洪水，这可以从字面上理解洪水神话；但是，在远离自然洪水的内陆民族中，居然也有洪水神话，这就需要用洪水的象征意义来解释。比如，人类分娩时羊膜破裂，新生儿从羊水中诞生，羊水可被视作原始的洪水。大地也可以被想象成从这样的原始洪水当中被创造出来。

邓迪斯认为，大部分洪水神话中，都是由男性神祇毁灭世界，救出一个男性幸存者，通过这个男性幸存者来再繁殖世界。男性创世或再创世是通过洪水实现的，这是女性分娩时释放的羊水在宇宙起源上的投射。因此，洪水神话是男性试图模仿女性创造力的一个例子。所以，洪水神话是男性创世神话。另外，从生物学常识的角度看，最初的创造是女人完成的，男人为了否认女人的自然生殖优势，就破坏了最初的创造，而代之以男人自己的第二次创造。因此，更应该说，洪水神话是再创世神话，而不是创世神话。

邓迪斯说，如果把包括洪水神话在内的父权神话放在男性心理的语境中考查，就会发现连贯的主题。其一是俄狄浦斯型的主题，其二是男性与女性的对立。至于男性与女性对立这一主题，邓迪斯认为：

> 这个主题典型之处在于男性试图窃夺女性的生育能力。是男性神祇创造世界，是女性从男性的身体中诞生（雅典娜是宙斯的一

个完美的"脑生子"），是男性制造的（尿液）洪水代替了女性制造的羊水洪水。分娩的痛苦转化为承受全世界毁灭的痛苦的男性幻想。①

邓迪斯甚至接着对迷恋洪水神话的男性学者以及男性神学家作精神分析，认为当代男性执着于洪水神话，主要是为了维护男性在世界上的特权地位。

（五）《创世记》中的产翁制

《〈创世记〉中的产翁制》② 发表于 1983 年。弗洛姆曾在 1951 年出版的《被遗忘的语言》中说，《创世记》是男性怀孕妒忌的神话。邓迪斯说，从解剖学知识看，人类与其他动物不同，男性生殖器官里没有骨头；而民俗中也普遍认为男性生殖器官是无骨的东西。是男性生殖器官中丢失的骨头（而不是肋骨）被拿来创造了女性。所以，夏娃是由亚当的生殖器官创造出来的。《创世记》的开头两章实际上是与产翁制对应的书面内容。上帝用亚当肋骨造出夏娃的情节象征着亚当用自己的生殖器官生出了女人，实际上与产翁制一样，都是男性怀孕妒忌的表现。男人有怀孕妒忌又不想承认，反而说女性妒忌男性。在《创世记》和产翁习俗中表现出男性和女性的竞争。

邓迪斯多次使用精神分析中的"怀孕妒忌"理论阐释民俗现象，认为男性出于对女性的怀孕妒忌，努力创造出文化产品来与女性抗衡。邓迪斯身为男性精神产品的创造者，认为自己的智力创造行为就是一种

---

① 邓迪斯编著《洪水神话》，陈建宪等译，谢国先校，陕西师范大学出版总社有限公司，2013，第 152 页。

② Alan Dundes, "Couvade in Genesis", in *Parsing through Customs: Essays by a Freudian Folklorist* (The University of Wisconsin Press, 1987), pp. 145 – 166.

奇特的精神上的产翁制。如果我们在这样的语境中把邓迪斯称作民俗学界的产翁，估计他会欣然接受。

二 以"肛门性欲"阐释民俗

肛门性欲是一种关注肛门（有时是直肠）的性活动。由于肛门的神经末梢丰富，这种行为能够给人带来快感。弗洛伊德假定肛门性欲出现于童年的肛门期。

（一）收集民俗的心理

邓迪斯发表于 1962 年的《收集民俗的心理》①一文旨在讨论民俗学家收集民俗的心理动机。邓迪斯说，与以往只研究民俗资料不同，人们开始对民俗传承人传承民俗的动机感兴趣，但是，只有很少人去关注民俗收集者的心理，比如，他们为什么要收集和出版民间故事？邓迪斯提到的"很少人"指的是多尔逊。多尔逊虽然并不赞同民俗的精神分析方法，却在 1957 年发表的《收集和出版美国民间故事的标准》一文中提出了这个问题：

> 收集者为什么要收集和出版民间故事？②

1975 年，多尔逊在给邓迪斯的《民俗分析文集》一书所写的序言中再次提到这个问题，他说：

> "为什么收集民俗？"传统学科中那些迷惑的但未必有敌意的

---

① Alan Dundes, "On the Psychology of Collecting Folklore", in *Analytic Essays in Folklore* (Mouton & Co. N. V. , Publishers, 1975）, pp. 121 – 129.

② Richard M. Dorson, "Standards for Collecting and Publishing American Folktales", *The Journal of American Folklore*, Vol. 70 （1957）, pp. 53 – 57.

同事们反复向民俗学家提出这个问题。他们大声质疑：这样无穷无尽地积累文本，用难解的字母和数字标注它们，到底有什么重要意义？①

多尔逊说邓迪斯的《民俗分析文集》已经对这个问题作出了最好的回答，所指正是收入这本文集中的《收集民俗的心理》一文。

邓迪斯把研究目标指向自己所属的群体：民俗学家。他通过分析民俗学家个人的心理来解释民俗学家的资料收集活动。

邓迪斯说，按照精神分析理论，收集东西的根本原因在于肛门性欲。如厕训练主要就是训练婴儿控制排便，控制排便或者憋便自身就成为快乐的来源。芬尼切尔（Fenichel）曾说，收集是收缩肛门欲望的升华，收集者从中得到快乐是因为他从自己的粪便中持续了婴儿－自恋乐趣。琼斯充分发挥了弗洛伊德的观点，在《肛门性欲性格的特点》中说，肛门训练有两种基本对立的倾向：一种是憋便，一种是喷便（喷射排便）。把这两种对立倾向与升华和反应的形式结合起来，就有四种类型的肛门性格：第一种是憋便－升华型，拒绝给予，希望收集；第二种是憋便－反应型，升华包含收集禁忌物或禁忌行为的社会接受的替代品，而反应从根本上拒绝最初的乐趣追求，其乐趣在于整洁，不在于肮脏，而且整洁常常演化为有秩序；第三种是喷便－升华型，这种类型的人慷慨，乐于创造；第四种是喷便－反应型，与第二种类似，抗拒对秽物的兴趣。琼斯说，所有的收集爱好者都是肛门性欲者。当然，这四种类型并不互相排除。

邓迪斯用精神分析的方法研究了一些知名民俗学家的人格。热衷于收集民俗的民俗学家是憋便－升华型。热衷于分类的民俗学家是憋便－

---

① Richard M. Dorson, "Foreword", in *Analytic Essays in Folklore* (Mouton & Co. N. V., Publishers, 1975).

反应型，他们不仅不愿意讨论甚至不承认存在"脏"民俗，这是他们与憋便－升华型民俗学家的区别。这两类憋便型的民俗收集者都不愿发表收集资料。而肛门喷射性格的民俗收集者急于发表收集来的资料。喷便－升华型的民俗收集者喜欢去除民俗中的猥亵、肮脏的成分，所以这是伪俗产生的一个原因。喷便－反应型的民俗收集者对淫秽内容持宽容态度，经常按照收集来的原始形式发表民俗资料。

邓迪斯对民俗收集者还有另外一些解释。有些民俗收集者有在厕所阅读的习惯，这是在平衡从身体中排泄出粪便的损失。如果他们是肛门喷射型，喜欢看到自己的资料被印刷出来，那么他们也应该有排便后观察粪便的习惯。如果他们是肛门收缩型，就可能从不丢弃自己的收藏资料。

（二）散财宴

发表于 1979 年的《头或尾：散财宴的精神分析研究》[①] 是邓迪斯的得意之作。他在收录此文的《风俗解析：一个弗洛伊德式民俗学家的文集》一书的前言中评价说：

> 如果我按照象征意义对散财宴的分析是正确的（我经过考虑后使用这个条件句），那么，将近一个世纪以来对这个仪式的一般人类学分析就是不恰当的，坦率地说，就是错误的。[②]

这是邓迪斯对前人研究的常见评价，充分体现了他喜欢质疑的风格。

---

① Alan Dundes, "Heads or Tails: A Psychological Study of Potlatch", in *Parsing through Customs: Essays by a Freudian Folklorist* (The University of Wisconsin Press, 1987), pp. 47 – 81.

② Alan Dundes, "Preface", in *Parsing through Customs: Essays by a Freudian Folklorist* (The University of Wisconsin Press, 1987), p. xi.

散财宴①曾经流行于北美太平洋西北海岸的诸多民族中，其中，以夸扣特尔人的散财宴尤为典型。散财宴是夸扣特尔人最为重要的公共庆典。19 世纪之前，人们通过散财宴宣告各种事情，宴请和分发礼物是必不可少的步骤。礼物是散财宴主人财富、社会地位和慷慨程度的标志。19 世纪以后，欧洲人进入此地，资本主义经济给夸扣特尔人的生活带来巨大的影响，散财宴也随之发生了变化：在用于竞争或复仇的散财宴上，主人不仅赠送礼物，而且往往极尽奢侈之能事，疯狂损毁自己的财富。散财宴一直是文化人类学的难解之谜，众多学者主要从经济学、社会学和心理学等几个方面对它进行分析，但都未能对其实质作出全面的解释。邓迪斯认为，既然散财宴是象征性仪式，就应该用象征方法解释。

邓迪斯用夸扣特尔民俗中的资料证明，夸扣特尔人具有肛门性欲性格。民俗中的许多资料都证明了钱财与粪便之间的象征关系。散财宴上频频出现的铜盾有很强的象征意义，在交换中价值甚至高达数千张毯子。夸扣特尔人认为铜器有浓重的臭味，如同粪便。铜盾毫无价值，却被赋予很高的价值，这一点也正是粪便的特征。他们将铜看作粪便的象征。砸碎铜盾，就是损坏财富，象征着排泄粪便。

夸扣特尔人有两个重要观念。其一是万物有头有尾，也就是说，有嘴巴和肛门。万物都像人体一样，能消化食物、排泄粪便。其二，头尊尾卑。嘴（脸、头）受到尊崇，肛门被贬低。整个世界如同夸扣特尔人自己的社会一样，按高低贵贱的顺序排列。食物在正常的从口腔到肛门的运动中，转化为粪便，人因此获得力量。所以食物从口腔到肛门（从头到尾）的这一从尊至卑的运动方向是不可逆的。改变由尊至卑的运动方向，人的正常生理行为就会被打乱，造成身体上的痛苦和精神上

---

① 邓迪斯有关散财宴的详细研究可参看丁晓辉的《散财宴的实质——兼论阿兰·邓迪斯的相关研究》一文。

的侮辱。这也可以解释夸扣特尔人为何是猎头的民族。夸扣特尔人以颠倒敌人正常的消化方向为惩罚手段，所以一个常见的做法就是砍掉敌人的头。对方没有了头，就被彻底地降格成肛门，单方向的正常消化不能进行，再也无法完全进行从头到尾的生命运动过程。这一砍头行为终止了敌人的生命，也是对敌人的侮辱。

邓迪斯认为，首先，散财宴上破坏财富让主人体验到了排泄的快感。破坏财富表达了人们最原始的排泄的欲望，是人与粪便的战争。粪便的真正意义在于排泄出去，因此，顺利排便可视作带来好运的行为。反之，憋便就会带来不幸。财富在象征意义上等同于粪便，所以散财和花费会带来好运，吝啬会招来不幸。因此，如果财产不被散尽，主人的亲人就会遭受不幸，主人的社会地位也会下降。这就是为什么竞争性散财宴的最后一举是破坏东西。其次，让客人当众呕吐，比对手破坏更多的财产，将碎铜片交给对手，目的都在于极力贬损对手，通过侮辱对方达到自己的心理满足。按照夸扣特尔人的逻辑，一个人让对手呕吐了，就等于颠倒了对手正常的消化过程，食物本应消化后变成粪便从肛门排出，因此，让对手呕吐就是把对手的嘴贬低为肛门，胜利者从中获得贬抑对方、抬高自己的快感。

邓迪斯说：

> 毫无疑问，肛门性欲性格是弗洛伊德学派所描述的最令人信服的人格特征之一。问题是，如果它真的适合跨文化研究，那么它适合到何种程度？①

邓迪斯想通过对散财宴的分析，证明精神分析理论跨文化的适用性。

---

① Alan Dundes, "Heads or Tails: A Psychological Study of Potlatch", in *Parsing through Customs: Essays by a Freudian Folklorist* (The University of Wisconsin Press, 1987), p.53.

肛门性欲性格、钱财与粪便的象征关系是精神分析的普遍内容；万物有头有尾、头尊尾卑是夸扣特尔人的文化内容。这就是邓迪斯倡导的相对精神分析推理法，结合了精神分析的普遍性与文化相对论的特殊性。

（三）德国人的国民性

1980 年写成、1984 年出版的《生活像鸡舍梯子：用民俗描绘德国文化》[①] 是邓迪斯最受争议的一本书。邓迪斯认为，德国有无数的谚语、民歌、笑话都与肛门恋有关，德国文化中的肛门恋笑话多于生殖器恋笑话。这可以解释德国人为何喜爱香肠、管乐器、泥浴，也可以解释德国纳粹作出的反犹太人的恐怖行为。纳粹的一个目标是让德国干干净净，不再有肮脏的犹太人。一个最为恶毒的实验是把犹太人变成肥皂。

与内容的惊世骇俗相应，该书的出版过程一波三折。该书内容最初是邓迪斯 1980 年 10 月在美国民俗学会年会上的主席发言，按照惯例，应该在《美国民俗学杂志》上发表，却意外地遭到编辑拒绝——因为编辑认为这项研究伤害了美国民俗学会中的德裔美国人。

24 年之后，邓迪斯在再一次参加美国民俗学会 2004 年年会的主席发言上声讨了此事。他说：

> 我认为这个理由既荒谬可笑又侮辱人，因为我自己就是具有部分德国血统的美国人。不过我意识到，编辑的名字表明她有德裔美国人的血统。编辑是否把文章送出去审阅了，我无从知晓。关键是，即便这篇文章侮辱了德裔美国人，这也不该是一篇研究认真的论文或专论被拒绝发表的理由，因为这样的理由在学术上不足为凭。正如你们中的大多数人所知，这本书后来虽然出版，但是耽搁到了

---

① Alan Dundes, *Life is Like a Chicken Coop Ladder：A Portrait of German Culture through Folklore* （Columbia University Press，1984）.

1984 年。美国民俗学会的拒绝导致这本书推迟了四年才出版。[①]

该书出版时，邓迪斯把它献给自己的曾祖父——邓迪斯的曾祖父在18 岁时（1852 年）从德国到达美国，1902 年卒于纽约。

很多学者认为，根本就不存在国民性这样的东西。而邓迪斯确信国民性是重要的研究对象，任何确定这一概念的尝试都是值得付出辛劳的。他希望这本书能够证明国民性的确存在，也希望人们知道，通过民俗勾勒出某个民族的性格本质是一条捷径。他按照一贯的研究方法，从德国民俗中寻找证据，认为就肛门性欲而言，没有多少文化能比得上德国文化。

三 以"同性恋"阐释民俗

（一） 土耳其男孩对骂

邓迪斯与另两位作者杰里·W. 利奇和博拉·厄兹科克在 1970 年发表的《土耳其男孩对骂韵文的策略》[②] 中分析了土耳其男孩对骂韵文的隐含意义。

与《生活像鸡舍梯子：用民俗研究德国文化》一书的遭遇类似，此文的发表也颇为曲折。由于担心文中的有些资料可能被大多数的中产阶级美国人视为淫秽，邓迪斯不知道该往何处投稿。最终邓迪斯投给了《南方民俗学季刊》，并附信给获得印第安纳大学民俗学博士学位的编辑布尔特·沃（Bulter Waugh），说如果他不愿发表，自己会理解。让邓迪斯惊喜的是，沃很快回信说他喜欢这篇文章，愿意发表。大约六个月后，由于沃离开编辑部，临时编辑埃德温·卡珀斯·柯克兰（Edwin Capers

---

① Alan Dundes, "Folkloristics in the Twenty-First Century"（AFS Invited Presidential Plenary Address）, *Journal of American Folklore*, Vol. 118, No. 470（Fall, 2005）, pp. 385 – 408.

② Alan Dundes, Jerry W. Leach, and Bora Ozkok, "The Strategy of Turkish Boys' Verbal Dueling Rhymes", in *Essays in Folkloristics*（Folklore Institute, 1978）, pp. 71 – 104.

Kirkland）通知邓迪斯他们不发表这篇文章了，因为它可能会得罪佛罗里达大学的校务委员。邓迪斯给柯克兰写了一封言辞激烈的信，谴责这个站不住脚的理由。并且邓迪斯把这封信的复印件寄给了他认识的每一位重要民俗学家，把《南方民俗学季刊》这种出尔反尔的做法公之于众：

> 尽管后来我很高兴这篇有争议的文章 1970 年发表在《美国民俗学杂志》上，但不用说，我强烈憎恨编辑部的这种懦弱的、毫无骨气的决定。①

这篇文章的研究对象是土耳其男孩的对骂。土耳其 8～14 岁的男孩中存在仪式性对骂的传统形式，回骂不仅要与前面的辱骂相关，还要押韵，这要求回骂者记忆力强、反应迅速，以应对别人的挑衅和侮辱。土耳其男孩对骂内容的主题是同性恋，这与美国黑人骂娘的主题完全不同，因为后者是向对手的母亲发起性攻击。

邓迪斯与其他两位作者分析说，土耳其男孩知道，在男女关系中，男人应该咄咄逼人、强壮有力。男人在女人世界中也的确如此行事。一旦进入男人社会，小男孩就意识到自己应该恭敬顺从年长男人，如同女人在男人面前一样。从男孩的女性被动角色到男人的男性主动角色的转换是男孩成长为成年男人过程中的固有部分。从某种程度上看，土耳其男性对骂具有过渡仪式的功能。对骂提供了奸污男性同伴的机会，但也产生了被这个同伴奸污的危险。同性恋关系中，信赖与怀疑并存，男孩依赖的同伴可能会突然威胁到男孩自己的男子气概。土耳其世界观中存在宿命论的、被动的依赖与个人主义的、主动的侵犯之间的对立，所以对骂中同时出现了两种态度。邓迪斯根据对土耳其语"朋友"一词的

---

① Alan Dundes, "Folkloristics in the Twenty-First Century" (AFS Invited Presidential Plenary Address), *Journal of American Folklore*, Vol. 118, No. 470 (Fall, 2005), pp. 385 – 408.

语言学分析推测说，主动的男性生殖器官进攻被动的肛门曾经在土耳其文化中是一种重要的心理结构。不管这种男性生殖器官仪式性地进入对手肛门的传统是否存在久远，这种在 20 世纪的土耳其城市、乡村都普遍存在的对骂技巧都不是秘不示人的东西。它是在土耳其文化中发挥作用的活跃因素，为土耳其男孩提供了发泄的良机，去释放在变成男人的痛苦过程当中产生的感情。

（二）美国橄榄球和美国游戏"打垮同性恋"

邓迪斯于 1978 年发表《攻入球门区得分：对美国橄榄球的精神分析》[1] 一文。他利用美国民俗证明自己的观点，认为美国橄榄球的目标可以简化成这样：力争自己进入对手球门区的次数超过对方进入自己球门区的次数。比赛中，两队的男性尽力进入对方球门区，进入次数多者为胜。所以，美国橄榄球表现出同性恋式的仪式性争斗，男子在这种争斗中通过贬低其他男子的手段，也就是说，通过把他人变成女子，来证明自己的男子气概。

邓迪斯声明自己并不是说橄榄球运动员是同性恋者，或者球迷是同性恋者，因为表现出具有同性恋特点的行为不等于就是同性恋者，正如在酒吧或鸡尾酒聚会上小酌一杯不等于是酒鬼。即便如此，这篇文章仍然招来了读者的强烈愤怒，邓迪斯甚至还收到了书面的死亡威胁。

邓迪斯在 1985 年发表的《美国游戏"打垮同性恋"与男性竞技运动和战争中的同性恋成分》[2] 一文中把这一观点扩大到了美国男孩游戏

---

[1]　Alan Dundes，"Into the Endzone for a Touchdown：A Psychoanalytic Consideration of American Football"，*Western Folklore*，Vol. 37 （1978）.

[2]　Alan Dundes，"The American Game of 'Smear the Queer' and the Homosexual Component of Male Competitive Sport and Warfare"，in *Parsing through Customs：Essays by a Freudian Folklorist* （The University of Wisconsin Press，1987），pp. 178 - 196.

"杀死同性恋者"、男子竞技运动甚至是战争，认为这些男孩游戏、男子竞技运动、战争都表现出同性恋式的仪式性争斗，目的都是通过把对手贬低为女性来证明自己的男子气概。这个结论同样惊世骇俗。

以上仅是邓迪斯民俗精神分析实践中较有代表性的部分例子。实际上，他的阐释对象也可以列出一个长长的清单，他的阐释跟他的分析对象一样令人眼花缭乱。

布朗纳评价说，邓迪斯常因人们误以为他过分关注民俗里的性象征而受误解和排斥。他按弗洛伊德的方式把民俗里的性象征视为意义的感官层面的内容，并且深入阐释文化表达中的意识形态影响和社会学影响。邓迪斯称自己是弗洛伊德式的民俗学家，但由于他曾经用怀孕妒忌代替弗洛伊德强调的男性生殖器官妒忌，布朗纳觉得，用"改进的"或"后弗洛伊德式的"称号更为合适。邓迪斯的研究频繁参考了兰克、琼斯等后弗洛伊德的、象征主义者的著作。这不仅因为他们考察了民俗资料，而且因为邓迪斯比弗洛伊德更重视女性发展和文化语境。邓迪斯一方面修改了弗洛伊德理论中梦的象征、肛门性欲、压抑等概念，另一方面摈弃了进化论起源和集体无意识之类思想。

所以，布朗纳认为，邓迪斯虽然自称是弗洛伊德式的民俗学家，但并非仅用弗洛伊德式的方法"一招打天下"：

> 邓迪斯在他去世前未发表的手稿中强调说："与大多数专门研究某一时代（如 19 世纪的俄国小说）、某个人（如威廉姆·福克纳）的学者不同，我在四十年的职业民俗学家生涯中痴迷于多种多样的研究对象。每个论题对想要了解它的人来说都是挑战。"……他破解文化之谜时采用了各种方法，包括语言学方法、历史方法、跨文化比较方法、民族志方法、女性主义方法、结构主义方法。他的确被精神分析理论吸引，这是因为它对人的精神和身体发育过程的探索

能够解释民俗中的幻想、禁忌和仪式。但他也作出了更正和修改，比如他提出了男性文化炫耀、男性创造和男性侵略等主题。①

邓迪斯的民俗精神分析阐释大量借鉴了弗洛伊德的精神分析理论，但并未完全因袭弗洛伊德的理论。他更多地接受了卡迪纳对弗洛伊德精神分析的修正，即相对精神分析推理法。除此之外，邓迪斯还利用民俗结构分析当中推导出的母题位变体的象征等同，为心理学提供了象征等式。所以，布朗纳称邓迪斯为"后弗洛伊德式的民俗学家"是合适的。

第四节　邓迪斯阐释法的启迪

邓迪斯坚持民俗需要阐释，这一主张在他的著作中处处可见。他的民俗阐释无论从研究态度、研究方法、研究对象上还是从他的求真精神上来看，都对中国的民俗学研究具有启迪意义。

邓迪斯博览群书，勤于思考。他的民俗阐释结合了比较方法、结构分析方法和精神分析方法，同时涉及人类学、语言学、历史学等多方面的知识，所以才能对民俗文本作出有价值的阐释。

邓迪斯一再声明自己的民俗研究目的就是阐释民俗的意义。他的民俗学基本主张在 20 世纪 60 年代已经基本定型，在此后 40 多年的研究中，邓迪斯一直致力于各种民俗事象的精神分析阐释。邓迪斯涉猎虽广，但学术活动的核心仍是民俗阐释。虽然邓迪斯在批评美国民俗学界没有产生宏大理论的同时，承认自己也是他人理论的追随者，不是理论的创造者，然而，他是一个善于利用工具和改用工具的能工巧匠。他用相对精神分析推理法去分析世界各地的奇风异俗，一次次验证自己的工

---

① Simon J. Bronner, "Preface and Acknowledgments", in Simon J. Bronner (ed.), *The Meaning of Folklore*: *The Analytical Essays of Alan Dundes* (Utah State University Press, 2007), p. xi.

具是否有效。

更重要的是，邓迪斯的民俗精神分析阐释让我们看到文本研究的广阔空间。印欧和闪米特人的魔眼，印度的《乌鸦与麻雀》故事，世界各地的啄米鸡玩具，愚人节傻子，镜子中流血的玛丽，吸血鬼……都是邓迪斯的民俗阐释对象。邓迪斯通过民俗观察他人，也观察自己，观察自己所属的群体。布朗纳说：

> 需要强调的是，对于邓迪斯而言，他的"本地人"通常是"我们自己"，而不是他人。他对自家、自己课堂、自己国家的儿童、学生、音乐家、科学家和民俗学家的研究证明了这一点。①

因为多数人对精神分析研究方法不认同，邓迪斯显得求新求异，这在一定程度上遮蔽了他学术求真的执着精神。邓迪斯从学生时代在课堂上讨论《潜水捞泥者》神话开始，就饱受同行的嘲笑、拒绝，此后对土耳其男孩对骂、美国橄榄球、德国国民性、犹太人性格、波兰裔美国人的笑话、《古兰经》② 等民俗事象的研究都毫无例外受到劝阻。他曾发表《无事生非：英国俗语中一个难题的刨根问底式的研究》③ 一文，

---

① Simon J. Bronner, "Preface and Acknowledgments", in Simon J. Bronner（ed.）, *The Meaning of Folklore：The Analytical Essays of Alan Dundes*（Utah State University Press, 2007）, p. viii.

② 邓迪斯 2003 年把口头程式理论用于《古兰经》的研究。国内外的同行都反复告诫他说这样做不安全，劝他放弃。一位可以信赖的同事在看了邓迪斯的文章后说，邓迪斯的分析是完全正确的，但是这样做在政治上不正确。邓迪斯说："在伊斯兰世界中，使用任何理论分析《古兰经》里的世俗内容都是亵渎神明的。在西方，理论上看，学者原本可以进行这项研究，但是他们因为惧怕冒犯阿拉伯世界的同行而根本不愿去做。结果是，阿拉伯学者不愿费力去做，西方学者不愿选择去做。……非伊斯兰的民俗学家应该承担这项并不过分的研究。"参见 Alan Dundes, "Folkloristics in the Twenty-First Century"（AFS Invited Presidential Plenary Address）, *Journal of American Folklore*, Vol. 118, No. 470（Fall, 2005）, pp. 385 – 408。

③ Alan Dundes, "Much Ado About 'Sweet Bugger All'：Getting to the Bottom of a Puzzle in British Folk Speech", *Folklore*, Vol. 113（2002）, pp. 35 – 49.

研究与"鸡奸"（bugger）一词相关的英国俚语，他的朋友、同事、学生提供了资料，他在文末对提供帮助者一一致谢后如此说：

> 虽然我选择使用了他们提供的珍贵资料，但是，他们对我的资料选用不负有责任。

时为 2002 年，邓迪斯在民俗精神分析研究领域早历经风雨。至于这篇涉及敏感话题的文章又会引来多少非议，都在邓迪斯的意料之中。

正如邓迪斯常常不无刻薄地指责同行一样，同行指责起他来也毫不客气。戴维斯加州大学的大卫·比亚利（David Biale）在评论邓迪斯的犹太人性格研究时这样说：

> 邓迪斯犯了一个初出茅庐的人类学家才会犯的最根本错误。他不是尝试着去理解一种文化习俗对于文化所有者的内在含义，而是把外来的、说到底无法证明的理论强加给他所研究的人们。[①]

即便从对他倍加赞赏的导师多尔逊那里，邓迪斯的精神分析研究也并未得到鼓励。邓迪斯在 2002 年还耿耿于怀的一件事发生在 1963 年，多尔逊向邓迪斯索要精神分析理论的资料来了解当时的民俗学理论，邓迪斯事后回忆说：

> 多尔逊的确很能干地总结了我给他精心准备的所有材料，但目的却只是嘲笑它们。我的行为不仅无助于我的目标，反而让我无意中帮助和支持了敌人。我曾愚蠢地认为我的教授思想开放，诚心想了解这个方法。我远未对人们进一步了解民俗精神分析方法作出贡

[①] David Biale, "The Shabbat Elevator and Other Subterfuges: An Unorthodox Essay on Circumventing Custom and Jewish Character by Alan Dundes", *American Jewish History*, Vol. 90, No. 4 (2002), p. 458.

献，相反，我为多尔逊提供了军火，让他贬低和嘲笑它。①

邓迪斯觉得受到了背叛，认为这件事让自己快速成熟，从一个天真的探索者变成了勇敢的英雄。邓迪斯在 2004 年的演讲中宣称：

> 在我的职业生涯中，我既未惧怕过冒犯报告人，也未惧怕过冒犯同行。不管我研究的群体是橄榄球运动员、德国人，还是正统派犹太教徒，我都一样对待。我的信条是：我尽最大努力去分析民俗，无所顾忌。②

总体来看，我们未必一定赞同邓迪斯阐释民俗事象的具体结论，但邓迪斯对理论的重视、在方法上的不懈探索、对学术的执着，无疑为我们树立了榜样。他在我们面前展开一个精彩纷呈的民俗世界，同时孜孜不倦地为我们剖析这些表象背后隐藏的同样精彩纷呈的精神空间。他让我们更加深刻地意识到，民俗背后的"俗民"的内心世界，跟民俗一样引人入胜。

---

① Alan Dundes, *Bloody Mary in the Mirror*: *Essays in Psychoanalytic Folkloristics* (University Press of Mississippi, 2002), p. xv., quoted from Simon J. Bronner, "The Analytics of Alan Dundes", in Simon J. Bronner (ed.), *The Meaning of Folklore*: *The Analytical Essays of Alan Dundes* (Utah State University Press, 2007), p. 16.

② Alan Dundes, "Folkloristics in the Twenty-First Century" (AFS Invited Presidential Plenary Address), *Journal of American Folklore*, Vol. 118, No. 470 (Fall, 2005), pp. 385 – 408.

第五章

邓迪斯民俗学研究的体系及其价值

邓迪斯的民俗学研究在基本理论、研究方法和具体实践这三个方面具有内在一致性，已经形成了较为完整的体系。邓迪斯在民俗研究领域赢得了巨大声誉，同时也经受了嘲笑和排斥。他的为人称赞之处也往往是为人诟病之处，这些都发人深思。

第一节　邓迪斯民俗学研究的体系

邓迪斯赞赏博厄斯"民俗是文化之镜"、一个民族的民俗是那个民族的"自传体民族志"等观点。他认为，把民俗当成过去的产物和把民俗当成对现在的反映，二者的区别对民俗学方法论来说有着重要意义。如果民俗不再限于死去的遗留物，而是包括活生生的材料，那么民俗研究就不必限于追溯起源，而应该去研究民俗的当前功能。这使得美国民俗研究的方向发生从"过去"向"过去和现在"的转变、从"遗留物"到"遗留物和正在发挥作用的要素"的转变。

由于人们重视民俗的当前功能，所以，关注民俗产生和使用的语境、关注民俗对于民的具体意义、关注民俗所有者的所思所想就成为必然。美国民俗研究方向发生的这一重大转变，是邓迪斯民俗学研究的理论出发点，也贯穿于邓迪斯民俗学研究的整个体系之中。

邓迪斯的民俗学研究体系可以从外部框架、内在逻辑两个角度去分析。

一　外部框架

（一）目标：阐释民俗

如前所述，邓迪斯认为民俗研究的意义应当如此：

> 最终，理论概念，结构分析方法，还有精神分析理论的应用，仅仅因其有助于阐明人性才有价值。民俗学家研究民俗，应当不是为了民俗本身（尽管民俗的确很吸引人），而是因为民俗提供了民的独特画像。在民俗中，我们发现一个人群自己的无意识的自画像。民俗作为自传体的民族志，使得民俗学家通过从内向外而不是从外向内的途径去了解一个人群。[①]

邓迪斯曾宣称，身为一个精神分析学派的民俗学家，他的职业目标是理解无意义的意义，找到非理性中的理性，力图意识到无意识。因此，可以说，邓迪斯的民俗研究目标就是阐释民俗的意义，把民俗中的无意识变成有意识，进而了解民俗背后的人群。

（二）步骤：收集、识别与阐释

邓迪斯自称是图书馆民俗学家，不是田野工作者，但这并不等于他

---

① Alan Dundes, "Preface", in *Analytic Essays in Folklore* (Mouton & Co. N. V., Publishers, 1975), p. xi.

不重田野资料，也不等于他缺少田野资料。只是一个人的精力有限，爱好不同，难以面面俱到。他一方面反感缺乏语境的资料收集，另一方面痛心既有田野资料堆积如山却无人问津。所以，他既呼吁收集语境中的文本，也呼吁对文本进行正确的识别，以及在正确识别基础上进行合理的阐释。他认为，识别是阐释的基础，阐释是识别的目的。而离开了语境，文本既不能被正确识别，也无法被合理阐释。

（三）方法：综合方法

邓迪斯对比较方法、结构分析方法、精神分析方法都曾以长篇文字进行专门探讨。这几种主要的研究方法贯穿于他一生的学术研究之中。他的研究涉及语言学、心理学、人类学、社会学、文学、历史学等多门学科，实现了多学科综合方法的运用。

二 内在逻辑

（一）核心

布朗纳这样评论邓迪斯的民俗学研究：

> 民俗的自相矛盾之处——也是民俗的迷人性质——是民俗一直在变化，但又总保持原样。民俗是地方的，又是普遍的；民俗是旧的，又是新的。为解决这个矛盾，他终生努力去表明：民俗是精神的产物，它反映了文化，又构成了文化。①

邓迪斯努力要把民俗中的无意识变成有意识，进一步去了解人性，

---

① Simon J. Bronner, "Preface and Acknowledgments", in Simon J. Bronner (ed.), *The Meaning of Folklore: The Analytical Essays of Alan Dundes* (Utah State University Press, 2007), p. viii.

了解我们自己。这其实也是邓迪斯民俗研究外部框架中民俗研究的目的。

（二）线索

1. 文本与语境的结合

语境对民俗文本的识别和阐释都有着重要价值。邓迪斯强调语境，意在借助语境更深入地阐释民俗的意义，对民俗表面的荒谬作出合理的解释。

2. 识别与阐释的结合

识别是阐释的基础，阐释是识别的目的。这一观点在邓迪斯著作中反复出现，实际上是在批判当时民俗研究令人不满的现状：民俗学家总是停留于初级识别，因之沾沾自喜，而喜爱阐释的文学批评家和人类学家却将阐释建立在错误的识别基础之上。

3. 普遍性与文化相对性的结合

弗洛伊德的精神分析理论以人类心理一致性的普遍性为基础，而博厄斯的文化相对论强调文化的个性。邓迪斯赞赏并学习卡迪纳将普遍性与文化相对性结合，把它应用于民俗的精神分析研究中。

邓迪斯曾说，在任一民俗文本或语境中使用的象征都可能与一个普遍系统中的象征有关。这不是说他认为任何一种象征都一定是普遍的。事实上，他认为没有哪一种象征来自所有的民族，也没有哪一个神话存在于世界各地。不过，在以文化相对论为前提的象征体系中，具体象征的使用可能具有惊人的连贯性。

邓迪斯重视某一具体文化中的象征，重视民俗文本的地方类型，皆源于此。

综合起来看，邓迪斯的民俗学体系可以用表格归纳如下（见表5-1）。其中，外部框架中的研究目标其实也就是内在逻辑中的核心。

表 5 – 1　邓迪斯民俗学研究体系

邓迪斯民俗学研究体系		
外部框架	步骤	收集
		识别
		阐释
	方法	比较方法、结构分析、精神分析以及其他方法相结合的综合方法
	目标	把民俗中的无意识变为有意识，阐释民俗的意义，了解民俗背后的人群，了解我们自己
内在逻辑	核心	
	线索	文本与语境的结合
		识别与阐释的结合
		普遍性与文化相对性的结合

第二节　邓迪斯民俗学研究的借鉴意义

由于邓迪斯在民俗学界的出色成就，他的著作被译为德语、西班牙语、汉语、日语等多种语言，在芬兰、德国、中国、印度、荷兰、日本等地出版，在世界范围内拥有广泛的读者。邓迪斯曾多次获奖，在美国民俗学界和国际民俗学界都拥有声誉。

尽管邓迪斯的民俗学研究存在一些显而易见的缺憾，但邓迪斯无疑是一位卓有成就的民俗学家。他的成就源于他自身许多难能可贵的品质。对于中国年青一代的民俗学者而言，邓迪斯的民俗学研究有着重要的借鉴意义。

一　邓迪斯的学术贡献

邓迪斯在学术上的贡献已经在前文中有了比较详细的评析，此处简要述之。邓迪斯在民俗学研究上的突破和创新以对前人的批判和否定为基础，其价值主要体现在以下几个方面。

（一）基本理论上的创新

直到 20 世纪上半期，民俗学家依然以历史重构为目的，以民俗为素材，重构民族的、地方的乃至国家的文化史，以培养民族自豪感、增强民族凝聚力。研究者把民俗当成过去的遗留物，偏重对民俗资料的收集和分类，而不去思考民俗中民的因素。邓迪斯重视民俗之民，从概念上扩大了民的范围，同时指出民俗未必以口头形式存在，进而从整体上扩大了民俗的范围。邓迪斯把识别当成研究的基础，认为它虽然重要，但不能作为研究目的。他把对民俗意义的阐释当成民俗学研究的最终目标，把民俗学研究从表层的识别和描述引领至深层的分析和阐释。

（二）研究方法上的扩展

邓迪斯在学科内部传统的比较方法的基础上，借助结构主义去探索民俗结构的同时，利用心理学领域的相对精神分析方法阐释民俗的意义，了解民俗的拥有者。他的民俗学研究综合了比较方法、结构主义方法、精神分析方法等多种方法，是对传统的历史－地理方法的突破。

（三）研究实践上的突破

在具体的民俗学研究中，邓迪斯一方面在民俗学理论研究上提供了一系列他改造而来的术语（如"民族志式的描述"，"口头文学批评"，"元民俗"，"母题位"，"母题位变体"，"母题位变体象征等式"，"逆向投射"，"男性怀孕妒忌"，等等），另一方面对纷繁复杂的民俗事象进行精神分析阐释。他对民俗事象的阐释往往不落窠臼，其具体结论甚至触怒他人。这也许跟人们对他使用的精神分析方法不甚了解有关，但根本原因在于他自身固有的求实求新精神。

二　邓迪斯学术工作的遗憾

邓迪斯的民俗学研究固然卓有成效，但遗憾也不容忽视。在受人赞美甚至被神话化的同时，他也承受了嘲笑、孤立和排斥。如果将其全部归咎为对手的无知和傲慢，显然是不够公允的。

（一）　寂寞的民俗精神分析研究

尽管邓迪斯觉得道理非常简单：

> 民俗的文学研究和历史研究早就有了，但民俗的心理研究却非常罕见。可是，民俗（包括中国民俗）包含许多幻想的材料，而研究幻想就需要对心理因素加以关注。①

可是，民俗的精神分析研究方法并未得到民俗学界的普遍认可，更不用说普遍采用。有民俗学家称邓迪斯是"这个领域内没有追随者的领袖"，邓迪斯把这句话用到自己未发表的自传中。②

邓迪斯曾分析说，在美国民俗学界，用心理学方法分析民俗之所以遇到阻力，至少有两个原因。其一是对历史方法的偏爱。其二是因为民俗的超有机体概念。其实，除了这两个因素之外，从局外人的角度看，还有不可忽视的邓迪斯的个人因素。

事实上，邓迪斯在"这个领域内"并不是领袖，他也并非"没有追随者"。在精神分析学家中，对民俗进行精神分析的学者比比皆是，弗洛伊德、亚伯拉罕、卡迪纳、弗洛姆等人的研究成果被邓迪斯多处引

---

① 阿兰·邓迪斯：《民俗解析》，户晓辉编译，广西师范大学出版社，2005，序第 3 页。
② Rosemary Levy Zumwalt，"Alan Dundes：Folklorist and Mentor"，in Regina Bendix and Rose-mary Levy Zumwalt（eds.），*Folklore Interpreted：Essays in Honor of Alan Dundes*（Garland Publishing，Inc.，1995），p. 23.

用。即便是在民俗学领域，早有匈牙利民俗学家罗海姆涉足这一领域，邓迪斯对他十分欣赏，称他"也许是第一个采用精神分析方法的人类学家。他是多产作家，分析了十几则格林童话，并且都有一定深度"①。邓迪斯曾在多篇文章中引用罗海姆的观点，并在《民俗的精神分析研究》中对他有专门评价。另外，1993 年出版的《社会精神分析研究第18 卷：纪念阿兰·邓迪斯文集》② 一书中，数篇论文都是民俗精神分析研究。③ 而迈克尔·P. 卡罗尔（Michael P. Carroll）的《民间叙事的母题位变体和精神分析研究：再看〈室友之死〉》④ 一文如同出自邓迪斯之手。如此看来，邓迪斯的民俗精神分析研究前有古人、后有来者，又何来他孤独之说呢？

也许下面的几件事可以帮助我们找到答案。

其一是邓迪斯对其他民俗精神分析研究者的评论，涉及两人。一位是前文中出现过的贝特尔海姆，另一位是德国学者厄兹·杰格里（Utz Jeggle）。

贝特尔海姆是一位使用精神分析方法分析民俗的民俗学家。邓迪斯虽然肯定他对格林童话的精神分析很有价值，结论令人信服，但仍毫不客气地说，贝特尔海姆缺乏民俗学常识，他对灰姑娘故事的分析甚至有抄袭邓迪斯之嫌。

---

① Alan Dundes，"The Psychoanalytic Study of the Grimms' Tales"，in *Folklore Matters*（The U-niversity of Tennessee Press，1989），p. 121.

② L. Bryce Boyer，Ruth M. Boyer，and Stephen M. Sonnenberg（eds.），*The Psychoanalytic Study of Society*，*Volume 18：Essays in Honor of Alan Dundes*（The Analytic Press，1993）.

③ David H. Spain，"The Psychoanalytic Study of Society，Volume 18：Essays in Honor of Alan Dundes by L. Bryce Boyer；Ruth M. Boyer；Stephen M. Sonnenberg"，*American Anthropologist*，Vol. 96，No. 3（Sep.，1994）.

④ Michael P. Carroll，"Allomotifs and the Psychoanalytic Study of Folk Narratives：Another Look at 'The Roommate's Death'"，*Folklore*，Vol. 103，No. 2（1992），pp. 225 – 234.

厄兹·杰格里 2003 年发表的文章《消失的轨迹：民俗中的无意识》①讨论了精神分析理论与民俗学的关系，邓迪斯就此撰文《迟胜于无：精神分析民俗学的例子》②。他说杰格里的文章很有趣，这不是因为他说出来的东西，而是因为他没有说出来的东西：身为德国人的杰格里不但没有充分利用德文资料，在讨论梦、笑话和童话时，还忽视了包括邓迪斯在内的他人的重要研究成果。邓迪斯说，厄兹·杰格里身上有诚实的品质，乐于改变自己的看法，接受新观点③，杰格里的这种可贵的品质虽然表现在他的文章中，但恐怕太少、太迟了。

其二是邓迪斯对自己的支持者的评论。邓迪斯在讨论自己分析美国橄榄球的方法时说：

> 我现在不过是要证明我对美国橄榄球的象征阐释是对的。即便是赞同我的解释的那些少数人也不能给我提供更多的证据。他们只是莫名其妙地觉得或确信我对美国橄榄球的分析是对的而已。但是，那种赞同难以成为科学资料。④

这些言辞颇能代表邓迪斯的鲜明个性。

---

① Utz Jegle, "The Lost Track: On the Unconscious in Folklore", *Journal of Folklore Research*, Vol. 40, No. 1（Jan. – Apr., 2003）, pp. 73 – 94.

② Alan Dundes, "Response: Better Late Than Never: The Case for Psychoanalytic Folkloristics", *Journal of Folklore Research*, Vol. 40, No. 1（Jan. – Apr., 2003）.

③ 这指的是 1982 年两人在柏林的一次私人谈话。厄兹·杰格里谈自己对《生活像鸡舍梯子：用民俗描绘德国文化》的感受时说："我第一次看到你的文章摘要时很生气。我问自己为什么会那么生气，也许它真的有道理，所以才引起我那么强烈的反应。"邓迪斯把这件事写到《生活像鸡舍梯子：用民俗描绘德国文化》一书的前言里。参看 Alan Dundes, "Preface", in *Life is Like a Chicken Coopladder*（Wayne State University Press, 1989）, p. viii.

④ Alan Dundes, "The American Game of 'Smear the Queer' and the Homosexual Component of Male Competitive Sport and Warfare", in *Parsing through Customs: Essays by a Freudian Folklorist*（The University of Wisconsin Press, 1987）, p. 183.

其三是邓迪斯的同行西摩·帕克（Seymour Parker）对邓迪斯的评论。邓迪斯评判他人的方式早在 1963 年就已经引起帕克的不满。帕克在《对邓迪斯〈潜水捞泥者：神话中的男性创世〉的思考》一文中说：

> （邓迪斯的）这类辩论带有居高临下的优越感，扼杀了进一步的科学讨论。①

帕克认为，邓迪斯说在神话研究领域人类学家并未取得任何显著进步，并把这种"失败"归因于人类学家对弗洛伊德式的神话分析的忽视或强烈反对，这些说法显然不是事实。事实是：

> 随便举几个例子，M. K. 奥普勒（M. K. Opler）、M. E. 奥普勒（M. E. Opler）、霍尼格曼（Honigmann）、拉·巴雷（La Barre）、赫斯科维茨、克拉克洪（Kluckhohn）等人的神话分析中都有精神分析观点的确切影响和考虑。显然，邓迪斯忽视了这些人（还有很多其他人）工作中对精神分析心理学的使用，因为他们没有拥护正统的观点②。③

至此我们似乎可以为邓迪斯是"这个领域内没有追随者的领袖"之说找到答案。邓迪斯作为出色的民俗学家，其知识积累和学术视野为大多数民俗学者所不及，所以这一领域内的平淡之作难以让他满意。他缺少的不是同道，而是他自己看得起的同道。他的骄傲与他的寂寞同时产生，互相促成。不过，如果没有这种"一览众山小"式的寂寞和骄

---

① Seymour Parker, "Concerning Dundes' 'Earth Diver: Creation of the Mythopoetic Male'", *American Anthropologist*, Vol. 65, No. 4 (Aug., 1963), pp. 913 – 915.

② 帕克所说的"正统的观点"指的是"正统的弗洛伊德式的观点"。

③ Seymour Parker, "Concerning Dundes' 'Earth Diver: Creation of the Mythopoetic Male'", *American Anthropologist*, Vol. 65, No. 4 (Aug., 1963), pp. 913 – 915.

傲，他在该领域的威望又从何而来呢？

另外，对于民俗学家而言，民俗的精神分析研究毕竟是另一个研究领域，与对民俗进行精神分析的精神分析学家相比，遇到的困难要大得多。精神分析学家把民俗作为研究资料，这并不太难；而民俗学家要想以精神分析法研究民俗，就得先系统了解和掌握精神分析理论，这需要大量的时间和精力。也许困难并不在于民俗学家根本不愿意承认精神分析的重要性，而在于民俗学家希望避难就易，停留在自己熟悉的领域。

认为邓迪斯是"这个领域内没有追随者的领袖"，这一说法只能是夸大之词，重在强调民俗的精神分析研究是少数研究者的爱好，未能得到普遍认可和尊重。邓迪斯不仅有支持者，而且有一定数量的追随者，只不过这些支持者和追随者水平不高，不能让邓迪斯心生敬意，数量又太少，没有形成强大声势。

实际上，邓迪斯也曾乐观预言：

> 美国的民俗概念迟早会兼容并蓄，使用心理学理论。①

布朗纳曾经这样总结邓迪斯在民俗精神分析领域的地位：

> 他声称自己没有信徒和追随者（在我看来，他当然有），尽管我们可以说所有的民俗学家和心理人类学家都在学术上得到他的教益。②

即便如此，美国学者称赞邓迪斯而少有人与他齐名，中国学者羡慕

---

① Alan Dundes, "The American Concept of Folklore", in *Analytic Essays in Folklore* (Mouton & Co. N. V., Publishers, 1975), p. 15.

② Simon J. Bronner, "Preface and Acknowledgments", in Simon J. Bronner (ed.), *The Meaning of Folklore: The Analytical Essays of Alan Dundes* (Utah State University Press, 2007), p. ix.

邓迪斯而没有全面了解他。就这种境遇而言，邓迪斯并不孤独。刘守华执着于中国民间故事史，祁连休潜心于中国古代民间故事类型研究，赞美者多，效仿者少，曲高和寡，中外皆然。

（二）半途而废的民俗定义

与邓迪斯的精神分析遭到冷遇和排斥相反，邓迪斯对民间故事、谚语、迷信、游戏、谜语的结构分析曾引起积极、热烈、普遍的反响。更为重要的是，邓迪斯对民俗的定义50多年来得到民俗学家的较为广泛的认可和采用。

然而，一个令人遗憾的事实是，几乎没有人响应和追随他对民俗的各个体裁进行结构分析。

邓迪斯的好友、同行乔治斯①在2005年邓迪斯去世后评论说：

> 邓迪斯在美国发起民俗结构研究，同时不遗余力地推崇和维护民俗的精神分析阐释，然而，人们对民俗结构研究兴趣的下降、对民俗精神分析阐释的排斥，都是令人失望的。②

如前所述，邓迪斯的民俗定义方法无论从逻辑上还是在实践中都存在悖论。他为自己设定了一件不可能完成的任务，所以，他先给出每个民俗体裁的定义、最终再给出民俗一个概括性定义的设想只有半途而废。

除此之外，布朗纳指出，邓迪斯已有的民俗列举性定义中存在逻辑

① 1960年秋，乔治斯到印第安纳大学民俗学专业攻读硕士，与早他一年入读的邓迪斯相识并成为好友，进而，这一友谊扩展到两个人的家庭，并持续了45年之久，直至邓迪斯去世。

② Robert A. Georges, "Alan Dundes (1934 - 2005): A Remembrance and an Appreciation", *Western Folklore*, Vol. 63, No. 4 (Fall, 2005), pp. 279 - 285.

上的循环论证：

> 由于邓迪斯的民俗定义在民俗学领域被视为标准定义，人们通常忽视了这个限制条件："重要的是，不管以什么原因形成的群体都会有这个群体认为属于自己的一些传统"。该定义中没有说出来的那部分内容是，两个或更多共有联结要素的人使用传统来建立——用邓迪斯的话说——"群体身份感"。换句话说，民俗是由那些为形成群体而使用民俗的群体生产出来的。[①]

邓迪斯已有的列举性定义虽然受到普遍采用，但并不能令人完全满意；而邓迪斯设想中的概括性的民俗定义最终因为邓迪斯研究重点的转向而不了了之。这显然是邓迪斯民俗定义研究的一个遗憾。

（三）对民的矛盾态度

邓迪斯曾谈到学者对民和民俗的矛盾态度。他说，一种固有的严重悖论存在于各地的民俗学发展过程之中，它与学者对民和民俗的强烈的、不曾平复的矛盾感情相关。一方面，民过于平凡，民是人们当中落后的、不识字的一部分，精英学者为之羞愧；另一方面，民又代表着民族遗产中美化的、浪漫的遗存，热忱的学者为之赞颂。所以，学者既为他们的民和民俗尴尬，又为之骄傲。

其实，从邓迪斯自己的研究中也不难看出对民的矛盾态度。一方面，邓迪斯关注元民俗与口头文学批评，从民俗中寻找象征等式，重视民自己对民俗的解释，提倡语境中的文本，关注民俗的地方类型，使用比较精神分析推理法，认为民俗研究的最终目的是解释民俗背后的民；

---

① Simon J. Bronner, "The Analytics of Alan Dundes", in Simon J. Bronner (ed.), *The Meaning of Folklore: The Analytical Essays of Alan Dundes* (Utah State University Press, 2007), p. 21.

但是，另一方面，在已经知道自己的民俗精神分析触怒了研究对象时，他并未按照自己的理论去记录和分析民的反应，以及民对自己民俗的"口头文学批评"。

邓迪斯坚持学术求真，但是，也许正是这种被朋友称为偏执的认真，导致他不愿接受别人的观点，甚至是，一方面在理论上提倡重视民，另一方面在实践中又忽略民的反应。这种理论与实践的矛盾似乎不该出现在邓迪斯的身上。

三 邓迪斯学术研究的启迪意义

邓迪斯富有创造力，学术研究成果多达 250 多项，内容涉及民俗的各个方面。他丰富的民俗学研究给予后来者颇多启迪，让人们不得不去思考邓迪斯何以成为国际知名民俗学家，其学术影响何以遍及世界。

(一) 开放的学术视野

邓迪斯的好友米德尔这样谈论邓迪斯：

> 邓迪斯通晓多种语言，精通意大利语、法语、德语、拉丁语，显然，他不仅喜爱引用英译的各种文本，而且喜爱引用外文的多样资料。他谆谆教导学生，自己也身体力行，比如：要想成为一名好民俗学家，你就得进行比较研究，这需要至少掌握一门外语，会几门外语更好。①

邓迪斯的一名学生回忆说，1992 年秋他想旁听邓迪斯的课程，说

---

① Wolfgang Mieder, "'The Proof of the Proverbs Is in the Probing': Alan Dundes as Pioneering Paremiologist", *Western Folklore*, Vol. 65, No 3 (Summer, 2006), pp. 217 – 262.

自己要写一篇关于斯拉夫语中的蛇的文章，邓迪斯当场向这名学生建议：

> 去图书馆，找有关蛇的所有东西！！！去生物学藏书室，找……爬虫学下面的书……我在一次爬虫学会议上提交过一篇论文。不要只看学术期刊。有时业余爱好者比所谓的职业民俗学家更能洞察理论！！！你可能会找到《我所了解的俄国蛇》之类的书！！！如果你选了这门课，你会发现什么是真正的学问！你以前所在院系的大多数人都目光偏狭！！他们只用自己的语言作研究。我拿到一本书，第一件事是看书目。如果都是英文，这本书就毫无价值！①

邓迪斯的《民俗研究》一书出版以后，不少民俗学家发文评论，其中一篇书评这样说：

> 邓迪斯想教给文学专业的学生更多人类学－民俗学的知识，同时想教给人类学专业学生更多文学－民俗学知识。这样的目标是值得称道的。②

邓迪斯的教学方法跟他向学生提出的建议一样，也代表了他自己的研究方式。

邓迪斯年少时的家庭教育培养了他热爱读书的习惯，他的阅读范围之广、藏书之丰富令人称奇，人们称他为"两脚书橱"。他涉猎面广，这并不意味着他用心不专或不够专业。他长于思辨，善于驾驭语言

---

① Rosemary Levy Zumwalt, "Alan Dundes: Folklorist and Mentor", in Regina Bendix and Rosemary Levy Zumwalt (eds.), *Folklore Interpreted: Essays in Honor of Alan Dundes* (Garland Publishing, Inc., 1995), pp. 55 – 56.

② Ray B. Browne, "The Study of Folklore by Alan Dundes", *The Journal of American Folklore*, Vol. 80, No. 317 (Jul. – Sep., 1967), pp. 301 – 302.

学①、人类学、心理学、历史学等多学科交叉研究方法，具有综合多学科知识研究的能力。由于视野广阔，他在民俗研究中游刃有余，不仅能够在具体研究中对前人观点提出尖锐质疑，而且能够将多种方法分解综合、运用自如。

（二）强烈的学科责任感

邓迪斯热爱民俗学，一生都为自己的民俗学家身份骄傲。
布朗纳熟知生活中的邓迪斯，所以对他有这样的评价：

> 的确，他生性爱质疑，甚至有人会说他偏执。就连他妻子也如此认为。有人问及他的业余爱好，他妻子说他没有业余爱好，工作就是他的生活。他读书之多、涉猎之广令人吃惊，往往别人还没提出问题，他已经在寻找答案。②

他确信民俗学的最终目的不是对文本和现象的描述和识别，而是对文本的阐释和对民俗所有者内心的剖析。他热爱民俗学，为民俗学这个学科的发展前景焦虑。布朗纳说，邓迪斯焦虑的事情是民俗学不该仅仅是一个描述问题的学科。他是心理学家、人类学家、社会学家、文学研究者、历史学家和语言学家当中的传教士，敦促他们从使用民俗资料和民俗学的知识遗产中得到启蒙。③

这一观点也可以从邓迪斯对学生的训练中得到确证。多尔逊是邓迪斯的导师，他发现邓迪斯的课堂与自己的课堂不同，对邓迪斯的"青

---

① 这不仅表现在他对语言学术语的借用上，也体现在他多篇论文标题的遣词用语上。

② Simon J. Bronner, "Preface and Acknowledgments", in Simon J. Bronner (ed.), *The Meaning of Folklore*：*The Analytical Essays of Alan Dundes* (Utah State University Press, 2007), p. x.

③ Simon J. Bronner, "Preface and Acknowledgments", in Simon J. Bronner (ed.), *The Meaning of Folklore*：*The Analytical Essays of Alan Dundes* (Utah State University Press, 2007), p. xi.

出于蓝而胜于蓝"发出由衷的赞赏：

> 在我的民俗学课堂上，我坚持要学生记录带有报告人信息的民俗文本形式。邓迪斯曾是我这样课堂上的一名学生。但当他成为指导老师时，他做得比我好。他要求学生不仅要记录带有报告人信息的民俗文本，还要解释记录下来的文本的意义。他探求民俗的意义，所以他不仅寻求文本，也寻求语境，不仅寻求民俗，也寻求元民俗，并且从而调整田野调查的观念：民俗传承人的解释与调查者的解释至少同等重要。①

多尔逊激赏邓迪斯，认为他的探索天赋可以与安德鲁·兰相提并论：

> 邓迪斯也拥有创造性地认真观察民俗体裁的能力。他用结构分析的方法把它们分解开来，用精神分析的方法去洞察它们，从文化的角度把对它们的研究扩展至大象笑话、厕所涂鸦之类的内容。他往民俗学家的字典中添加了语言学的术语，如非位（etic）与着位（emic）单元；添加了形态学概念，如缺乏和消除缺乏；添加了民俗收集者的类型，如肛门憋便型和肛门喷便型。②

除此之外，他在世界范围内推行自己的民俗学主张。他走出学术圈，出现在电视访谈节目和流行杂志上，让民俗作为一种研究对象、让民俗学作为一个研究领域得到公众的了解。他巡游世界，在国外发表论文，扩大民俗学研究在国外的影响；他在心理学、语言学、文学、哲学、历史学等领域的出版物上发表文章，扩大民俗学在其他学

---

① Richard M. Dorson, "Foreword", in *Analytic Essays in Folklore* (Mouton Publishers, 1975).
② Richard M. Dorson, "Foreword", in *Analytic Essays in Folklore* (Mouton Publishers, 1975).

科领域的影响。他一直强调自己是民俗学家，希望民俗学有独立的学科
地位。

（三） 可贵的批判精神

邓迪斯的所有的观点都是针对研究现状所发，所以他的同行甚至导
师都成为他分析问题之前竖起的靶子。他对同行和学生的批评从来都不
留情面，即便是对自己的导师多尔逊，他批评起来也直言不讳。

邓迪斯在《伪俗的伪造》一文中曾评论多尔逊的观点。多尔逊认
为美国的伪俗伪造现象是其他国家无可比拟的，其他学者也跟着相信伪
俗是 20 世纪的现象。邓迪斯经过考证后说，多尔逊是错误的，实际上
18 世纪的苏格兰、19 世纪的德国和芬兰都出现了伪俗。①

他在《二十一世纪的民俗学》② 一文中把这种批判特性表现得淋漓
尽致。他说，21 世纪之初的民俗学境况令人担忧，首要原因就是在宏
大理论方面缺乏创新。民俗学中最为宏大的理论来自扶手椅民俗学家或
图书馆民俗学家，旧有弗雷泽对交感巫术原则的简洁陈述、缪勒对太阳
神话的推测，今有弗洛伊德和列维－斯特劳斯，他们都不是合格的田野
工作者。相反，大多数田野工作者无心去思考他们收集到的资料的含
义。过去收集民俗时不重语境，因为收集者缺乏理论和方法，而理论和
方法恰恰来自扶手椅学者或图书馆学者。民俗学中使用的可行的理论和
方法几乎都来自欧洲，如法国的过渡仪式，芬兰的历史－地理方法，瑞
典的积极传承人和地方类型。一些充满民族自豪感的美国人可能会说，
美国有女性主义理论、表演理论和口头程式理论。邓迪斯逐条批驳说：

---

① Alan Dundes, "The Fabrication of Fakelore", in *Folklore Matters* (The University of Tennessee Press, 1989), p. 52.

② Alan Dundes, "Folkloristics in the Twenty-First Century" (AFS Invited Presidential Plenary Address), *Journal of American Folklore*, Vol. 118, No. 470 (Fall, 2005), pp. 385 – 408.

除了带有"女性主义理论"一词的文章和书籍之外，找不到女性主义理论；尽管民俗学家都承认民俗依赖演述而生存，民俗演述涉及演述者和观众，演述能力是需要被记录和分析的一个方面，但是，"表演理论"中并没有理论；虽然帕里和洛德发展了口头程式理论，但这种理论却源自此前的欧洲学者。美国民俗学家充其量只能算是追随者。

批评他人的同时，邓迪斯也这样客观地评价自己：

> 我不得不承认，我自己也是追随者。我一直受俄国民俗学家弗拉基米尔·普罗普民间故事形态学和奥地利西格蒙德·弗洛伊德的精神分析理论的启发。[①]

邓迪斯的确是追随者，他没有创造出重大理论，他一生孜孜以求的是研究方法的探讨和研究对象的分析。所以中国学者户晓辉这样评价他：

> 从思想深度来衡量，邓迪斯不是一个思想家，但在国际民间文学和民俗学研究界，他是理论意识和方法论意识非常强的一位学者。[②]

布朗纳这样说：

> 我敢说，对他而言，最重要的事是去分析——堆积如山的民俗象征文本期待和需要分析。作为分析的主要讲坛，他的文章具有充满活力的、经常引发争论的模式——先是问题陈述或指出不足，紧跟着通过辨识潜在的结构对民俗进行详尽识别，并且推理出可能具

---

① Alan Dundes, "Folkloristics in the Twenty-First Century"（AFS Invited Presidential Plenary Address）, *Journal of American Folklore*, Vol. 118, No. 470（Fall, 2005）, pp. 385 – 408.

② 户晓辉：《译者的话》，载于户晓辉编译《民俗解析》，广西师范大学出版社，2005，第3页。

有启发性的解释。听他发表言论的学者们做好了吃惊、受激励、被冒犯的心理准备。他习惯于在出现异议时这样宣称："学术不是为了沽名钓誉，也与个人满足无关。学术追求真理，这一过程可能充满痛苦。"①

邓迪斯似乎是一个从不疲惫、绝无怯懦的勇士，他指摘别人，也被人指摘。诚如他自己所言，"学术不是为了沽名钓誉"，"我的信条是：我尽最大努力去分析民俗，无所顾忌"。邓迪斯为追求真理坚持自我，超越了庸俗的市侩哲学，这也是他能够成为一名享誉世界的民俗学家的一个重要原因。

邓迪斯 1987 年在《令人捧腹大笑的出色笑话》② 一书的前言中讲述了一个故事：

> 几年前，有人看到报纸上有关我的研究的一篇报道，就给我写了一封信。收信人一栏中只写了"伯克利加利福尼亚大学　笑话教授"。写信人忘了我的名字，这不奇怪。不过，我觉得吃惊的事情是，这封信居然送达了！③

另一个有关邓迪斯的故事出现在理查德·罗伊斯（Richard Reuss）的文章里。罗伊斯在 1974 年发表了一篇文章，讨论民俗学家的民俗，

---

① Simon J. Bronner, "Preface and Acknowledgments", in Simon J. Bronner (ed.), *The Meaning of Folklore：The Analytical Essays of Alan Dundes* (Utah State University Press, 2007), p. xi.

② Alan Dundes, *Cracking Jokes：Studies of Sick Humor Cycles and Stereotypes* (Ten Speed Press, 1987). 该书书名中的"cracking"一语双关，既有"令人捧腹大笑的"之意，又有"出色的"之意。这是邓迪斯在书名和文章标题中常用的修辞手法。

③ 转引自 Rosemary Levy Zumwalt, "Alan Dundes：Folklorist and Mentor", in Regina Bendix and Rosemary Levy Zumwalt (eds.), *Folklore Interpreted：Essays in Honor of Alan Dundes* (Garland Publishing, Inc., 1995), p. 25.

文章标题是《"那不可能是阿兰·邓迪斯！阿兰·邓迪斯比他高！"：民俗学家的民俗》①。根据罗伊斯的讲述，这个感叹句是学生在一次美国民俗学会的会议上发出的，他们这样交换着对邓迪斯的敬畏。虽然邓迪斯身材高大（约 1.83 米），但还是赶不上他在学生心目中的高大形象。

沃尔夫冈·米德尔曾这样评论邓迪斯：邓迪斯毫无疑问是伯克利加利福尼亚大学口头民俗的一部分，他自身就是一个传说。他说，有关邓迪斯的口头民俗实在太多了，完全应该汇集成册，书名是《阿兰·邓迪斯的民俗》。②邓迪斯的学生里贾纳·本迪克斯（Regina Bendix）完成了这个任务的一部分：收集了有关邓迪斯的 20 多条民俗。③米德尔这样说：

> 如果民俗学有诺贝尔奖，邓迪斯应该是最有资格获奖的人。在我心目中，邓迪斯无疑是过去三十年中首屈一指的世界民俗学家，得到全世界学生和学者的尊敬和崇拜。他是特立独行的个人，又是堪称典范的教育者；他是善于创新的学者，又是博学多识的人文主义者，如同文艺复兴时期的大师巨匠。④

邓迪斯去世后，民俗学家乔治斯回忆了这样一件往事：1961 年，乔治斯以学生身份第一次参加美国民俗学会年会。在会上，肯尼斯·戈德斯坦（Kenneth Goldstein）批评同时代的民俗学家只知道继续收集、

---

① Richard Reuss, " 'That Can't Be Alan Dundes! Alan Dundes is Taller Than That!'：The Folklore of Folklorists", *Journal of American Folklore*, Vol. 87 (1974), pp. 303 – 317.

② 转引自 Regina Bendix, "Dundesiana：Teacher and Mentor in Campuslore, Anecdote, and Memorate", in Regina Bendix and Rosemary Levy Zumwalt (eds.), *Folklore Interpreted：Essays in Honor of Alan Dundes* (Garland Publishing, Inc., 1995), pp. 25 – 26。

③ Regina Bendix, "Dundesiana：Teacher and Mentor in Campuslore, Anecdote, and Memorate", in Regina Bendix and Rosemary Levy Zumwalt (eds.), *Folklore Interpreted：Essays in Honor of Alan Dundes* (Garland Publishing, Inc., 1995), pp. 49 – 66.

④ Wolfgang Mieder, " 'The Proof of the Proverbs Is in the Probing'：Alan Dundes as Pioneering Paremiologist", *Western Folklore*, Vol. 65, No 3 (Summer, 2006), pp. 217 – 262.

出版、编制民俗文本索引，其他学科正经历着持续的变化，而民俗研究却停滞不前。这时，乔治斯站起来反对说，印第安纳大学正发生着许多崭新和令人兴奋的变化，比如邓迪斯正在写的北美印第安人民间故事结构的论文，既富有洞见，又有开创性。他还提到了邓迪斯的其他研究以及即将付印的文章。他在会场上为自己的朋友骄傲地大声说：

> 他是颗冉冉升起的星星，看他闪亮吧！①

邓迪斯去世后，乔治斯悲伤地说：

> 人们认为传说会永远活着。邓迪斯是个活的传说，但他没有永远活着。②

在不少同行和学生的眼中，邓迪斯是传说，是神话，是民俗。他研究民俗，也让自己变成了民俗学界的民俗。

在我的眼中，邓迪斯是民俗学界的产翁，为我们留下了丰富的智力创造产品；他还是民俗学界的花衣魔笛手，用他跟民俗一样妙趣横生的民俗阐释，吸引我们迷恋其中。让我们用多尔逊在 1975 年对邓迪斯作出的评价来结束本书吧：

> 一门学科成功与否取决于它吸引了具备何种素质的人物。民俗学吸引了阿兰·邓迪斯这位杰出的代言者、优秀的教师、出色的学者，其宏大内涵再次得到证明。③

---

① Robert A. Georges, "Alan Dundes (1934 – 2005)：A Remembrance and an Appreciation", *Western States Folklore Society*, Vol. 63, No. 4 (Fall, 2004), pp. 279 – 285.

② Robert A. Georges, "Alan Dundes (1934 – 2005)：A Remembrance and an Appreciation", *Western States Folklore Society*, Vol. 63, No. 4 (Fall, 2004), pp. 279 – 285.

③ Richard M. Dorson, "Foreword", in *Analytic Essays in Folklore* (Mouton Publishers, 1975).

参考文献

一 邓迪斯的论著

(一) 著作

1. 英文著作

［1］ *Analytic Essays in Folklore*（Mouton Publishers，1975）.

［2］ *Essays in Folkloristics*（Folklore Institute，1978）.

［3］ *The Morphology of North American Indian Folktales*（FF Communications，No. 195，Helsinki，1980）.

［4］ *Interpreting Folklore*（Indiana University Press，1980）.

［5］ *Life is Like a Chicken Coop Ladder：A Portrait of German Culture through Folklore*（Columbia University Press，1984）.

［6］ *Parsing through Customs：Essays by a Freudian Folklorist*（The University of Wisconsin Press，1987）.

［7］ *Folklore Matters*（University of Tennessee Press，1989）.

［8］ *Two Tales of Crow and Sparrow：A Freudian Folkloristic Essay on Caste and Untouchability*（Rowman & Littlefield Publishers，Inc.，1997）.

［9］ *Holy Writ as Oral Lit*：*The Bible as Folklore*（Rowman & Littlefield Pub-
lishers, Inc., 1999）.

2. 汉译著作

［1］ 户晓辉编译《民俗解析》，广西师范大学出版社，2005。

（二）论文

1. 英文论文

［1］ "Brown County Superstitions：The Structure of Superstition"，*Midwest
Folklore*，Vol. 11，No. 1（Spring，1961）.

［2］ "Mother Goose Vice Verse"（with J. Hickerson），*The Journal of Ameri-
can Folklore*，Vol. 75，No. 297（Jul. – Sep.，1962）.

［3］ "Some Minor Genres of Obscene Folklore"（with Robert A. Georges），
The Journal of American Folklore，Vol. 75，No. 297（Jul. – Sep.，
1962）.

［4］ "What is Folklore?"，in *The Study of Folklore*（Prentice-Hall, Inc.，
1965），pp. 1 – 3.

［5］ "A Study of Ethnic Slurs：The Jew and the Polack in the United
States"，*The Journal of American Folklore*，Vol. 84，No. 332（Apr. –
Jun.，1971）.

［6］ "Some Characteristic Meters of Hindi Riddle Prosody"（with
V. P. Vatuk），*Asian Folklore Studies*，Vol. 33（1974），pp. 85 – 153.

［7］ "Earth-Diver：Creation of the Mythopoeic Male"，in *Analytic Essays in
Folklore*（Mouton & Co. N. V.，Publishers，1975），pp. 130 – 145.

［8］ "From Etic to Emic Units in the Structural Study of Folktales"，in *Ana-
lytic Essays in Folklore*（Mouton & Co. N. V.，Publishers，1975），
pp. 61 – 72.

［9］ "Here I Sit—A Study of American Latrinalia", in *Analytic Essays in Folklore* (*Mouton & Co*. N. V. , Publishers, 1975), pp. 177 – 191.

［10］ "On Game Morphology: A Study of the Structure of Non-Verbal Folklore", in *Analytic Essays in Folklore* (Mouton & Co. N. V. , Publishers, 1975), pp. 80 – 87.

［11］ "On the Psychology of Collecting Folklore", in *Analytic Essays in Folklore* (Mouton & Co. N. V. , Publishers, 1975), pp. 121 – 129.

［12］ "On the Structure of the Proverb", in *Analytic Essays in Folklore* (Mouton & Co. N. V. , Publishers, 1975), pp. 103 – 118.

［13］ "Preface", in *Analytic Essays in Folklore* (Mouton & Co. N. V. , Publishers, 1975), pp. xi – xii.

［14］ "Structural Typology in North American Indian Folktales", in *Analytic Essays in Folklore* (Mouton & Co. N. V. , Publishers, 1975), pp. 73 – 79.

［15］ "Summoning the Deity through Ritual Fasting", in *Analytic Essays in Folklore* (Mouton & Co. N. V. , Publishers, 1975), pp. 146 – 150.

［16］ "The American Concept of Folklore", in *Analytic Essays in Folklore* (Mouton & Co. N. V. , Publishers, 1975), pp. 3 – 16.

［17］ "The Number Three in American Culture", in *Analytic Essays in Folklore* (Mouton & Co. N. V. , Publishers, 1975), pp. 206 – 225.

［18］ "The Struture of Superstiton", in *Analytic Essays in Folklore* (Mouton & Co. N. V. , Publishers, 1975), pp. 88 – 94.

［19］ "The Study of Folklore in Literature and Culture: Identification and Interpretation", in *Analytic Essays in Folklore* (Mouton & Co. N. V. , Publishers, 1975), pp. 28 – 34.

［20］ "Toward a Structural Definition of the Riddle" (with Robert A. Georges), in *Analytic Essays in Folklore* (Mouton & Co. N. V. ,

Publishers，1975），pp. 95 – 102.

[21] "Jokes And Covert Language Attitudes：The Curious Case for the Wide – Mouth Frog"，*Language in Society*，Vol. 6，No. 2（Aug. ，1977）.

[22] "Folk Ideas as Units of Worldview"，in *Essays in Folkloristics*（Folklore Institute，1978），pp. 105 – 120.

[23] "Into the Endzone for a Touchdown：A Psychoanalytic Consideration of American Football"，*Western Folklore*，Vol. 37，No. 2（Apr. ，1978）.

[24] "Metafolklore and Oral Literary Criticism"，in *Essays in Folkloristics*（Folklore Institute，1978），pp. 38 – 49.

[25] "Proverbs and the Ethnography of Speaking Folklore"（with E. Ojo Arewa），in *Essays in Folkloristics*（Folklore Institute，1978），pp. 50 – 70.

[26] "Structualism and Folklore"，in *Essays in Folkloristics*（Folklore Institute，1978），pp. 178 – 206.

[27] "Texture，Text，and Context"，in *Essays in Folkloristics*（Folklore Institute，1978），pp. 22 – 37.

[28] "The Strategy of Turkish Boys' Verbal Dueling Rhymes"（with Jerry W. Leach and Bora Ozkok），in *Essays in Folkloristics*（Folklore Institute，1978），pp. 71 – 104.

[29] " 'To Love My Father All'：A Phychoanlytic Study of the Folktale Source of King Lear"，in *Essays in Folkloristics*（Folklore Institute，1978），pp. 207 – 222.

[30] "Who Are The Folk?"，in *Essays in Folkloristics*（Folklore Institute，1978），pp. 1 – 21.

[31] "Polish Pope Jokes"，*The Journal of American Folklore*，Vol. 92，

No. 364（Apr. - Jun. , 1979）.

［32］ "Many Hands Make Light Work or Caught in the Act of Screwing in Light Bulbs", *Western Folklore*, Vol. 40, No. 3（Jul. , 1981）.

［33］ "The Art of Mixing Metaphors: A Folkloristic Interpretation of the Netherlandish Proverbs by Pieter Bruegel the Elder"（with C. A. Stibbe）,*Academia Scientiarum Fennica*, Vol. 230（1981）.

［34］ "The Hero Pattern and the Life of Jesus ", in *Protocol of the 25 th Colloquy of the Center for Hermeneutical Studies in Hellenistic and Modern Culture*（Berkeley, 1981）.

［35］ "Auschwitz Jokes"（with Thomas Hauschild）, *Wesern Folklore*, Vol. 42, No. 4（Oct. , 1983）.

［36］ "The J. A. P. and The J. A. M. in Amerian Jolklore", *The Journal of American Folklore*, Vol. 98, No. 390（Oct. - Dec. , 1985）.

［37］ "Couvade in Genesis", in *Parsing through Customs: Essays by a Freudian Folklorist*（The University of Wisconsin Press, 1987）, pp. 145 - 166.

［38］ "Heads or Tails: A Psychological Study of Potlatch", in *Parsing through Customs: Essays by a Freudian Folklorist*（The University of Wisconsin Press, 1987）, pp. 47 - 81.

［39］ "Preface", in *Parsing through Customs: Essays by a Freudian Folklorist*（The University of Wisconsin Press, 1987）, p. xi.

［40］ "The American Game of ' Smear the Queer ' and the Homosexual Component of Male Competitive Sport and Warfare", in *Parsing through Customs: Essays by a Freudian Folklorist*（The University of Wisconsin Press, 1987）, pp. 178 - 196.

［41］ "The Psychoanalytic Study of Folklore", in *Parsing through Customs: Essays by a Freudian Folklorist*（The University of Wisconsin Press,

1987）, pp. 3 – 46.

［42］ "The Symbolic Equivalence of Allomotifs in the Rabbit-Herd", in *Parsing through Customs*: *Essays by a Freudian Folklorist* (The University of Wisconsin Press, 1987), p. 169.

［43］ "More on Auschwitz Jokes" (with Ulin Linke), *Folklore*, Vol. 99, No. 1 (1988).

［44］ "On Whether Weather 'Proverbs' Are Proverbs", in *Folklore Matters* (The University of Tennessee Press, 1989), pp. 92 – 97.

［45］ "Preface", in *Life is Like a Chicken Coop Ladder*: *A Portrait of German Culture through Folklore* (Wayne State University Press, Detroit, 1989), p. viii.

［46］ "The Anthropologist and the Comparative Method in Folklore", in *Folklore Matters* (The University of Tennessee Press, 1989), pp. 57 – 82.

［47］ "The Fabrication of Fakelore", in *Folklore Matters* (The University of Tennessee Press, 1989).

［48］ "The Psychoanalytic Study of the Grimms' Tales", in *Folklore Matters* (The University of Tennessee Press, 1989), p. 121.

［49］ "Coming to Terms with Folkloristics", *Man*, Vol. 25, No. 3 (Sep. , 1990).

［50］ "Jumping The Broom, on the Original and Meaning of an African American Wedding Custom", *The Journal of American Folklore*, Vol. 109, No. 433 (Summer, 1996).

［51］ "Binary Opposition in Myth: The Propp/Levi-Strauss Debate In Retrospect", *Western Folklore*, Vol. 56, No. 1 (Winter, 1997).

［52］ "What Is Folklore?", in *Holy Writ As Oral Lit*: *The Bible As Folklore* (Rowman & Littlefield Publishers, Inc. , 1999), pp. 2 – 5.

［53］"Response：Better Late Than Never：The Case for Psychoanalytic Folkloristics"，*Journal of Folklore Research*，Vol. 40，No. 1（Jan. – Apr.，2003）.

［54］"'As the Crow Flies'：A Straightforward Study of Lineal Worldview in American Folk Speech"，in Kimberly J. Lau，Peter Tokofsky，and Stephen D. Winick（eds.），"*What Goes Around Comes Around.*" *The Circulation of Proverbs in Contemporary Life*（Utah State University Press，2004），pp. 171 – 187.

［55］"Folkloristics in the Twenty-First Century"（AFS Invited Presidential Plenary Address），*Journal of American Folklore*，Vol. 118，No. 470（Fall，2005），pp. 385 – 408.

［56］"Introduction"，in *Folklore：Critical Concepts in Literary and Cultural Studies*，Volume Ⅰ（Routledge，2005），pp. 1 – 2.

［57］"The Symbolic Equivnlence of Allomotifs：Towards a Method of Analyzing Folktales"，in Simon J. Bronner（ed.），*The Meaning of Folklore：The Analytical Essays of Alan Dundes*（Utah State University Press，2007），pp. 319 – 324.

2. 汉译论文

［1］吴绵译、王炽文校《结构主义与民俗学》，张紫晨编《民俗学讲演集》，书目文献出版社，1986。

［2］兰克译《潜水捞泥者：神话时代男性的创造》，《民间文学论坛》1990 年第 4 期。

［3］高丙中译《谁是民俗之"民"？》，高丙中：《民俗文化与民俗生活》，中国社会科学出版社，1994。

［4］王克友、侯萍萍译《"民"指什么人?》，《民俗研究》1994 年第 1 期。

［5］户晓辉译《街头谄媚语：对女人的美誉与诋毁》，《民间文学论坛》

1998 年第 3 期。

［6］周惠英译、陈建宪校《伪民俗的制造》，《民间文化论坛》2004 年
第 5 期。

［7］鲁惠译、谢国先校《〈创世记〉中的产翁制》，载于杨甫旺主编
《楚雄民族文化论坛》（第一辑），云南大学出版社，2007。

［8］王曼利译、张举文校《二十一世纪的民俗学》，《民间文化论坛》
2007 年第 3 期。

二　邓迪斯编著

（一）英文编著

［1］*The Study of Folklore*（Prentice-Hall, Inc., 1965）.

［2］*Oedipus*：*A Folklore Casebook*（Lowell Edmunds and Alna Dundes, Garland Publishing, Inc., 1983）.

［3］*Sacred Narrative*：*Readings in the Theory of Myth*（University of California Press, 1984）.

［4］*The Flood Myth*（University of California Press, 1988）.

［5］*Little Red Riding Hood*：*A Casebook*（The University of Wisconsin Press, 1989）.

［6］*The Evil Eye*：*A Casebook*（The University of Wisconsin Press, 1992）.

［7］*The Vampire*：*A Casebook*（The University of Wisconsin Press, 1998）.

［8］*International Folkloristics*：*Classic Contributions by The Founders of Folklore*（Rowman & Littlefield Publishers, Inc., 1999）.

［9］*Folklore*：*Critical Concepts in Literary and Cultural Studies*, Volume I（Routledge, 2005）.

（二）汉译编著

［1］ 陈建宪、彭海斌译《世界民俗学》，上海文艺出版社，1990。

［2］ 朝戈金、尹伊、金泽等译《西方神话学论文选》，上海文艺出版社，1994。

［3］ 朝戈金等译《西方神话学读本》，广西师范大学出版社，2006。

［4］ 陈建宪等译《洪水神话》，陕西师范大学出版总社有限公司，2013。

三 对邓迪斯的研究

（一）国外研究

1. 编著

［1］ L. Bryce Boyer, Ruth M. Boyer, and Stephen M. Sonnenberg (eds.), *The Psychoanalytic Study of Society*, *Volume 18*：*Essays in Honor of Alan Dundes* (The Analytic Press, 1993).

［2］ Wolfgang Mieder (ed.), *Festschrift for Alan Dundes on the Occasion of His Sixtieth Birthday* (Proverbium：*Yearbook of International Proverb Scholarship*, Vol. 11, 1994).

［3］ Regina Bendix and Rosemary Levy Zumwalt (eds.), *Folklore Interpreted*：*Essays in Honor of Alan Dundes* (Garland Publishing, Inc., 1995).

［4］ Simon J. Bronner (ed.), *The Meaning of Folklore*：*The Analytic Essays of Alan Dundes* (Utah State University Press, 2007).

2. 邓迪斯生前人们对邓迪斯民俗学研究的评价文章

［1］ Seymour Parker, "Concerning Dundes' 'Earth Diver：Creation of the Mythopoetic Male'", *American Anthropologist*, Vol. 65, No. 4 (Aug, 1963), pp. 913 – 915.

［2］ John Mann，"Concerning Dundes' Criticisms of Mann's Analysis of German Folktales"，*American Anthropologist*，Vol. 66，No. 3 （Jun.，1964），pp. 644 – 645.

［3］ Brother Basil，"The Study of Folklore by Alan Dundes"，*African Music*，Vol. 3，No. 4 （1965），p. 84.

［4］ Butler Waugh，"The Morphology of North American Indian Folktales by Alan Dundes"，*The Journal of American Folklore*，Vol. 79，No. 313 （Jul. – Sep.，1966），pp. 480 – 483.

［5］ K. M. Briggs，"FF Communications No. 195：The Morphology of North American Indian Folktales by Alan Dundes"，*Folklore*，Vol. 77，No. 2 （Summer，1966），pp. 151 – 152.

［6］ Theodore Stern，"The Morphology of North American Indian Folktales by Alan Dundes"，*American Anthropologist*，Vol. 68，No. 3 （Jun.，1966），pp. 781 – 782.

［7］ Ray B. Browne，"The Study of Folklore by Alan Dundes"，*The Journal of American Folklore*，Vol. 80，No. 317 （Jul. – Sep.，1967），pp. 301 – 302.

［8］ Richard M. Dorson，"The Study of Folklore by Alan Dundes"，*American Anthropologist*，Vol. 70，No. 1 （Feb.，1968），pp. 178 – 179.

［9］ Elliott Oring，"The Devolutionary Premise：A Definitional Delusion?"，*Western Folklore*，Vol. 34，No. 1 （Jan.，1975），pp. 36 – 44.

［10］ Jan Harold Brunvand，"Analytic Essays in Folklore by Alan Dundes"，*Western Folklore*，Vol. 35，No. 1 （Jan.，1976），pp. 76 – 78.

［11］ G. B. Milner，"Analytic Essays in Folklore. by Alan Dundes"，*Man*，Vol. 12，No. 3/4 （Dec.，1977），pp. 545 – 546.

［12］ George E. Lankford，"Folklore Theses and Dissertations in the United

States by Alan Dundes", *The Journal of American Folklore*, Vol. 92, No. 363 (Jan. – Mar. , 1979), pp. 102 – 103.

[13] Matthias Eder, "Varia Folkorica by Alan Dundes", *Asian Folklore Studies*, Vol. 38, No. 2 (1979), pp. 177 – 179.

[14] William C. Hickman, "More on Turkish Boys' Verbal Dueling", *The Journal of American Folklore*, Vol. 92, No. 365 (Jul. – Sep. , 1979), pp. 334 – 335.

[15] Ruth-Inge Heinze, "Essays in Folkloristics by Alan Dundes", *Asian Folklore Studies*, Vol. 40, No. 1 (1981), p. 122.

[16] Jacqueline Simpson, "Interpreting Folklore by Alan Dundes", *Folklore*, Vol. 93, No. 1 (1982), pp. 127 – 128.

[17] W. K. McNeil, "The Wisdom of Many: Essays on the Proverb by Wolfgang Mieder; Alan Dundes; The Evil Eye: A Folklore Casebook by Alan Dundes", *The Journal of American Folklore*, Vol. 96, No. 381 (Jul. – Sep. , 1983), pp. 359 – 360.

[18] Wolfgang Mieder, "The Art of Mixing Metaphors. A Folkloristics Interpretation of the 'Netherlandish Proverbs' by Pieter Bruegel the Elder by Alan Dundus; Claudia A. Stibbe", *Western Folklore*, Vol. 42, No. 4 (Oct. , 1983), pp. 315 – 316.

[19] Gary Alan Fine, "Life Is Like a Chicken Coop Ladder: A Portrait of German Culture through Folklore by Alan Dundes", *Contemporary Sociology*, Vol. 13, No. 6 (Nov. , 1984), p. 719.

[20] Philip M. Peek, "Cinderella: A Folklore Casebook by Alan Dundes", *American Anthropologist*, Vol. 86, No. 2 (Jun. , 1984), p. 493.

[21] David Hicks, "Life Is Like a Chicken Coop Ladder. A Portrait of German Culture through Folklore by Alan Dundes", *L'Homme*, 25e An-

nee, No. 96 (Oct. – Dec. , 1985), pp. 155 – 156.

[22] Joseph Falaky Nagy, "Sacred Narrative: Readings in the Theory of Myth by Alan Dundes", *Western Folklore*, Vol. 45, No. 1 (Jan. , 1986), pp. 36 – 38.

[23] Marta Weigle, "Sacred Narrative: Readings in the Theory of Myth by Alan Dundes", *The Journal of American Folklore*, Vol. 99, No. 391 (Jan. – Mar. , 1986), pp. 91 – 92.

[24] Michael P. Carroll, "Parsing through Customs: Essays by a Freudian Folklorist by Alan Dundes", *Transcultural Psychiatry*, Vol. 25 (1988), pp. 57 – 60.

[25] Alain Rocher, "The Flood Myth by Alan Dundes", *Asian Folklore Studies*, Vol. 48, No. 2 (1989), pp. 303 – 306.

[26] Edmund Leach, "The 'Flood' Myth by Alan Dundes", *Man*, Vol. 24, No. 1 (Mar. , 1989), pp. 194 – 195.

[27] Jacob A. Arlow, "Parsing through Customs: Essays by a Freudian Folklorist by Alan Dundes", *The Journal of American Folklore*, Vol. 102, No. 403 (Jan. – Mar. , 1989), pp. 105 – 107.

[28] Reinhold Aman, "Parsing through Customs: Essays by a Freudian Folklorist by Alan Dundes", *Asian Folklore Studies*, Vol. 48, No. 2 (1989), pp. 302 – 303.

[29] Henry V. Bender, "The Flood Myth by Alan Dundes", *The Classical World*, Vol. 83, No. 6 (Jul. – Agu. , 1990), p. 526.

[30] Susan Niditch, "The Flood Myth by Alan Dundes", *The Journal of American Folklore*, Vol. 103, No. 407 (Jan. – Mar. , 1990), pp. 112 – 114.

[31] Anna-Leena Siikala, "Folklore Matters by Alan Dundes", *Man*, Vol. 26, No. 4 (Dec. , 1991), pp. 754 – 755.

［32］ Chieko Mulhern, "Cinderella: A Casebook by Alan Dundes; Little Red Riding Hood: A Casebook by Alan Dundes", *Asian Folklore Studies*, Vol. 50, No. 1 (1991), pp. 236 – 238.

［33］ Linda Degh, "Little Red Riding Hood: A Casebook by Alan Dundes", *History of Education Quarterly*, Vol. 31, No. 1 (Spring, 1991), pp. 111 – 113.

［34］ Rodney L. Stiling, "The Flood Myth by Alan Dundes; Noah: The Person and the Story in History and Tradition by Lloyd R. Bailey", *Isis*, Vol. 82, No. 3 (Sep. , 1991), pp. 549 – 550.

［35］ Roger D. Abrahams, "Folklore Matters by Alan Dundes", *The Journal of American Folklore*, Vol. 104, No. 412 (Spring, 1991), pp. 198 – 201.

［36］ D. L. Eugenio, "International Proverb Scholarship: An Annotated Bibliography by Mieder Wolfgang and Alan Dundes", *Asian Folklore Studies*, Vol. 51, No. 1 (Apr. 1992), p. 139.

［37］ Lloyd R. Bailey, "The Flood Myth by Alan Dundes", *Journal of the American Oriental Society*, Vol. 112, No. 1 (Jan. – Mar. , 1992), pp. 164 – 165.

［38］ Claude Barbre, "In Quest of the Hero by Otto Rank; Lord Raglan; Alan Dundes; Jesus' Parables; Finding Our God within by Robert Winterhalter; George W. Fisk", *Journal of Religion and Health*, Vol. 33, No. 2 (Summer, 1994), pp. 202 – 203.

［39］ David H. Spain, "The Psychoanalytic Study of Society, Volume 18: Essays in Honor of Alan Dundes by L. Bryce Boyer; Ruth M. Boyer; Stephen M. Sonnenberg", *American Anthropologist*, Vol. 96, No. 3 (Sep. , 1994), pp. 766 – 767.

［40］ Jacqueline Simpson, "The Evil Eye: A Casebook by Alan Dundes", *Folklore*, Vol. 105 (1994), pp. 114 – 115.

［41］ Jean-Pierre Digard, "The Cockfight: A Casebook by Alan Dundes", *L'Homme*, 36e Annee, No. 138 (Avril – Juin, 1996), p. 192.

［42］ Steve Siporin, "Folklore Interpreted: Essays in Honor of Alan Dundes by Regina Bendix; Rosemary Levy Zumwalt", *The Journal of American Folklore*, Vol. 111, No. 442 (Autumn, 1998), pp. 457 – 458.

［43］ Kirin Narayan, "The Flowering Tree and Other Oral Tales from India by A. K. Ramanujan; Stuart Blackburn; Alan Dundes", *The Journal of Asian Studies*, Vol. 57, No. 4 (Nov., 1998), pp. 1211 – 1212.

［44］ Jacqueline Simpson, "The Walled-Up Wife: A Casebook by Alan Dundes", *Folklore*, Vol. 110 (1999), p. 117.

［45］ William M. Schniedewind, "Holy Writ as Oral Lit: The Bible as Folklore by Alan Dundes; A Prelude to Biblical Folklore: Underdogs and Tricksters by Susan Niditch", *Western Folklore*, Vol. 59, No. 3/4 (Summer – Autumn, 2000), pp. 334 – 336.

［46］ Reuben Ahroni, "Holy Writ as Oral Lit: The Bible as Folklore by Alan Dundes", *American Anthropologist*, Vol. 102, No. 3 (Sep., 2000), pp. 656 – 657.

［47］ Hien Thi Nguyen, "International Folkloristics: Classic Contributions by the Founders of Folklore by Alan Dundes", *Asian Folklore Studies*, Vol. 60, No. 1 (Jan., 2001), p. 149.

［48］ Rev Ifor M. Edwards, "Holy Writ as Oral Lit: The Bible as Folklore by Alan Dundes", *Oral History*, Vol. 29, No. 1 (Spring, 2001), p. 114.

［49］ Christie Davies, "International Folkloristics, Classic Contributions by the Founders of Folklore by Alan Dundes", *Folklore*, Vol. 112, No. 1 (April, 2001), pp. 114 – 116.

［50］David Biale，"The Shabbat Elevator and Other Subterfuges：An Unor-
thodox Essay on Circumventing Custom and Jewish Character by Alan
Dundes"，*American Jewish History*，Vol. 90，No. 4（2002），p. 458.

［51］Francisco Vaz Da Silva，"Bloody Mary in the Mirror：Essays in Psy-
choanalytic Folkloristics by Alan Dundes"，*The Journal of American Folk-
lore*，Vol. 117，No. 464（Spring，2004），pp. 216 – 217.

［52］J. R. Perry，"Alan Dundes，Fables of the Ancients? Folklore in the
Qur'an Fables of the Ancients? Folklore in the Qur'an by Alan
Dundes"，*Journal of Near Eastern Studies*，Vol. 65，No. 3（July，
2006），pp. 208 – 209.

［53］Wolfgang Mieder，"'The Proof of Proverb Is in the Probing'：Alan
Dundes as Pioneering Paremiologist"，*Western Folklore*，Vol. 65，
No. 3（Summer，2006），pp. 217 – 262.

3. 纪念邓迪斯的文集

［1］L. Bryce Boyer，Ruth M. Boyer，and Stephen M. Sonnenberg
（eds.），*The Psychoanalytic Study of Society*，*Volume 18*：*Essays in Hon-
or of Alan Dundes*（The Analytic Press，1993）.

［2］Wolfgang Mieder（ed.），*Festschrift for Alan Dundes on the Occasion of
His Sixtieth Birthday*（*Proverbium*：*Yearbook of International Proverb Schol-
arship*，Vol. 11，1994）.

［3］Regina Bendix and Rosemary Levy Zumwalt（eds.），*Folklore Interpreted*：
Essays in Honor of Alan Dundes（Garland Publishing，Inc.，1995）.

4. 邓迪斯身后人们对邓迪斯一生学术研究的总体评价文章

［1］Robert A. Georges，"Alan Dundes（1934 – 2005）：A Remembrance
and Apperciation"，*Western Folklore*，Vol. 63，No. 4（Fall，2004），
pp. 279 – 285.

〔2〕 Margalit Fox，"Alan Dundes，70，Folklorist Who Studied Human Custom，Dies"，*New York Times*，April 2，2005.

〔3〕 William Hansen，"In Memoriam：Alan Dundes 1934 – 2005"，*Journal of Folklore Research*，Vol. 42，No. 2（May – Aug.，2005），pp. 245 – 250.

〔4〕 Timothy R. Tangherlini，"Alan Dundes（1934 – 2005）"，*Folklore*，Vol. 116，No. 2（Aug.，2005），pp. 216 – 219.

〔5〕 Regina Bendix，"Alan Dundes（1934 – 2005）"，*The Journal of American Folklore*，Vol. 118，No. 470（Autumn，2005），pp. 485 – 488.

〔6〕 Wolfgang Mieder，"Alan Dundes（1934 – 2005）：In Memoriam"，*Western Folklore*，Vol. 63，No. 4（Fall，2005），pp. 287 – 290.

〔7〕 Stephen D. Winick，"Alan Dundes（1934 – 2005）"，*Folk Music Journal*，Vol. 9，No. 1（2006），pp. 130 – 131.

〔8〕 Simon J. Bronner（ed.），*The Meaning of Folklore：The Analytical Essays of Alan Dundes*（Utah State University Press，2007）.

（二）国内研究

1. 介绍或评论邓迪斯民俗学研究的论文

〔1〕 姜德顺：《〈世界民俗学〉评介》，《民族文学研究》1991 年第 4 期。

〔2〕 时秀芹：《美国民俗学研究方法述评》，《民俗研究》1992 年第 4 期。

〔3〕 王珏纯、李扬：《略论邓迪斯源于语言学的"母题素"说》，《青岛海洋大学学报》2000 年第 2 期。

〔4〕 刘魁立：《历史比较研究法和历史类型学研究》，载于苑利主编《二十世纪中国民俗学经典·民俗理论卷》，社会科学文献出版社，2002。

［5］杨利慧、安德明、高丙中、邹明华：《阿兰·邓迪斯：精神分析学说的执着追随者和民俗学领地的坚定捍卫者——美国民俗学者系列访谈之二》，《民俗研究》2003 年第 3 期。

［6］丁晓辉：《散财宴的实质——兼论阿兰·邓迪斯的相关研究》，载于中山大学非物质文化遗产研究中心编《中国非物质文化遗产研究》（第 9 辑），中山大学出版社，2005。

［7］丁晓辉：《解释民俗的民俗——理解元民俗的一种新视角》，载于陈友康、尹子能主编《南菁学人论坛》（二），云南人民出版社，2006。

［8］张敦福、魏泉：《解析都市传说的理论视角》，《民间文化论坛》2006 年第 6 期。

［9］丁晓辉：《亚当、夏娃故事的结构类型分析——对邓迪斯民间故事结构分析理论普遍性的印证》，载于李骞、尹子能主编《南菁学人论坛》（三），中国文联出版社，2007。

［10］陈金文：《走近邓迪斯——读中译本〈民俗解析〉》，《广西民族大学学报》2009 年第 5 期。

［11］王杰文：《寻找"民俗的意义"——阿兰·邓迪斯与理查德·鲍曼的学术论争》，《西北民族研究》2011 年第 2 期。

［12］丁晓辉：《母题、母题位和母题位变体——民间文学叙事基本单位的形式、本质和变形》，《民族文学研究》2013 年第 1 期。

［13］谢国先：《人类学家的批评与民俗学家的回击——〈洪水神话〉背后的一段故事》，《三峡论坛》2014 年第 6 期。

［14］丁晓辉：《洪水神话研究的经典选集》，《三峡文学》2014 年第 12 期。

［15］丁晓辉：《"民族志的描述"与"立体描写"——邓迪斯与段宝林之必然巧合》，《三峡论坛》2015 年第 2 期。

[16] 赵云彩：《世界民俗学》，《民间文化论坛》2015 年第 4 期。

[17] 丁晓辉：《邓迪斯谜语结构分析之得失》，《贵州民族大学学报》
2016 年第 6 期。

2. 提及邓迪斯民俗学研究的著作和论文

[1] 段宝林：《庙会的民俗本质——论生活美与庙会》，《民间文学论
坛》1994 年第 3 期。

[2] 高丙中：《民俗文化与民俗生活》，中国社会科学出版社，1994。

[3] 高丙中：《中国民俗学的人类学倾向》，《民俗研究》1996 年第
2 期。

[4] 李扬：《电脑与民俗学》，《民俗研究》1997 年第 1 期。

[5] 钟敬文：《当前中国民俗学研究的侧重点问题——对中国当代民俗
学一些问题的意见之一》，《广西民族学院学报》1997 年第 7 期。

[6] 段宝林：《中国民俗学研究一瞥——纪念中国民俗学发轫 80 周
年》，《民俗研究》1998 年第 3 期。

[7] 黄金钰：《在中国民俗学研究八十年》，《甘肃社会科学》1999 年
第 6 期。

[8] 吕微：《神话何为：神圣叙事的传承与阐释》，社会科学文献出版
社，2001。

[9] 尹虎彬：《古代经典与口头传统》，中国社会科学出版社，2002。

[10] 杨艺：《全球化背景下中国民俗学发展取向》，《广西师范大学学
报·研究生专辑》，2002。

[11] 谢国先：《产翁制：风俗习惯，还是神话传说?》，《民族艺术研
究》2002 年第 2 期。

[12] 谢国先：《走出伊甸园——性与民俗学》，四川人民出版社，2002。

[13] 钟敬文：《谈谈民俗学的理论引进工作》，《清华大学学报》2003
年第 1 期。

[14] 户晓辉：《论欧美民间文学话语中的"民"》，《民间文化论坛》2004 年第 3 期。

[15] 黄涛：《按社会情境界定当代中国民俗之"民"》，《中国人民大学学报》2004 年第 4 期。

[16] 孟慧英：《语境中的民俗》，《民间文化论坛》2004 年第 6 期。

[17] 户晓辉：《现代性与民间文学》，社会科学文献出版社，2004。

[18] 王杰文：《文化政治学：民俗学的新走向?》，《西北民俗研究》2005 年第 4 期。

[19] 毛巧晖：《民俗学之"民间"》，《西北民族研究》2006 年第 3 期。

[20] 黄龙光：《从民与俗谈对民俗主体的关注》，《云南民族大学学报》2007 年第 4 期。

[21] 漆凌云：《开拓民俗解释的多维空间——〈解释民俗学〉的学科意义》，《湖北民族学院学报》2007 年第 6 期。

[22] 杨利慧、安德明：《美国当代民俗学的主要理论和方法》，载于周星主编《民俗学的历史、理论与方法》，商务印书馆，2008。

[23] 高丙中：《中国民俗志的书写问题》，《文化艺术研究》2008 年第 1 期。

[24] 王杰文：《"表演理论"之后的民俗学——"文化研究"或"后民俗学"》，《民俗研究》2011 年第 1 期。

[25] 张成福：《民俗学中的"母题"概念及对母题索引的检讨》，《民俗研究》2011 年第 1 期。

[26] 王杰文：《从"类型"到"类型的互文性"》，《湖南师范大学社会科学学报》2011 年第 2 期。

[27] 黄永林、韩成艳：《民俗学的当代性建构》，《华中师范大学学报》2011 年第 2 期。

[28] 段宝林：《民俗学的学科地位与社会责任》，《山东社会科学》

2011 年第 3 期。

[29] 田兆元：《民俗本质的重估与民俗学家的责任——一种立足于文化精华立场的表述》，《山东社会科学》2011 年第 5 期。

[30] 段宝林：《雅俗结合律的实证》，《韶关学院学报》2012 年第 11 期。

[31] 陈勤建：《民俗学研究的对象和边界——民俗学在当下的问题与思考之一》，《西北民族研究》2014 年第 3 期。

[32] 田兆元：《民俗学的学科属性与当代转型》，《文化遗产》2014 年第 6 期。

[33] 丁晓辉、谭璐：《民间故事与谚语的常见结合形态》，《三峡论坛》2016 年第 4 期。

3. 利用邓迪斯的民俗学理论和方法探讨具体民俗问题的论文

[1] 王娟：《校园民俗》，《民俗研究》1996 年第 1 期。

[2] 王娟：《新形势下的新定位——关于民俗学的"民"与"俗"的思考》，《民俗研究》2002 年第 1 期。

[3] 祝秀丽：《"猴娃娘"的象征：以民俗学和心理学的方法》，《民族文学研究》2007 年第 2 期。

[4] 马青、傲东：《对〈九色鹿〉叙事结构的分析》，《西北民族大学学报》（哲学社会科学版）2008 年第 4 期。

[5] 高艳芳：《非遗保护之伪民俗探析》，《长江大学学报》2011 年第 1 期。

[6] 高晓芳：《健美操运动的民俗化趋势表征刍议》，《文史博览》2011 年第 10 期。

[7] 丁晓辉：《荒谬与合理：民间叙事的文本、语境与叙事逻辑》，《民俗研究》2012 年第 6 期。

[8] 丁晓辉：《"语境"和"非遗"主导下的民间文学研究——以 2009 年民间文学理论研究为例》，《广西师范学院学报》2014 年第

1 期。

［9］　丁晓辉：《中国民间故事类型索引的盲点——兼论中国传统文人故事的雅与俗》，《长江师范学院学报》2015 年第 1 期。

［10］　师卓琳：《邓迪斯"元民俗"理论的田野意义》，《濮阳职业技术学院学报》2016 年第 5 期。

［11］　祝秀丽、董军锋：《"包公为什么不转世"的结构形态与叙事意义》，《韶关学院学报》2016 年第 9 期。

［12］　丁晓辉：《再论民间故事与谚语的常见结合形态》，《贵州民族大学学报》2017 年第 2 期。

4. 有关邓迪斯译著的翻译批评

［1］　谢国先：《〈民俗解析〉误译举例》，《民俗研究》2008 年第 2 期。

［2］　谢国先：《〈世界民俗学〉误译举例》，《民俗研究》2009 年第 5 期。

［3］　袁平：《〈潜水捞泥者：神话中的男性创世〉汉译问题讨论》，《三峡论坛》2011 年第 5 期。

［4］　谢国先：《文化理解与话语翻译——对〈西方神话学读本〉中部分误译的分析》，《韶关学院学报》2011 年第 9 期。

［5］　谢国先：《〈西方神话学读本〉汉译问题点评》，载于云南民族大学编《民族学报》（第十一辑），云南人民出版社，2015。

四　其他

（一）论文

1. 英文论文

［1］　Richard M. Dorson，"Standards for Collecting and Publishing American Folktales"，*The Journal of American Folklore*，Vol. 70（1957），pp. 53 – 57.

［2］ Vladimir Propp，"The Structure of Russian Fairy Tales"，in Alan Pundes（ed.），*International Folkloristics*（Rowan & Littlefield Publishers，Inc.，1999），pp. 126－127.

2. 中文论文

［1］段宝林：《论民间文学的立体性特征》，《民间文学论坛》1985 年第 5 期。

［2］陈金文：《何谓民俗——与高丙中博士商榷》，《鲁东大学学报》2008 年第 3 期。

［3］陈连山：《普遍性与特殊性之争——确定中国民间故事类型的两种思路》，《河南教育学院学报》2008 年第 6 期。

［4］漆凌云、杨秋丽：《中国民间故事论文的文献计量分析（1978～2010 年)》，《民俗研究》2012 年第 1 期。

（二）著作

1. 英文著作

［1］Stith Thompson，*The Folktale*（Holt，Rinehart and Winson，1946）.

［2］V. Propp，*Morphology of the Folktale*（University of Texas Press，1968）.

［3］Maria Leach and Jerome Fried（eds.），*Funk & Wagnalls Standard Dictionary of Folklore*，*Mythology*，*and Legend*（Harper & Row，1984）.

［4］Rosemary Levy Zumwalt，*American Folklore Scholarship*：*A Dialogue of Dissent*（Indiana University Press，1988）.

［5］Robert A. Georges，*Folkloristics*：*An Introduction*（Indiana University Press，1995）.

［6］Barre Toelken，*The Dynamics of Folklore*（Utah State University Press，1996）.

［7］ Jan Harold Brunvand，*The Study of American Folklore*：*An Introduction* （Norton，1998）．

2. 中文著作

［1］ 刘晓春：《灰姑娘故事的民族性与世界性》，华中师范大学硕士学位论文，1994。

［2］ 王娟：《民俗学概论》，北京大学出版社，2002。

［3］ 陈建宪：《论中国洪水故事圈——关于568篇异文的结构分析》，华中师范大学博士学位论文，2005。

［4］ 刘锡诚：《二十世纪中国民间文学学术史》，河南大学出版社，2006。

［5］ 万建中：《民间文学引论》，北京大学出版社，2006。

（三）译文

［1］ 汉斯－约尔克·乌特尔：《关于民间故事分类现状方面的几点意见》，张田英译，《民间文学论坛》1994年第2期。

［2］ 丹·本－阿莫斯：《民间故事中有母题吗?》，王立译，《阜阳师范学院学报》2003年第1期。

附 录
主要术语中英文对照

本土文化保护运动　nativistic movement

厕所涂鸦 latrinalia

插入母题位　intervening motifeme

阐释　interpretation

产翁制　couvade

成对语义对比项　semantic contrastive pairs

单描述成分谚语　one descriptive element proverb

等式谚语　equational proverb

地方类型　oicotype

地方类型化　oicotypification

递增重复　incremental repetition

对比特征　contrastive feature

对立谜语　oppositional riddle

对立谚语　oppositional proverb

对骂 verbal-dueling

多描述成分谚语　multi-descriptive element proverb

恶作剧　prank；practical joke

非对立谜语　nonoppositional riddle

非对立谚语　nonoppositional proverb

非口头民俗　non-verbal folklore

荤打素猜谜语　pretended obscene riddle

绝对真理派民俗学家　God's truth folklorist

口头民俗　verbal folklore

累积故事　cumulative tale

连环捉人游戏　Link Tag

迷信　superstition

谜语所指对象（谜底）　referent

描述成分　descriptive element

民族志式的描述　the ethnography of speaking folklore

魔力迷信　Magic

母题位　motifeme

母题位变体　allomotif

母题位对　motifeme pair

母题位空位　motifeme slot

母题位深度　motifemic depth

母题位序列　motifeme sequence

难题　difficult task

逆向投射　inverse projection；projective inverse

潜水捞泥者　earth-diver

圈套谜语　catch riddle

缺失型矛盾性对立谜语　privational contradictive riddle

散财宴　potlatch

识别　identification

识别特征　identificational feature

收集　collection

所指对象　referent

投射　projection

文化产物　artifact

五行打油诗　limerick

系列笑话　joke cycle

相反型矛盾性对立谜语　antithetical contradictive riddle

叙事歌谣　ballad

玄虚言辞派民俗学家　hocus-pocus folklorist

选择结构谚语　alternative structure proverb

哑谜　puzzle

因果型矛盾性对立谜语　causal contradictive riddle

隐喻非对立谜语　metaphorical nonoppositional riddle

用词固定的体裁　fixed-phrase genre

预兆迷信　Signs

元民俗　metafolklore

直接投射　straightforward projection

指示对象　referent

主题－评论　topic-comment

转换迷信　Conversion

字面非对立谜语　literal nonoppositional riddle

字面非对立谚语　literal nonoppositional proverb

后 记

我从 2004 年起开始关注阿兰·邓迪斯，十多年来，邓迪斯的民俗研究已在我的生活中留下深刻痕迹。我的硕士学位论文和博士学位论文都以此为题，读硕期间繁花似锦的昆明，读博期间江水滔滔的武汉，无不与我对邓迪斯的记忆密切相连。

2013 年博士毕业后，虽然零碎修补了毕业论文《民俗学家阿兰·邓迪斯研究》，但因各种日常事务耽搁，直到 2016 年下半年我才开始静心增补这几年间所得的新材料和新思考。晨昏颠倒、食不知味的大半年间，我深深沉溺于邓迪斯的民俗学研究世界之中。这个世界五彩纷呈，妙不可言，而我更愿意在微笑默叹之外，以我的不自量力来品评他的白璧微瑕，并以此作为对"学术追求真理，这一过程可能充满痛苦"的回应。

虽然我觉得已经尽力，这本书依然有太多遗憾。书中涉及大量翻译和转述，我力求表达准确流畅，但限于英文能力和专业能力，生涩甚至错讹料难避免。而且，一些问题再三思量后仍有疑问，例如：texture，superstition，the ethnography of speaking folklore 等术语到底怎么理解和翻译才妥当？另外，由于外文资料查找困难，邓迪斯的一些论著至今尚未得到，本书的写作只能建立在有限资料的基础之上。英谚说"男人活，白天干；女人活，干不完"（Man works from sun to sun, but woman's work is never done），身为民俗研究者，身为女性，我深谙其中滋味。

这本书的问世，有很多人值得特别感谢。这本书的内容和框架几经陈建宪教授点拨。刘守华教授曾专门致电就具体观点提出修改意见。还有很多学术前辈的贡献，无法在此一一罗列。社会科学文献出版社刘荣副编审尽心尽力，敬业精神令人敬佩。我的丈夫谢国先不仅通读全书，提出意见，而且分担家务，给予我莫大支持。

这是我写成的第一本书，我想把它献给对我寄予厚望的父亲和母亲，献给跟我苦乐与共的姐姐和哥哥，又恐它过于单薄，不能负载如此厚重的意义。

最后一遍校对结束之时，正值南海盛夏的深夜，窗外天朗气清，月华如练。远处 G98 公路车声凄清，好像在与我同叹学术研究的寂寞与欢乐。我希望对邓迪斯感兴趣的读者能够从此书获益，更希望读者提出学术批评——这是对我辛苦写作的最好馈赠。

丁晓辉

2017 年 7 月 8 日于海南三亚

图书在版编目（CIP）数据

阿兰·邓迪斯民俗学研究／丁晓辉著. -- 北京：
社会科学文献出版社，2017.8
ISBN 978 - 7 - 5201 - 1016 - 7

Ⅰ.①阿…　Ⅱ.①丁…　Ⅲ.①阿兰·邓迪斯－民俗学
－研究　Ⅳ.①K890

中国版本图书馆 CIP 数据核字（2017）第 148927 号

阿兰·邓迪斯民俗学研究

著　　者／丁晓辉

出 版 人／谢寿光
项目统筹／刘　荣
责任编辑／刘　荣　赵怀英

出　　版／社会科学文献出版社·独立编辑工作室（010）59367011
　　　　　　地址：北京市北三环中路甲29号院华龙大厦　邮编：100029
　　　　　　网址：www. ssap. com. cn
发　　行／市场营销中心（010）59367081　59367018
印　　装／三河市东方印刷有限公司

规　　格／开　本：787mm×1092mm　1/16
　　　　　　印　张：17.5　字　数：233 千字
版　　次／2017 年 8 月第 1 版　2017 年 8 月第 1 次印刷
书　　号／ISBN 978 - 7 - 5201 - 1016 - 7
定　　价／79.00 元

本书如有印装质量问题，请与读者服务中心（010 - 59367028）联系